골동골동한 나날

젊은 수집가의 골동품 수집기

골동 골동한 나날

박영빈 지음

문학수첩

목차

여기서 잠깐, 골동 정리 좀 하고 갑시다! ─ 그러니까 그게 뭔데요, 이 사람아 —— 74

골동품도 장르가 다양하다고요! :: 돌만은 안 된다! 돌만은! —— 67

덕질도 알아야 한다 :: 알면 보이고, 보이면 흔들리지 않는다 —— 60

휴덕은 있어도 탈덕은 없다 :: 미친 것은 돌아버린 걸 말합니다, 그것이 바로 '벽(癖)'이니까 —— 50

근본을 찾는 후레생활 :: 옛사람 표절하기 —— 38

만들어지는 전통, 지켜가는 전통 :: 현대에 되살아나는 것들 —— 31

골동과 빈티지 그 사이 어딘가 :: 골동은 비싸고, 새것은 눈에 안 차고, 그러면 빈티지 —— 22

그냥 뒤봤자 먼지만 쌓인다, 일단 어떻게든 쓰고 보자 :: 옛것을 사용하고 즐기는 아름다움 —— 14

왜 하필 골동품이야? :: 생각보다 평범한 취민데요… —— 9

1.
골동덕후도
덕후입니다

왜 하필
골동에
미쳤는가?

2. 골동썰 풀고 갑니다
수집 속에 담긴 아이들

기분 좋은, 하지만 씁쓸한‥담양죽렴과 스러져 가는 전통

쥐 뒷걸음치다 소 잡은 격‥조선시대 시계는 다시 돌아간다‥20세기의 회중시계 —— 217

뒤에 0 하나 덜 붙이신 게?‥조선시대 부채들 —— 205

일어나세요‥‥ 악기여‥‥ 금(琴)과 비파와의 만남 —— 197

냥인지 호랑인지 아무튼 조선 호랑이‥SNS로 환수한 정혜사 산신탱 —— 183

아이고, 할아버지들!‥만다라 탕카 앞에서 울다 —— 171

예? 잘 몰라요~ 그냥 이뻐서 ㅎㅎ‥은구영자와 은정자 —— 161

아니, 그걸 어떻게 본 거임?‥18세기 금동 따라보살상 —— 152

홀연히 오셔서 홀연히 가시다‥금동 일섭스님의 아미타회상탱 —— 140

일단 먼저 가져갑니다!‥명대 청화 찻잔들 —— 128

이거 느낌 괜찮은데?‥조선 전기 계룡산 백자 다완과 당대 유병 —— 120

내가 너를 기다리고 있었다‥색난스님의 불석 불상 —— 111

—— 101

—— 91

3. 나날 골동골동한
골동을 곁에 두고 사는 삶

골동과 전통에 살리라 ·· 함께하는 사람들 —— 237

진품인가 가품인가 그것이 문제로다 ·· 개 꼬리 3년 묵혀도 황모는 못 된다 —— 247

다 함께 돌자 골동 한 바퀴 ·· 시간이 살살 녹는 골동 찾기 —— 256

여행 중에도 골동은 끝이 없다 ·· 여행길에서 찾은 것들 —— 265

수리가 만들어 내는 아름다움 ·· 배보다 배꼽이지만 우짜겠노… —— 281

자나 깨나 말총 조심 ·· 말총갓과 탕건 —— 290

질리지 않는 아름다움 ·· 다완과 벼루 —— 303

다시 빛나는 불빛 ·· 와룡촛대와 옥등잔 —— 315

이미 향이 방에 가득합니다 ·· 향도구와 향목 수집 —— 329

현대의 일상과 함께하는 골동 ·· 그거 뭐 대충 굴러다니는 거지 —— 339

참고문헌 —— 349

책을 덮으면서 —— 346

일러두기

1. 본문에 인용된 옛글은 모두 저자가 번역한 것입니다.
2. 본문에 실린 사진 중 저작권 표시가 없거나 출처가 표기되지 않은 사진은 모두 저자가 찍은 것입니다.
3. 외래어 및 고유명사는 국립국어원 외래어표기법을 따랐으나 실제 골동 분야에서 많이 쓰이는 용어(킨츠기, 토토야다완 등)는 실례를 따랐습니다.

1.

골동덕후도 덕후입니다

왜 하필 골동에 미쳤는가?

골동이 왜! 뭐! 이거 쓰레기 아니라고요! 귀신 안 나와요!
왜 우리 골동품 기를 죽이고 그래요!
거기 청자백자주석황동대나무말총옻칠기타등등 다 귀 막아.
너는 훌륭한 예술품이야.

왜 하필 골동품이야?

/ 생각보다 평범한 취민데요…

한번은 애니 오타쿠인 친구와 이야길 하다 나온 주제다.

"야, 너 아직도 애니 보고 굿즈 사려고 현질하고 그러냐?"
"ㅇㅇ 그치, 뭐… 니가 골동 사려고 돈 모으는 거랑 같지."
"야! 골동 사는 거랑, 애니 굿즈 사는 거랑! 어! 같을… 어라? 같은 건가…?"
"ㅇㅇ 뭔 덕질을 고상한 어쩌고로 포장하고 있어. 너도 그냥 평범한 오타쿠야."
"내가 오타쿠였다니! 애니 오타쿠도 아니고! 골동 오타쿠라니! 그게 무슨 소리요!"

그렇다. 골동 덕후도 오타쿠인 것이다. 아무리 소장가니 수집가니 하며 그럴싸하게 포장해도 요즘 젊은 사람들 쓰는 말로는 그냥 '오타쿠(덕후)'인 것이다. 왜냐? 그 장르에 미쳐서 열심히 한 우물을 파고 있기 때문이다.

사실 골동품을 수집하거나 감상하는 것은 역사가 꽤나 깊은 취미 장르다. 이미 당이나 송대의 글에 고미술에 관한 감정론이나 감상법을 설명하는 글이 나오고 연암 박지원의 《열하일기熱河日記》에는 어떻게 가짜 골동품을 만드는지에 대한 이야기도 실려있다. 시쳇말로 한국전쟁 때도 안 망한 장사가 골동 장사란 소리도 있다. 요즘은 골동이라는 말이 좀 없어 보인다며 고미술, 앤티크, 옛 우리 것 등등으로 부르자는 분들도 있는데 나는 '골동'이라는 울림이 좋다. 동글동글 굴러서 쏙 안기는 느낌이다. 그래서 난 이 책에서 골동이라는 말을 좀 더 많이 쓸 생각이다.

이렇게 미쳐서 골동품을 하나둘 사 모으다 보면 주변서 자주 듣는 소리가 있다.

"야 이거 다 쓰레기잖아. 돈도 안 되는 걸⋯."
"야, 골동품 이런 건 돈 많은 사람들이나 하는 거야!"

사실 이런 말을 들으면 그대로 돌려주고 싶은 마음이 든다. 특히나 저 말! 돈 많은 사람들이나 한다는 말! '그럼 뭐 누군 돈이 많아서 다른 취미 생활 하나?' 하고 괜히 부아가 치민다. 막말로 내가 지금 산 골동품 가격이 몇 년 뒤에 몇 배가 되기도 한다고! 그리고 나중에 어떻게 하긴…! 나 죽기 전에 팔아 치우든, 박물관에 넘기든, 정 안 되면 부장품으로 가져갈 거다 뭐! 이러곤 귀 막고 눈 감고 열심히 또 골동을 판다.

'왜 골동품이 사람들에게 낯설게, 또는 어렵게 느껴질까?' 하고 생각해 본 적이 있다. 여러 TV 프로그램이나 미디어 등에서 옛 골동품이 이렇게 비싸다더라, 저렇게 귀하다더라, 부자들이 골동으로 투자나 축재를 한다더라, 집에 있던 고물이 알고 보니 보물! 이런 이야기를 주로 하다 보니 '골동 수집=부자 취미'라는 이미지가 더해진 것이 아무래도 전반적으로 골동을 어렵게 보게 된 이유인 것 같다. 또 처음 진입하기에는 기초 정보나 자료가 잘 없는 어려운 장르라는 점도 평범한 취미로 인식되지 못하는 이유로 한몫할 것이다.

다양한 매체가 발달한 요즘에도 '3분 만에 알 수 있는 골동 수집!' 같은 영상이나 책이 있는 것도 아니고, 그렇다고 좀 알아보자니 죄다 전문 학술서나 논문만 줄줄이 나오고, 박물관이나 미술관에 간다고 직접 만져볼 수 있는 것도 아니고… '에라 모르겠다, 몸통 박치기!' 하고 골동집 문을 두드려 보자니 보통 문이 잠겨있거나 가게들이 밖에선 보기 힘든 구조들로 되어있는 경우가 많으니 선뜻 들어가서 물어보기도 부담되는 등 다양한 요인이 있다고 생각된다.

물론 골동품이라는 게 단돈 몇천 원에 오가는 값싼 것은 아니다.

하지만 모든 취미가 그렇듯이 시작하고 나서 조금씩 늘어나는 것이고, 눈 딱 감고 크게 한 번 지름신이 오시는 건 다 똑같을 터다. 자신이 좋아하는 것에 돈을 쓰고, 또 좀 더 자세히 알고 싶어서 공부하고, 다른 사람들에게도 해보라고 권하는 것이 일반적인 덕후의 삶이라고 했을 때 골동품 수집도 훌륭한 덕질이자 취미 장르인 것은 분명하다.

 골동을 오래 하신 분들에게 이야길 들어보면 다들 시작하게 된 계기는 소소한 우연에 가깝다. 길 가다가 본 도자기가 예뻐서, 할머니 집에 있던 나무 그릇이 예뻐서, 박물관에서 본 것과 비슷한 걸 발견해서 등등 생각만큼 그리 거창하지 않다. 그 유명한 말 있지 않은가. "사랑하게 되면 알게 되고…" 하는 그 말. 그 말처럼 소소하게 시작하면서 알게 되고 사랑하게 되면서 점차로 저변을 넓히다 보면 어느 샌가 이 장르에 푹 빠져있는 자신을 보게 된다.

 글을 쓰다가 위에서 한 말의 원 문장이 정확히 어떤 것인지 궁금해서 원전을 찾아보았다. 출처를 찾아보니 조선시대 정조 때의 문인인 저암 유한준이 지인인 석농 김광국이 만든 화첩인 《석농화원石農畵苑》에 쓴 발문에 있는 말이었다. 이 화첩은 김광국이 평생에 걸쳐 수집한 그림들을 모아 만든 것이다.

 그림의 묘미는 단지 잘 알거나,
 아끼기만 하거나, 보기만 하는 껍데기에 있지 않다.

알게 되면 참으로 사랑하게 되고,
사랑하게 되면 참되게 보게 되고,
볼 줄 알게 되면 모으게 되나니.
그때 수장한 것은 그저 쌓아두는 것과는 다른 것이다.

원 문장을 보는 순간 골동품뿐만 아니라 모든 수집 취미를 관통하는 명문장이란 생각이 들었다. 그렇기에 나는 골동품을 모으는 이 취미에 대해 좀 더 당당히 말하려 한다. 골동품이라는 한 물건을 참되게 보는 멋진 일이라고. 지금은 한두 사람의 취미일 수 있지만 한 줌, 두 줌 모여 한 움큼이 되는 걸 기대해 보며 이 멋진 골동 수집이 좀 더 대중화되길 바라본다. 아무래도 이 장르를 '타인에게 권하기'를 적극적으로 하기엔 좀 어렵지만 말이다….

#말은_멋지지만 #어찌됐든_덕질임 #비싼취미 #돈많이듦

그냥 둬봤자 먼지만 쌓인다, 일단 어떻게든 쓰고 보자

/ 옛것을 사용하고 즐기는 아름다움

                    스스로를 반농담으로 '프로 골동러'라고 말한 지 n년차. 사실 고미술에 관심을 둔 것은 오래됐지만 직접 수집하러 뛰어다닌 지는 얼마 되지 않았다. 고미술품에 관련된 미술사학이나 고고학 등을 전공하거나 깊게 공부한 것도 아니다. 말 그대로 '내가 좋아서 하는 아마추어 수집가'. 하지만 그래도 내가 할 수 있는 한 최대한 자료를 찾아보고 옛 물건들을 하나둘 내 곁으로 모아 오는데, 그 가운데에서 한 가지 철칙이 있다.

    생활 속에서 실사용할 수 없으면 들이지 않는다.

    예를 들어 다완으로 불리는 대접이나 잔, 접시는 실제 식기로 사

1. 골동 덕후도 덕후입니다

용하고, 촛대나 향로, 화병과 같은 물건들도 모두 실제로 사용한다. 한복을 자주 입고 다니다 보니 복식 관련 유물로 구입한 것을 착용하기도 한다. 대표적으로 갓이나 장도, 애체(안경) 같은 것이다.

그렇다 보니 종종 정말 멋지고 훌륭한 작품이 나와도 내가 생활 속에서 쓸 일이 없으니 들이지 않는 경우도 많다. 솔직히 내 몸만 한 항아리나 내 허리께까지 오는 고가구 같은 게 싸게 나와도 둘 곳도 없거니와 관리하기도 어려운 게 사실이다. 반대로 공부를 위해, 사용할 순 없어도 자료용으로 소장하자고 들인 것들도 결국엔 어떻게든 활용하게 된다.

거기다가 고미술이란 게 집안에서도 나 혼자 좋아서 하는 취미가 되다 보니 살짝 가족들 눈치도 보여서 방 여기저기 구석구석 유물들을 쌓아두거나 옷장이나 침대 아래 깊숙이 보관해 놓곤 필요할 때마다 하나둘 꺼내서 쓰고 있다. 따로 수장고나 진열장이 있는 게 아니다 보니 눈 돌리는 곳마다 일단 뭔가가 있다. 당장 이 글을 쓰는 지금도 책상엔 원나라 때의 백자 향로, 민국 시기의 대나무 필통, 조선 말기에 제기로 만들어진 나무 향합이 노트북 옆으로 놓여있다.

취미로 골동품들을 모은다고 하면 종종 듣는 소리들이 있다.

"야! 그거 귀신 이런 거 나오고 가위눌리고 그러지 않아?"
"누가 쓴 건지, 어떻게 온 건지 모르겠는데… 좀 찝찝해."
"그거 문화재 아니에요? 그걸 어떻게 막 써요? 박물관에 보내줘야죠!"

원나라 때의 백자 향로(가운데)와 민국 시기의 대나무 필통(오른쪽)과 조선 말기의 나무 향합.

    보통 인터넷 괴담들을 보면 자주 나오는 게 어디서 주워 온 물건에서 어쩌고… 앤티크 숍에서 사 온 물건을 들인 후로 저쩌고… 하는 이야기가 많다. 나름 과학적인 해석으로 옛날 물건에 있었을 병균이나 유해 물질 등등이 사용자를 해쳤다며, 아무튼 옛날 물건은 얌전히 두라는 말들도 많다. 하지만 우리 프로 골동러들은 말한다.

1. 골동 덕후도 덕후입니다

"알 바어~ 쓰레빠어~."

보통 나와 같이 실사용을 목적으로 수집하는 사람들 사이에서는 농담으로 '퇴마의식(물리)'이라고 말하는 일련의 소독 과정을 거친다. 뜨거운 물에 넣고 여러 번 삶기, 알코올로 닦기, 햇볕에 바싹 말리거나 세탁하기 등등 일반인이 할 수 있는 온갖 소독과 세척 과정을 시도하게 된다. 이 정도 하면 안에 있던 귀신인지 병균인지가 질려서라도 나가겠다며 퇴마의식이라고 하는 것이다.

그럼에도 문화재, 혹은 소중히 보전해야 할 유물들을 실생활에 쓰는 모습을 탐탁잖게 보는 시선도 많다. 일례로 나와 함께 한복을 즐겨 입는 지인은 복식 유물들을 실제로 착용하는 걸 전공자들이 보곤 문화재를 훼손하는 짓이라며 면전에다 쌍욕을 한 적이 있다고 했다. 하지만 나는 누군가의 쓰임을 위해 만들어진 공예품인 고미술품들이 실생활에서 어떤 방식으로든 사용될 때야말로 진정으로 물건의 가치가 빛난다고 믿는다.

조선을 사랑한 일본인으로 유명한 아사카와 다쿠미가 저서 《조선의 소반朝鮮の膳》에서 남긴 말을 우연찮게 보게 됐을 때 나는 너무나 공감하고, 또 감동했다. 아! 나와 같은 생각을 한 사람이 이미 오래전부터 있었구나!

올바른 공예품은 친절한 사용자의 손에서

차츰 그 특유의 미를 발휘하므로
사용자는 어떤 의미에서는 미의 완성자라고 할 수 있다.
(…)
조선의 소반은 순박, 단정한 아름다움이 있으면서도
우리 일상생활에 친근하게 봉사하며 세월과 함께
우아한 아름다움雅美을 더해가므로
올바른 공예의 대표라고 칭할 수 있다.

  꼭 소반뿐만이 아니라, 꼭 고미술품에 한정해서 말하는 게 아니라, 모든 공예품은 사용자의 손과 우리의 일상 속에서 자리 잡고 쓰임을 다하는 것으로 그 아름다움이 더해가는 것. 그 물건이 정말 심각하게 훼손되었거나 문화재적 가치가 높아 그대로 보전해야 하는 특수한 상황이 아니라면 그저 먼지만 쌓이게 두는 것보다야 어딘가에 활용하는 편이 좋지 않을까?
  막말로 박물관에 기증한다 하더라도 엄청나게 뛰어난 유물이 아닌 이상에야 수장고 저 안쪽에 처박혀서 있는지 없는지, 전시가 제대로 되는지도 알 수 없는데 그럴 바엔 내가 옆에 두고 좀 더 아끼는 게 낫지 않을까 하는 생각도 퍼뜩 든다.
  약 10년 전 일본인 친구와 고미술에 관한 이야기를 나누다가 이런 나의 생각을 들은 그 친구가 자기 방에 걸어두었다는 작은 족자 사진을 보여주었다. 에도시대에 그려진 관세음보살 그림이었는데

---

1. 골동 덕후도 덕후입니다

그림의 격이 뛰어난 것은 아니었지만 채색과 붓놀림이 정성스럽게 그려진 불화였다.

"아침이 되면 아침 햇볕이 창을 통해 들어와. 그 볕이 그림에 그려진 금빛에 반사돼서 은은하게 반짝거리는데 그걸 볼 때마다 관세음보살님이 기분 좋게 웃으시는 느낌이 들어. 박 상의 말을 들으니까 생각난 건데, 물건을 아끼며 써주는 만큼 그 물건도 기분 좋아하지 않을까? 물건이 기뻐할 거라고 생각해!"

물건이 기뻐한다는 말을 듣고서 나의 골동론에는 또 다른 방향성이 생겼다. 바로 '전용轉用의 적극적인 활용'이다. 전용, 즉 물건의 본래 용도가 아닌 다른 용도로 쓴다는 말이다. 여기 도자기 잔이 하나 있다. 술을 부으면 술잔이고, 차를 부으면 찻잔이 된다. 어찌 되었든 사용하면 사용되는 그 자체에 의미가 깃드는 것이다.

이렇게 다방면으로 골동품을 조금씩 모으고 사용하다 보면 자주 듣는 말이 있다. 대체 왜 골동이냐는 것이다. 골동품의 어떤 점에 매력을 느끼냐는 질문이다. 아마 여기에 대한 답은 이미 앞선 많은 소장가들이 다양한 매체를 통해서 말한 바 있고, 내 생각 역시 그 답에서 그리 멀지 않지만 그래도 답하자면 "옛것을 이어서 사용하는 매력. 아름다운 것을 곁에 두는 삶"이라고 하겠다.

생각해 보면 아름다움을 곁에 두는 삶은 꽤 어렸을 때부터였다.

전용의 한 예시. 먹을 갈 일이 별로 없으니 벼루를 다관 받침인 호승(壺承)으로 사용한다(위 오른쪽).

외국 무역선 선장까지 지내셨던 외할아버지와, 역시 배를 타셨던 아버지는 세계 각국에서 모은 기념품이나 소품을 거실 또는 유리문이 달린 찬장에 진열해 두셨다. 어린애들이 잘못 만지면 안 된다며 손이 안 닿는 높은 곳에 두거나 문을 잠가두시곤 했지만, 그 반짝거리고 예쁜 것들을 올려다보고 있으면 기어이 호기심을 참지 못하고 기어 올라가 끄집어내거나 찬장에서 꺼내 만지작거리며 노는 것이

나에게는 가장 재미난 놀이였다. 물론 그러다가 한두 개씩 깨먹거나 잃어버린 건 조용히 넘어가도록 하자.

그 물건들에 관한 이야기를 듣거나 물건들의 쓰임새를 생각하는 것도 즐거웠다. 그러다 보니 자연스럽게 오래된 물건들을 많이 보거나 만지게 되었고 그것이 골동품 수집과 감상으로 이어졌다.

사실 고미술품을 구입할 때 그 물건의 내력은 따지지 말라는 이야길 자주 듣곤 한다. 본래 유명한 누군가가 소장했다거나 해외에서 돌아왔다거나 하는 등의 이야기를 들으면 물건을 보는 안목이 흐려질 수 있기 때문이다. 하지만 옛 물건을 들이게 된 이상 그 내력이 궁금하지 않을 수 없다. 또 물건이 값지지 않고 조악한 것일지라도, 그런 옛이야길 들으면 오히려 그것이 더 살갑게 느껴지기도 한다. 그 역사에 또 나의 손길이 닿아서 공예가 완성된다는 생각에까지 미치면 가슴이 웅장해지는 느낌이다.

그러니 일단은 쓰고 보자! 그냥 뒤봤자 먼지만 쌓인다! 물건이 기뻐하도록, 공예의 완성자가 되어보자!

#골동품의_매력 #옛날과_지금이_이어지는_부분 #귀신_없음 #공예의_완성자
#원가_판타지_주인공_느낌 #아껴서_뭐_하냐

골동과 빈티지 그 사이 어딘가

골동은 비싸고,
새것은 눈에 안 차고.
그러면 빈티지

"님님, 이거 골동품이죠?!"
"보자… 신작이네. 한 60년대?"
"60년대… 뭐야, 70년 넘었네! 골동품이잖아, 그럼!"
"에헤이! 100년 안 됐잖아! 그럼 많이 쳐봤자 빈.티.지!"
"그게 뭔데, 이 덕후야….'

흔히 빈티지와 골동(앤티크)을 가르는 기준이 뭐냐는 질문을 받곤 한다. 사람마다 세세한 기준은 다르겠지만 보통 100년 이상 넘어가면 골동으로 취급하는 분위기다. 그리고 그 100년은 골동에서는 사실 시간도 아니다. 그렇다 보니 시간 계산도 조금 헷갈리곤 한다. 2000년을 기준으로 편하게 하려다 보니 2020년대인 지금에 와

1. 골동 덕후도 덕후입니다

선 20년을 빼버리곤 하는 것이다. 여하간 나의 기준으론 100년 이상은 골동, 30년에서 50년 이상은 빈티지로 친다. 그 이하는 그냥 다 '신작'이라는 이름으로 묶인다.

물론 신작으로 불리는 기물들이나 지금 활동하는 작가분들의 작품들 가운데도 너무나 아름다운 명작들이 많다. 하지만 그럼에도 골동과 빈티지 주변을 항상 기웃거리는 것은 그 시간의 흐름 속에 담긴 이야기와 모습에 더 끌리기 때문이다. 골동 쪽에선 이른바 '고태미'라고 부르는 세월의 흔적들, 또 그 물건들이 전해오는 동안 거친 사람들이나 이야기들이 옛것을 계속해서 찾게 만든다.

한번은 찻잔을 받치는 작은 접시인 차탁茶托을 찾아 돈 적이 있다. 전통적으로 차탁은 주석으로 만드는데 주석은 다른 금속들에 비해 무르고 또 독성이 없으며, 항균 작용이 필요한 데서 많이 사용됐다. 우리나라에선 주석만으로 무언가 기물을 만든 예가 드물고 아무래도 중국이나 일본의 물건을 구해 쓰게 되는데, 근 몇 년 사이에 오래된 주석 기물들의 가격이 껑충 뛰었다.

들리는 이야기로는 중국 쪽에서도 고급 차 문화가 유행을 타는 바람에 골동 차도구에 대한 선호가 높아져서 그렇다고 한다. 주석의 순도나 기물의 마감 처리 등을 따지자면 아무래도 일본 것이겠지만, 장식성이나 형태를 보면 일본보단 중국 것이 예쁜 물건이 많다. 실제로 일본에서 전하는 주석 차탁들 가운데서도 고급 라인에 들어가는 것은 중국에서 수입한 것이거나, 중국 것을 본떠 만든 것

청말에 만들어진 주석 차탁. 바닥에 '전문외매시가영명성(前門外楳市街永明成)'이라 새겨져 있다. '전문'은 현재 베이징의 정양문(正陽門)을, '매시가'는 현재 양메이주세제(楊梅竹斜街) 동쪽의 옛 이름이다. 본래 '매시가(煤市街)'라고도 했으나 광서 연간에 좀 더 고상하게 '그을음'이란 뜻의 '煤' 자를 매화의 '梅' 자로 바꿨다고 전한다. 영명은 제작자의 이름으로 추정된다. ⓒ 김정준이 많다.

　그래서 주석 기물을 고르자면 중국 것에 손이 가게 되는데 문제는… 비싸다. 진짜 비싸다. 못해도 몇십만 원대인데, 혹시 작가가 역사에 남은 인물이거나 모양이 독특하면 세 자릿수도 넘어가곤 한다.

　한번은 큰맘 먹고 돈을 모아서 중국 골동 주석 차탁을 샀는데 일반적으로 많이 볼 수 있는 형태는 아니다 보니 살짝 값이 나오긴 했다. 사실 주석 기물들을 아는 분들은 "그게 무슨 돈이냐! 주웠구만!" 하시겠지만 짬짬이 글 쓰고 번역해서 한두 푼 모아 사는, 말이 좋아 프리랜서인 백수에게는 큰돈이었다. 해서 한창 여기저기 자랑도 하면서 쓰고 있는데… 아뿔싸, 오래된 주석 기물이다 보니 무른 부분이 찢어지기 시작했다.

　이렇다 보니 차탁은 필요하고+탐나는데 물건은 비싸고… 결국 스스로와 타협해서 그래도 세월이 담긴 빈티지를 찾아 나섰다. 이미 주석 차탁을 찾아 꽤 여기저기 기웃거린지라 대충 어느 집에 뭐가 있는지는 기억하고 있어서 곧장 뛰쳐나갔다. 한데 마음에 두고 있던 차탁은 진작에 팔려 나갔고 다른 일제 주석 차탁이 한 세트 남아있었다. 시커멓게 때가 탄 접시 위로 매화 문양이 얼핏 보이기에 '그래도 매화면 좋은 문양이지' 하곤 아주 약간의 흥정을 해서 집으로 가지고 왔다.

　사용하기 전에 때를 좀 씻어내려고 보니 이전 사용자가 무른 주

일본 긴스이도에서 제작한 매화문 주석 차탁.

석에 대한 이해가 없었는지 쇠 수세미로 벅벅 문질러 닦은 자국이 역력했다. '아이고… 물건 하나 버려놨네' 하면서 조심조심 때와 먼지를 깨끗하게 씻어내고 보니 매화 가지에 보름달이 뜬 모습의 문양이 나타났다. 워낙에 매화를 좋아해서 매화만 보고 일단 집어 왔는데 보름달까지 있다니! 괜히 더 기뻤다.

차탁 바닥을 보니 '정석正錫 긴스이도金水堂'라는 글자가 새겨져 있었다. 곧장 찾아보니 긴스이도는 이미 1990년대에 폐업한, 주석 제품으로 유명한 일본 가고시마에 있었던 회사라고 한다. 정석은 주석의 순도를 이르는 말인데 순석純錫이나 정석이라 새겨져 있으면 주석 100퍼센트, 본석本錫은 97퍼센트이고 퓨터pewter는 80~90퍼센트다. 종종 '점동點銅/点銅'이라 새겨진 것들도 있는데 이는 중국에서 쓰던 표기법으로 역시나 주석이란 뜻이다.

골동은 아니지만 빈티지라도 이런 세세한 이야기들을 담고 있다. 몇십 년도 넘은 물건들이 큰 손상 없이 돌고 돌아 나에게 오는 것. 그 여정 속에 담긴 흔적들을 내가 다듬고 다시 나의 역사를 또 한 층 올린다는 것은 참 매력적인 일이다. 또 그 흔적의 역사들이 누군가에게 이어진다는 것을 생각하면 더더욱 기물들에 마음이 간다. 꿩 대신 닭이라지만, 일단 골동이 되어가는 오래된 기물들이 주는 아름다움과 편안함이 있다.

그렇다 보니 종종 '골동 꼰대'라는 소릴 듣곤 한다. 가능하면 골동, 못해도 빈티지, 재현작을 사도 웬만하면 유물 재현을 꼭 찾다 보니 너무 정통만 찾는다는 것이다. 심지어 재현작을 구하더라도 뭔가 도안이 틀리거나 모양이 조금만 안 맞아도 별로라며 내려놓으니 듣는 소리다.

한 지인과 갓끈을 만들면서 이야기하던 중에 이런 말이 나왔다.

"나는 뭔가 시간이 흐르면서 내가 사용한 흔적이 남는 물건이 좋더라."

"하… 내가 그래서 골동을 못 끊어."

"근데 골동에 나있는 건 다른 사람의 흔적이잖아?"

"내돈내산 해서 내가 쓰면 그게 다 내 꺼임. ㅇㅇ"

---------------- **덧붙임** ----------------

주석이 워낙 무르다 보니 순석 제품을 제외하곤 동(銅) 같은 다른 금속을 섞어야 단단해지기에 다양하게 표기를 해두는 것이다. 다만 납의 위험성이 명확하게 알려지기 전인 1980~1990년대 전까진 흔히 주석 제품에 납을 많이 섞었는데 이렇게 하면 섬세한 문양을 새기기 쉬웠기 때문이다. 중국제 골동 차탁이나 유럽산 골동 퓨터 제품 가운데 이런 납 성분이 인체에 유해할 정도로 들어있는 경우가 종종 있기에 가능하면 납 검사 키트 등으로 점검해 보는 것이 좋다.

납이 워낙 물에 잘 녹기에 사실 골동 주석 다관이나 찻잔은 실사용에 좀 위험하며, 직접적으로 입에 닿거나 물을 담지 않는 차탁 정도는 감수하고 사용할 수 있지만 어린아이들에겐 위험할 수 있으니 주의하도록 하자. 간혹 중국 골동 주석 차탁 가운데 '순점純點/純点'이라고 표시되어 있는 것들도 있는데 이 경우 100퍼센트 주석으로 만들었다는 뜻이다.

#골동품의_매력 #꿩_대신_닭 #골동_대신_빈티지

만들어지는 전통, 지켜가는 전통

현대에 되살아나는 것들

최근에 SNS를 보다 보면 한복이나 은장도, 나전칠기, 매듭, 칠보공예 같은 것들을 좋아하거나 직접 만들어 보는 분들이 많이 보인다. 아님 알고리즘이 나에게 그런 것만 보여주는 건지 모르겠지만. 그래도 전통문화에 대한 관심이 높아지는 것은 기쁜 일이다.

실제 골동을 찾아다니다 보면 가게 사장님들이나 다른 수집가분들께 자주 듣는 말이 있다.

"젊은 사람이 우리 것을 좋아해 주니 참 기쁘네!"

심지어 "어휴~ 이 업계는 우리 죽으면 이제 끝날 줄 알았어!" 하고 너스레를 떠는 분도 계시다 보니 그 정도로 전통문화나 옛것에 대한 관심이 없어진 건가 싶을 때가 있다. 내 주변에만 옛것을 좋아하는 분들이 많나, 하고 조금만 눈을 크게 하고 보면 실제로 골동 시장과 전통공예업계는 정말 숨이 까딱까딱 넘어가는 분위기다.

  "엥? 방금 뭐 좋아하는 사람들이 많아졌다며?" 하고 반박 시 님의 말이 맞습니다…는 무슨, 대중이 선호하는 '예쁘고, 화려한' 것들에만 주목이 쏟아질 뿐 그 밖의 수많은 전통공예는 힘든 상태다. 예를 들어서 최근 국가무형문화재로 지정된 기술을 배운 분 가운데 이 일만으로는 생계가 어려우니 자신이 받은 보유 자격을 해제해 달라고 신청해서 실제로 해제된 일이 있다고 전해 들은 바 있다. 국가무형문화재도 이런 상황인데 시도지정 무형문화재는 이미 맥이 끊긴 경우도 허다하다. 한번은 물어물어 담양에서 죽렴竹簾(대나무발)을 짜시는 박성춘 선생님을 뵈었을 때 "내가 죽으면 이제 담양에 죽렴 짜는 사람이 없다"라며 쓸쓸하게 말씀하신 것이 지금도 마음에 아프게 남아있다.

  특히 그림과 글씨를 족자나 액자, 병풍 등으로 만들어 새로운 생명을 불어넣는 배첩褙貼이며, 베틀을 사용해 손으로 짜는 수직手織 직물들, 쇠뿔을 얇게 저며 그림을 그리는 화각畵角 등 손이 많이 가고 공임이 많이 드는 많은 분야에서 안타까운 이야기들을 많이 듣게 된다. 한번은 배첩 하시는 분과 이야기하다가 족자를 하나 맡기고 싶다 했더니 손을 내저으며 말리는 것이었다.

1. 골동 덕후도 덕후입니다

"사실 작업자 입장에선 족자가 제일 재밌어요, 비단 선정이나 종이 선정 등… 하지만 적어도 100년은 수천 번 말았다 폈다 해야 하는 내구성을 생각해서 전통 방식 그대로 족자를 꾸미려면 기본 재료비부터가 백 단위로 들어가요. 그래서 선뜻 족자를 권하기 참 어려워요."

물론 싸고 편하게 하면 단가도 낮출 수 있겠지만, 그래도 전통을 지켜온 입장에서 그 길을 포기할 수는 없다는 말을 듣고 있자니 마음이 조금 착잡해진다. 맘 같아선 내가 돈이 많아서 힘든 선생님들 작업만 하시라고 지원해 드리고 싶지만 참 꿈같은 일이다.

한편 이렇다 보니 전통을 현대에 맞추기 위한 다양한 시도도 보인다. 예를 들어 옻칠공예에서 그런 모습이 가장 활발히 보인다. 옻칠의 경우 전통적으로 옻나무 수액인 옻을 그대로 바르거나 정제해서 나무에 발라 만드는 것을 칠기漆器라고 한다. 칠漆이라는 한자 자체가 옻나무에 상처를 내서 흐르는 액체를 뜻하고, 이것이 뒤에 가면서 무엇인가 도료를 칠하는 모든 공예기법에 사용하는 용어가 되었다.

시대가 변화하고 다양한 소재들이 발견되면서 이 옻칠공예에선 다양한 시도와 도료들이 등장하게 된다. 가장 흔한 것이 '카슈칠', 혹은 '캐슈칠'이라고 불리는 칠이다. 옻나무의 친척인 캐슈넛 나무의 수액을 정제해 만든 도료를 칠하는 것인데, 실제 옻칠에 비해 가격이 싸고 빨리 마른다는 점에서 한창 '새로운 옻칠'이라는 이름 아래 많이 사용됐다. 우리 주변에서 쉽게 볼 수 있는 중저가의 기물들은 사실 이 카슈칠을 한 것이 많다. 하지만 문제는 이 카슈칠의 경우 정제하는 과정에서 납이나 포르말린 성분들이 들어가고, 계속해서 그 성분들이 나오기 때문에 인체에 해롭다는 것이다. 요즘 나오는 카슈칠은 이러한 화학 성분을 제거했다곤 하지만 조금 마음에 걸리는 게 사실이다.

   아예 화학 도료로 우레탄을 사용해 옻칠 느낌을 내는 것도 있다. 우레탄 칠은 가격 절감 측면에서도 좋고 열, 충격 등에 강한 편이라, 흔히 선물용으로 팔리는 나전칠기 용품은 이 우레탄을 사용한 경우가 많다. 혹은 원데이 클래스 등으로 칠기공예를 체험할 때도 많이 쓰인다. 이렇게 다양한 소재로 옻칠을 대체하는 공예품이 나오고, 칠기에 붙이는 나전, 즉 반짝이는 조개껍데기 역시 우리나라 외에도 뉴질랜드나 호주 등에서 나오는 조개를 사용해 현대적인 도안이나 다양한 색상 등으로 선보여지곤 한다. 이에 따라 종종 논란이 이는 것이 '현대화된 재료와 공법을 쓰는 것이 어떻게 전통인가?' 하는 말이다. 물론 이에 대해서는 나도 동감하는 바가 있지만 완전히 동의하기는 어렵다.

   당연히 예로부터의 기술과 방식으로 만든 공예품을 후대에 전하려면 오로지 전통 방식의 재료와 도구로 만들어야겠지만, 당장 생각해 봐도 현대에는 발전된 기술을 통해 좀 더 편하고 손쉽게 천연

---

1. 골동 덕후도 덕후입니다

에서 추출한 재료들을 구할 수 있다. 만약 전통 기술을 가진 장인이 그런 재료들을 사용해 만든 공예품은 전통공예품이라고 할 수 없을까? 당장 듣기로 비단으로 유명한 일본 니시진西陣의 장인들 또한 수직 베틀을 사용할 때도 있지만 대개의 경우 기계직으로 짠다고 한다. 역시 300년 넘는 역사를 가진 일본의 향 제조사인 쇼에이도松榮堂의 경우도 향을 기계설비로 만들고, 차의 역사가 깊은 중국도 이미 오래전부터 기계를 이용해 차를 제다製茶하고 있다.

그렇기에 나는 전통공예에 대해서는 어느 정도 취사선택이 가능하다고 생각한다. 일단 어떤 시도라도 좋으니 새롭게 만들어져야 이어질 수 있다고 믿는다. 지켜가는 전통을 바탕으로 새롭게 만들어지는 전통 또한 분명 먼 미래에 또 하나의 새로운 전통으로 자리 잡지 않을까?

나는 장인도 아니고, 생산자보다는 소비자에 가까운 사람이기에 솔직히 말하자면, 좀 더 다양한 방식으로 '싸게! 많이!' 나와주면 고마운 입장이다. 앞서도 이야기했지만 최고는 골동, 안 되면 빈티지, 이왕이면 옛것을 따라 한 요즘 것을 선호하는 사람으로선 아무래도 양가적인 감정이 들기 마련이다. 하지만 내 골동 철칙인 '실생활에서 사용할 수 있는 골동품'을 찾으려 하다 보면 일단은 뭔가 기물의 양적인 풀이 넓어야 편하다.

아무리 실생활에 바로 쓸 수 있는 골동품을 가장 일순위로 두고 들인다 해도, 아무래도 골동인지라 세월과 사용에 따라 결국 파손

되거나 변형되는 일을 겪을 수밖에 없다. 이리 되면 결국 동일하거나 비슷한 형태의 빈티지 또는 현대작을 구해야 하는데 가장 큰 문제가 '응, 그런 거 없어요~'이기 때문이다.

예를 들어서 앞서 말한 주석 차탁이야 옛날부터 현대까지 계속해서 만들고 있으니 그렇다 치더라도, 한복 입을 때 쓰는 말총갓은? 향을 피우는 유기 향완은? 먹감나무로 만든 연상硯床(벼루와 붓 등을 보관하는 가구)은? 당장 신작을 찾으려야 찾기도 어렵고, 역설적으로 골동품이 현대작보다 싼 경우도 많다. 당장에 갓을 만드는 무형문화재 선생님이 전국에 두 분밖에 안 계시고, 향완은 박물관에서나 볼 수 있다. 연상은 그래도 예전에는 좀 보이더만 요즘은 아예 씨가 말랐다. 물론 정확하게 말하자면 내 형편에 맞는 물건이 없다는 게 맞는 말이겠지만, 그만큼 초보 수집가들이 시작할 만한 물건이 귀해졌다는 뜻도 된다. 대체 그 많던 골동은 누가 다 가져갔을까….

이렇다 보니 결국 내 손으로 만드는 잔재주만 는다. 예를 들어서 한지를 배첩해서 상투관을 만든다든가 대나무로 갓끈을 만드는 건 그래도 좀 시간을 들이면 가능하지만, 말총이나 목공품, 금속같이 섬세하고 어려운 것들은 도저히 따라 할 수가 없으니 "대체품이라도 좋다! 뭐라도 만들어 다오!" 하는 게 솔직한 심정이다.

물론 이런 내 생각에 누군간 "아니, 그걸 꼭 실생활에서 써야 해? 그냥 감상만 하면 안 되나?" 하고 말할 수도 있겠지만, 나는 내 라이프 스타일을 전통적인 것과 함께하는 쪽으로 방향을 잡았고 그걸 바꾸게 되면 삶의 방향에 대해 대공사를 해야 한다. 그렇다 보니 그럴 바엔 그냥 내 발품과 노력을 들이길 선택한 편이다. 사실은 그게 재미있어서 즐기는 편이기도 하다. 이도 저도 안 되면 결국 타협을 보고 중국이나 일본 등 해외에서 비슷한 물건을 구해 와서 쓰게 된다. 극단적으로 다○소에서 사 와서 쓰는 경우도 있고.

이야기가 약간 산으로 갔는데, 요컨대 전통이란 분명 사전적 정의에 따르면 예로부터 이어오는 것들이다. 하지만 지금 우리가 만들고 향유하는 것도 전통의 새로운 물결이 될 수 있단 걸 생각해 보면, 예로부터 '지켜온 전통'에 우리가 지금 사용하고 쓸 수 있는 '새로운 전통'을 추가하는 것은 어떤 의미에선 전통을 이어가는 새로운 방법 중 하나인 것 같다. 그렇기에 나는 지금도 전통의, 옛날의, 그리고 새로운 것들을 가까이에 두고 사용해 본다.

#전통은_어려운_게_아님 #글이_의식의_흐름 #그러니까_좀_싸게_나와라

근본을 찾는 후레생활

옛사람 / 표절하기

옛사람을 좇지 말고, 옛사람이 좇던 것을 좇아라.

누가 한 말인지는 정확히 모른다. 일본의 시인인 바쇼가 한 말이라던가? 하지만 골동이나 차, 향… 아무튼 내가 좋아하는 세계에서 놀다 보면 꽤나 자주 듣는 소리다. 예전엔 이 말을 듣고 참 옳은 말이구나 하고 생각했지만, 지금은 조금 다른 생각이 든다.

옛사람이 좇던 게 좋다는 건 누구나 안다!
근데 옛사람을 따라 하면 반은 가더라!

사실 나의 골동 라이프 스타일은 마치 '열림교회 닫힘' 같은 거라

---

1. 골동 덕후도 덕후입니다

까다롭게 지키는 것은 지키지만 또 융통성을 꽤나 넓게 두는 편이다. 내가 좋아하는 차와 향을 예로 들어보자면, 차를 어떤 종류의 다구, 혹 다구가 없다면 그냥 식기에 어떻게든 마시는 건 전혀 상관없지만, 차를 마신다는 본질을 떠나 행위예술과 같은 퍼포먼스를 넣어서 화려하게 드러내는 건 또 별로 안 좋아한다.

향의 경우에는 선호에 맞게 무슨 향이든 쓰는 건 좋지만, 향에 대한 기준을 잡지 않고 길거리에 파는 정체불명의 향을 집 안에서 피워 공기를 정화(?)한다는 둥 하는 얘길 들으면 이마를 퍽퍽 칠 따름이다. 한번은 친구와 이런 이야길 하면서 '세상에 골동이나 취미를 공유할 사람이 없다!'고 불평한 적이 있다.

"하… 요즘 같이 골동 하고 향 태울 사람 하나 없다. 또래는 무슨, 죄다 어른들이심. ㅠ"

"야, 네가 그렇게 이거저거 다 따지면서 이야기하는데, 그럼 대중성이 너무 떨어지는 거 아니야? 네가 좋아하는 문화를 알릴 생각은 없어?"

"허허… 대중성 좋지…. 근데 그거 이젠 반쯤은 포기했어. 어차피 나 죽으면 없어질 문화라는 생각으로 임함…. "

"근데 또 그렇기엔 너 덕질 토크하면 엄청 좋아서 밤샘하면서 주변에 권유하잖아?"

"그러게. 뭐가 문젤까? 내가 좋아하는 걸 왜 다들 어려워하지?"

"그냥 넌 시대를 약간 잘못 태어난 듯…."

이런 이야기를 친구들 또는 함께 전통문화를 즐기는 분들과 하다 보면 결국 '격식'이라는 하나의 키워드가 나오게 된다. 이 격식이란 말에 대해 이런 골동이나 전통문화와 관련해서 또래 친구들과 이야기하다 보면 자주 위계적인 권위의식, 차별, 특권화와 같은 안 좋은 개념들이 딸려 오는데 나는 격식을 그런 부정적인 것이기보다 '하나의 구성을 갖추는 틀'이란 말로 이해하고 있다.

주관적 기준에서 차 관련 영화론 명작으로 꼽는 〈일일시호일日日是好日〉에서 주인공과 함께 차를 배우는 미치코는 다도 선생인 다케다에게서 "차는 형식이 먼저다. 처음에 형태를 잡고 거기에 마음을 담는다"는 말을 듣자 볼멘소리를 한다. 너무 형식주의 아니냐고. 그러자 다케다 선생은 "머리로만 생각하니 그런 생각이 들겠죠"라고 답한다. 솔직히 이 영화를 처음 보았을 때 나 역시 미치코와 같은 생각이었다. 물론 영화 속에선 주인공인 노리코가 이 장면에 이어서 세상에는 금방 알 수 있는 것과 바로 알 수 없는 게 있다며 다케다 선생의 말을 깨닫는 장면이 나오지만 그 장면을 보고서도, 이 영화를 최소 세 번 넘게 보고서도 나는 여전히 '형식주의 아닌가?' 하는 생각을 하고 있었다.

그러다 한 선생님과 이야기를 하다가 그 '바로 알 수 없는 것'을 조금은 알게 됐다. 차를 오래 드시고 가르치신 선생님인데, 한번은

---

1. 골동 덕후도 덕후입니다

함께 차를 마시던 중 이 영화와 관련된 이야기가 나왔고 나는 대번 그 형식주의가 이해가 안 간다고 말했다. 그러자 선생님이 말했다.

"그거야 수학공식 같은 거지. 공식에 무슨 머리나 마음이 필요하겠냐? 그냥 행동인데. 그릇은 물을 담으라고 있는 거지 그릇 그 자체에 마음이 있는 건 아니잖냐. 그러니 형식을 갖추고 마음을 부으면 그게 완성인 거지."

순간 형식주의라는 말이, 격식이라는 말이 '구성을 갖추는 기본 구조'로 이해됐다. 왜, 요리도 재료와 순서에 따라 만들어야지 제멋대로 만들었다간 실패하기 십상이지 않은가. 격식이란 그런 실패를 막아주는 최소한의 틀인 것이다.

이렇게 알고 나니 격식이란 말이 쉬워졌다. 그래, 그럼 그 격을 한번 갖춰보자! 그러려면 아무래도 어디선가 무엇인가 참고해야 한다. 도둑질도 배워야 한다고, 인터넷에 계신 유○브 선생님을 비롯해 여기저기 기웃거리다 결국 고전을 뿌리에 두기로 했다. 어차피 내가 좋아하는 온갖 골동, 차, 향, 칠현금, 시 등은 다 옛사람들이 좋아하던 것이니 그 사람들이 즐기던 방법을 따라 하면 되겠다는 결론이었다.

여기서 다시금 "옛사람을 좇지 말고" 운운이 나오는데, 다년간의 경험상 옛사람을 표절하면 정말 평균은 간다. 심지어 현대에 잊힌 것들을 살려냄으로써 도리어 새로운 시도로 보이기도 하며, 역사성을 얹을 수 있다는 건 덤이다. 물론 옛 기술들 가운데 지금엔 맞지 않는 것도 있고, 당시의 한계로 잘못된 것도 있다. 하지만 거기서 현대의 융통성을 발휘해 잘못된 부분은 바로잡고 지금의 생활에 맞게 적용해 보는 것이다.

특히 골동에서 고전은 꽤 유용하다. 당시 유행하던 풍속이나 사용하던 기물들이 현대에 와서도 남아있는 것이기 때문이다. 특히 명칭이라든지 기원에 관련된 조사에선 고전이 1차 자료가 된다. 특히 골동 쪽에선 '카더라' 통신과 추측으로 기물에 대한 다양한 스토리가 만들어진다. 종종 이를 두고 시비가 붙고는 하는데, 이 경우 누가 뭐라 하든 '옛글에 요렇게 돼있습니다'로 정리되는 경우도 많으니 역시 고전 최고, 조상님들 만만세다.

이런 옛사람들의 모습을 찾기 위해 자주 들춰보는 책들은 《준생팔전遵生八箋》이나 《고반여사考槃餘事》, 《격고요론格古要論》과 같이 당시 문인들이 즐기던 문화생활에 대해 쓰인 중국 고전들이다. 지금이야 '메이드인 차이나'가 뭔가 어설픈 것의 대명사처럼 쓰이지만, 조선시대만 해도 중국은 문화와 학문의 선진국이었다. 오죽하면 그 표암 강세황이 "중국에 출생하지 못한 것이 한이며, 사는 곳이 멀리 떨어진 궁벽한 곳이기에 지식을 넓힐 도리가 없다"고까지 한탄했을까. 그렇기에 아무래도 중국 고전을 1차 원전으로 찾아보고, 그걸 우리 조상들이 어찌 사용하고 적용했는가를 더듬어서 현대에 활용하곤 한다.

우리 고전에서 찾아본다면 서유구의 《임원경제지林園經濟志》 가운데 문인들의 여가 생활을 설명하는 〈이운지怡雲志〉가 좋다. 사실 〈이운지〉의 경우엔 완전히 우리의 내용이라기보다 중국 여러 고전에 쓰인 내용들을 정리한 것 위에 서유구의 논술이나 우리나라 것이 일부 들어간 것이다. 다산 정약용이 제자인 황상에게 문인의 거처를 마련하는 법에 대해 설명하는 편지글인 〈제황상유인첩題黃裳幽人帖〉도 짧은 글이지만 주는 감명이 크다.

다만 이렇게 고전들을 더듬어 옛사람들을 좇다 보면 한 가지 부작용이 생기는데, 그 옛사람들이 아꼈던 물건들에 대한 욕심도 생겨난다는 점이다. 다행히 그땐 귀했던 것들이 지금은 구하기 쉬워진 경우도 있지만, 그땐 흔했던 것들이 이젠 골동품이 돼서 값비싸진 것도 많다. 예를 들어 찻잔의 경우 명나라 때 쓰인 《준생팔전》에선 이렇게 설명한다.

> 찻잔은 마땅히 선요宣窯의 것을 으뜸으로 삼으니,
> 그 품질은 두께가 두껍고 흰빛으로 빛나며 모습은 고아하다.
> 같은 형태로 선요에서 꽃문양을 찍은 흰 잔이 있는데
> 법도와 모양이 꼭 알맞으며 빛남이 옥과 같다.
> 그다음으로 가요嘉窯에서 안쪽에
> 차茶라는 글자가 있는 작은 잔이 아름답다.

명대 덕화요에서 만들어진 백자와 청화백자 찻잔.

차의 빛깔이 노란지 흰지를 시험하려 한다면
청화자기로는 어찌 어지럽지 않겠는가?
술을 붓는 것도 그와 같다.
마땅히 순백의 그릇과 접시를 가장 뛰어난 물건으로 삼아,
다른 것은 취하지 않는다.

여기서 선요란 명나라 선덕제 때의 도자기를, 가요란 가정제 때의 도자기를 말한다. 《준생팔전》은 명나라 만력 19년(1591)에 나온 책으로, 만약 여기서 말하는 잔들이 당시에도 귀한 기물이었다면 '~는 손에 넣기 어렵다'라는 말이 있을 텐데 없는 것을 보아 아마 어렵지 않게 구할 수 있었던 모양이다. 문제는 이제 이런 기술을 보면

또 견물생심見物生心, 아닌 견문생심見文生心이라고 탐이 나게 되는 것이다.

여하간 이 격식이라는 틀은 꽤 유용하다. 일단 현실적으로 언제 어디서든 골동이나 차, 향 등과 같은 고전문화와 관련된 일을 할 때 괜히 책잡힐 일도 없어지고, 무엇인가 주장할 때 확실한 근거가 생긴다. 개인적으로는 이 고전을 뒤적이면 또 저 고전을 잡게 되고, 그러면서 새롭게 알게 되거나 기존에 알고 있던 것이 더 넓어진다. 계속해서 공부하고 찾아볼 것이 생기니 지루할 틈이 없다.

고전에 나오는 걸 그대로 지키느냐고 하면 그건 또 아니다. 계속 말했지만 옛 전통을 따르되 그것을 새롭게 만들고 적용하는 것이다. 한번은 종종 만나는 차 선생님과 이 이야기를 하던 중 차든 향이든 일단 어떤 식으로든 자주 접하는 게 중요하다면서 '후레다도'라는 말이 나왔다. 어차피 한국에서 중국이나 일본처럼 뭔가 계보가 내려와 절차를 딱딱 갖춘 다도란 걸 하기는 어려우니 그냥 어떻게든 마셔보자는 것이다. 그래서 후레다도다. 뭔가 격식은 갖춘, 그러니까 일정한 틀과 순서는 있는데 그 내용은 자유로운 다도라는 얘기다. 그때 참 재밌는 말이 나왔다.

"혹시 압니까. 100년 뒤엔 '티백 다예', '머그컵 다법' 같은 게 나올지도요."

"그거 재밌네요. 막 머그컵 손잡이를 몇 도로 돌려서 손님에게

내고… 티백을 몇 번 담갔다 빼고 하는 규칙이 생기려나요?"

비단 차나 향 같은 취미 생활이 아니더라도 앞서 소개한《제황상유인첩》같은 경우 생활하는 공간에 대한 자세한 지침이 나온다. 다산 정약용이 생각하는 이상적인 주거 공간이지만 한두 가지만을 따라 하거나 그와 비슷하게만 꾸미더라도 옛 문인들의 삶을 현대에도 느낄 수 있어 또 골동러 입장에서는 재미난 놀이가 된다.《제황상유인첩》엔 다음과 같이 방의 모습을 이야기하는 부분이 있다.

방 안에는 책꽂이 두 개를 놓아두고 일천삼사백 권의 책을 꽂는다.
(…)
바둑책[棋譜]과 금의 악보[琴譜] 등에 이르기까지
갖추지 않은 것이 없다.
책상 위에는《논어》한 권을 펴둔다. 곁에는 화리목¹ 탁자가 있어
(…)
책상 밑에는 검은 동으로 만든 향로를 하나 두고
새벽과 저녁에 옥유향玉蕤香 한 조각을 사른다.

---

1 화리목(花梨木). 식물학적으로는 자단속(Dalbergia)에 들어가는 나무로 한국에선 나지 않는다. 예로부터 중국에서 고급 가구를 제작하는 목재로 사용됐다. 다산의 경우 중국 문물에 밝았기에 이를 알았을 것이다. 한국 고가구를 이야기하는 분들 사이에선 화려목, 화류목 등으로도 불리고 모과나무 목재라고 말하는 경우도 있으며, 혹은 한자를 의역하여 꽃처럼 문양이 좋은 배나무라고 말하는 분도 있지만 아마 옛 조선에서 귀했던 진짜 화리목을 대체하여 사용한 단단하고 붉은빛이 도는 고급 목재들을 '화리'라 부른 게 그리 와전된 게 아닌가 싶다.

1. 골동 덕후도 덕후입니다

역시 같은 다산의 글로 〈유거론幽居論〉에서도 비슷한 이야기를 하는데 좀 더 세세한 내용이 실려있다.

북쪽 벽은 약간 시원하게 해서 책꽂이 두 개를 앉히고
고금의 서적 오륙천 권을 보관한다.
법서와 명화는 갖추지 않은 것이 없다.
좋은 금琴 한 장과 바둑판 하나, 박산향로 하나와
주나라의 술동이彛와 한나라의 세발솥鼎을 각각 하나씩 두고
그 밖에 골동품과 기이한 물건奇物 몇 가지를 놓아둔다.

어째 〈유거론〉의 내용을 보면 장서의 수가 황상에게 준 글보다 늘었지만, 서예의 법첩[法書], 좋은 그림들을 모두 두고 악기나 바둑판 같은 것들까지 이야기한다. 골동품과 같은 주인의 수집품을 놓아두고 즐긴다는 말을 보곤 '역시 고금의 문인 가운데 골동러 아닌 이가 없구나! 역시 다산 선생님도 우리 과였어!' 하며 내심 킬킬댔다. 하지만 방을 이렇게 꾸미자니… 내 방은 한옥도 아니고, 다산의 글에 나오는 집처럼 심산유곡의 오두막도 아니다. 그냥 오피스텔 방이지만, 그래도 옛사람들의 풍취를 따라 해본다.

방에 책꽂이 둘을 두어서 하나에는 책을 꽂고 다른 하나에는 그동안 수집한 골동품들을 올려두었다. 책상 위엔 향로를 갖추어 두고, 먹을 갈진 않지만 컵받침으로 쓰는 벼루도 둔다. 책상이 붙어있

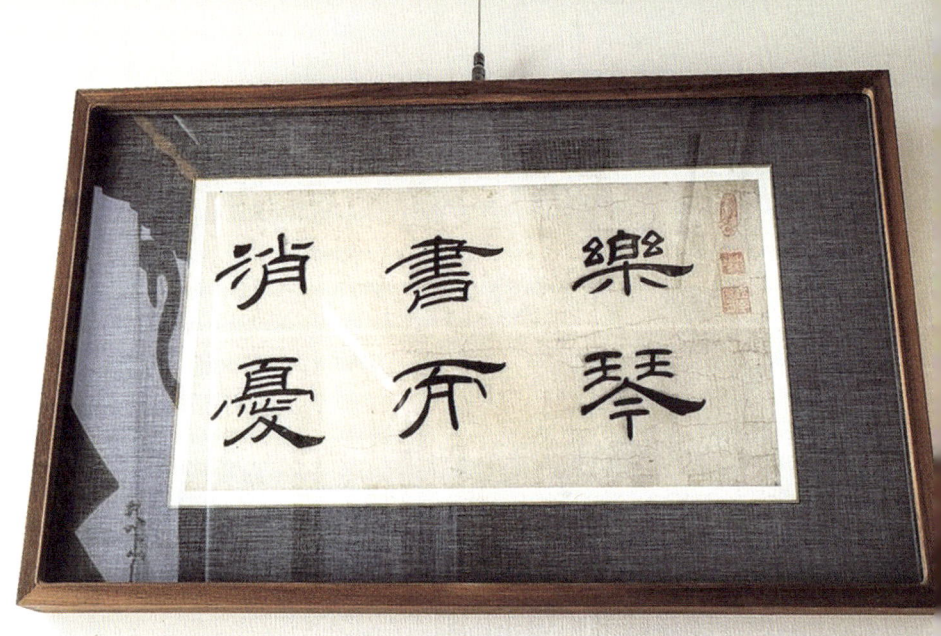

책상 앞에 걸어둔 옛 글씨. 서첩에서 떨어져 나온 것을 액자에 넣은 것이다.
"금(琴)과 책을 즐기며 근심을 없애네"라는 뜻으로 도연명의 시 〈귀거래사(歸去來辭)〉의 한 구절이다.

는 벽엔 액자 와이어를 달아 때때로 그림이나 글을 바꿔 걸어가며 감상한다. 침대 옆으로는 칠현금을 비스듬히 세워두고, 가끔씩은 꽃병에 꽃을 꽂아 창가에 두기도 한다. 글을 쓰거나 음악을 듣다 문득 떠오르면 진열해 둔 골동품 하나를 꺼내서 골동멍(?)을 때리다 집어넣는다.

    사실 글로 쓰고 보니 꽤나 그럴듯하지만 실제로는 글처럼 단아하지 않다. 항상 어디선가 가져온 기물들로 복닥거리고 바쁜 일상에서 느긋하게 여유 부리기는 쉽지 않다. 하지만 이렇게 옛 아름다움

1. 골동 덕후도 덕후입니다

을 좇는 생활 속에서 종종 고전 속 삶이 지금 나의 어지러운 삶과 교차되는 부분을 보면 '아, 그래도 내가 아주 틀리진 않구나!' 하고 기뻐하게 되는 것이다. 옛사람을 표절하는, 근본을 찾는 후레생활이란 바로 이런 게 아닐까?

#긴글주의 #글과_현실의_괴리감 #공부가_끝이_없음 #복세편살

휴덕은 있어도 탈덕은 없다

/ 미친 것은 돌아버린 걸 말합니다, 그것이 바로 '벽(癖)'이니까

덕질을 쉴 수는 있어도(휴덕),
덕질하는 장르에서 탈출할 순 없다(탈덕).

   유명한 말이다. 오죽하면 공자님도 《논어》에서 "사람이 어찌 자신을 숨기겠는가?(×2회 반복)"라고 하셨겠는가?(이 뜻으로 하신 말씀 아님) 제아무리 눈을 돌리고 다른 장르로 떠나더라도 결국에는 파고드는 장르가 하나 더 늘 뿐, 내리실 문은 없습니다.
   골동도 그렇다. 처음 관심을 가지는 장르가 생겼다가, 거기서 파생되고 또 파생된다. 그러다가 중심이 잡히면 주로 관심을 두는 것이 생기는데, 보통 처음 시작했던 장르가 중심이 되는 경우가 많다.
   나 같은 경우 처음엔 불교미술이었다. 아무래도 종교가 불교이

기도 하고, 또 불교유물들이 아름답고 섬세하게 만들어진 경우가 많다 보니 더 쉽게 마음이 갔다. 골동품 수집에 마음을 둔 것도 앞서 말한 환경 덕분도 있겠지만 어릴 때 박물관을 다니면서 눈을 높여 둔 것도 큰 몫을 했다. '나중에 커서 돈 벌면 저런 거 하나 가져야지' 하는 욕심이 생겼달까? 그렇다 보니 주말에 TV에서 하는 고미술 감정쇼도 재미있게 봤다.

본격적으로 '골동을 모아볼까!' 하고 시작한 지는 얼마 되지 않았다. '골동품=비싼 것'이라는 생각에 언감생심 재현작이나 신작들 중에 예쁘고 마음에 드는 것들만 하나둘 들였다. 집에서 향 피우기를 중학생부턴가 즐겨 했으니 먼저 향로를 찾았다. 내 기억에 대학교 1학년 때 인사동에서 청자칠보투각향로青瓷七寶透刻香爐의 재현품을 산 게 처음이었다. 아무래도 한국에서 불교문화라고 하면 고려 때 것이 손에 꼽히니, 고려청자나 고려대장경같이 고려에 관련된 유물들이 좋았다. 이후로 인사동이나 동묘 등을 기웃거리다 보니 생각보다 고미술품 가운데 내 주머니 사정으로도 살만한 것들이 보였다.

그렇게 처음 구입한 것이 고려청자 다완이었다. 완전히 박살 난 것을 싸게 주고 산 뒤 수리를 해서 사용한 게 처음이었다. 그땐 도자기를 옻으로 붙여서 수리하는 킨츠기金継ぎ나 'ㄷ' 자 형태의 꺽쇠를 박아 도자를 수리하는 거멀못 수리 같은 것이 한국 고미술계에 별로 안 알려진 때였고, 한국에서 수리한다고 하면 빈 살에 석고를 채워 넣는 석고 수리나, 수지로 살을 만들어 붙이고 색을 칠하는 색맞

춤 수리가 주었기에, 뜨거운 차를 담는 등 실사용할 수 있게 해주는 킨츠기 하는 곳을 찾느라 고생이 이만저만이 아니었다.

　이후로 한동안 고려청자에 빠져서 청자만 찾아 다녔던 때가 있었다. 하지만 청자를 찾으면 찾을수록 정말 알 수가 없었다. 고려청자는 워낙 인기가 높은 장르라 가품이나 신작이 너무 많았다. 당장 일제강점기 초기에 일본에서 고려청자 붐이 일어 한국이나 일본에서 유물을 재현해서 만들어 파는 경우가 많았는데 이미 이때도 가품을 대량으로 만들어 냈다.

　심지어 이때 만들어진 가품 고려청자가 일본으로 갔다가 다시 한국에 들어오면서 영락없는 진품이 되기도 한다니, 진지하게 도자를 전공하지 않고서야 홀랑 속기 딱 좋았다. 그래도 내 안목을 믿어보자 하곤 예닐곱 점 정도만 모으고서 청자에는 더 이상 욕심을 가지지 않기로 했다…라고 하기엔 그래도 예쁜 청자가 보이면 지금도

고려말에 제작된 청자 발우. 오랫동안 찾던 걸 발견하면 또 데려올 수밖에 없다. 발우는 포개어 사용하기에 다른 그릇들과 달리 밑굽을 안으로 깎거나(안굽), 평평하게 만들어(평굽) 쉽게 구분할 수 있다. 이 발우는 안굽에 굵은 모래받침을 사용하여 제작됐다. ⓒ 김정준

눈이 돌아가곤 한다.

요 청자를 모을 즈음 내 골동 철칙 '실생활에서의 사용'이 확립됐다. 애초에 청자를 모은 것이 차를 마실 때 쓰기 위함이었으니 다완이나 찻잔으로 쓸 수 있는 것들을 주로 찾았다. 마침 한동안 말차에 빠졌던지라 다완이 될만한 그릇들을 찾았는데, 그러다 보니 또 조선 다완을 찾아 나서게 됐다. 선배 차인茶人분들이 "지금 다완 값이 다완 값이냐, 완전 헐값이지!"라고 할 정도로 다완 가격이 떨어졌다고는 하나, 그래도 다완으로 사용 가능한 조선 사발의 값은 만만찮았다.

흔히 골동계에선 일본식 발음으로 '자완'이라고도 많이 부르는 다완은 보통 지름 15센티미터(±1cm)가 정사이즈라고 하는데 사실 이건 일본 기준이다. 아무리 일본의 말차가 중국 말차를 가져간 것이라고 한들, 정작 원산지인 중국에선 맥이 끊기고 일본이 오랫동안 전승하고 발전시켰으니 말차와 관련된 기물들은 일본의 기준을 따르는 경우가 많다.

사실 고려청자에 한창 빠졌을 때 조선 것은 그리 눈에 들어오지 않았다. 고려 것에 비하면 너무 투박하고 색도 그냥저냥 희멀겋단 생각이 주였다. 하지만 청자에서 조선백자로 눈을 돌리니 또 새로운 세계가 보였다. 왜 내가 조선 것을 보지 않았을까? 스스로가 바보같이 느껴질 때도 있었다.

그 흰빛도 단순히 흰 게 아니라 상아같이 하얀 것, 푸르스름하게 하얀 것, 발그레하게 하얀 것 등 안에 담긴 색이 수도 없이 많았다. 아, 이게 그 '세상에 같은 핑크는 없다'의 도자기 버전 그런 건가? 다만 소신 발언을 하자면, 그럼에도 불구하고 달항아리에 대해서는 여태껏 정감이 가지 않는다. 솔직히 달항아리에 대해 흔히들 말하는 아름다움? 웅장함? 그런 것이 나에게는 느껴지지 않는다. 하지만 도연명이 읊었듯이 '지금이 옳은 줄 알았으니, 지난날이 틀렸구나覺今是而昨非'라고 무릎을 치며 달항아리를 볼 날이 있을지도 모르겠다.

이렇게 다완에 관심이 가다 보니 또 한참을 일본 자료를 뒤져가며 공부를 했다. 하지만 흔히 명품 다완의 대표 격이라 불리는 이도다완井戶茶碗[2]이니 이라보다완伊羅保茶碗[3]이니 하는 기물들은 이미 박물관으로 갔거나 수장가들의 품에 깊숙이 들어간 지 오래였고 흔히 막사발이라고 불리는, 조선말이나 일제 때의 그릇들이 주로 돌았다. 하지만 이런 그릇들은 너무 두껍고 무거워서 다완으로 쓰기에는 조금 무리가 있었다. 대신 박물관을 가거나 도록을 많이 보고, 오래전부터 소장하신 분들의 것을 만져보고, 거기에 담아 차를 마셔보는 것으로 공부했다. 그나마 열심히 발품을 팔아서 들이게 된 조

---

[2] 일본어로 우물을 뜻하는 '이도(井戶)'에서 붙여진 이름. 물을 담아 바라보면 마치 깊은 우물물을 보는 듯한 깊이감이 있단 뜻에서 이름 붙였다. 한국 경남 동남해안의 흙을 사용해서 빚어야 하며, 비파색 표면, 대나무 마디처럼 깎은 굽(죽절굽), 유약이 엉겨 만들어진 매화나무 껍질 같은 문양(매화피)을 갖추고 반시계 방향의 물레 방향을 지킨 것만 이도다완이라고 부른다.

[3] 일본어로 '거칠거칠하다'라는 뜻의 형용사 '이라이라(いらいら)'에서 온 이름. 거친 표면의 투박한 느낌을 주는 황녹색의 다완이다. 일본 말차의 미학인 '와비차(佗び茶)'와 가장 잘 어울린다고 평가되며, 일본에서 조선으로 주문 제작해서 넘어온 것이 많다.

선 다완도 몇 개 안 된다. 하지만 정말 마음에 들어서 보기만 해도 흐뭇한 것을 잡아뒀으니 늘 만족하고 산다. 다만 바람이 있다면 큰 붓으로 흰 백토를 찍어 그리는 둥근 장식인 귀얄이 힘차게 들어간 분청다완 하나쯤은 소장하고 싶다는 것.

그러다 일상이 바빠지면서 차 마실 시간이 줄어들고 다완에 대한 관심도 조금은 시들해졌다. 대신 향로에 눈이 갔다. 향은 어릴 적부터 장난감처럼 피우며 놀았고, 지금도 누군가가 나에게 차에 대해 물으면 "전 차보다는 향을 주로 해서 차는 잘 모릅니다"라고 답한다. 그래서 향을 피우는 향로나 향도구에 집중하게 됐다. 사실 향도구는 골동을 처음 시작하면서부터 관심을 두었지만, 청자와 다완을 지나오고서야 본격적으로 모으기 시작했다.

다만 향로는 예나 지금이나 수집가들에게 인기가 많은 장르다. 인기가 많으면 뭐다? 그렇다, 비싸다…. 예쁜 건 진작에 박물관이나 한참 전부터 골동 하신 분들 손에 들어가 있다. 그래서 향로보단 향합과 같은 주변 소품들을 주로 모았다.

그러다 운 좋게 한두 개씩 좋은 향합이나 향로가 손에 들어왔는데, 재밌게도 지금껏 조금씩 모은 향로들 가운데 정말 홀리듯이 그 자리에서 구입한 향로는 골동이 아닌 현대작이다. 바로 이천에 계신 도예가 매원 김학동 선생님의 작품인 문향로聞香爐다. 문향로란 향을 시향하고 품평할 때 사용하는 작은 향로인데, 이 향로는 손에 쏙 들어오는 크기에 손으로 직접 새긴 매화와 대나무의 돋을새김이

매원 김학동 선생님이 만든 청백자 문향로(사진 왼쪽).

너무나 좋아 종종 향과 관련한 자리가 있으면 으레 이 아이를 가지고 나간다.

   하지만 돌고 돌아 결국엔 불교와 관련된 기물들을 모으게 된다. 오래된 불경이나 목판으로 찍어낸 불화들, 작은 불상 같은 유물들을 하나둘 모아 깊숙이 넣어두고 한 번씩 꺼내 보며 스스로 흐뭇해 한다. 수구초심이라고나 할까, 결국은 내가 처음 중심에 두었던 것에서 크게 벗어나지 않는다. 다완이나 차도구, 향로 같은 것도 사실 다 거슬러 올라가 보면 시작점인 불교유물과 연결된다.

물론 나는 나의 수집 행보에서 지나온 모든 장르의 기물들을 사랑한다. 여기엔 일일이 열거하지 않았지만 장신구 같은 금속공예품이나 서화와 같은 지류 유물, 복식과 관련된 유물 등등도 모두 한두 점은 깔짝대며 자료랍시고 모아두었으니 덕질도 이런 잡덕질이 없다.

이런 덕질들도 결국 쉬어가는 때가 생기는데, 어느 순간 '텅장'이 된 통장 잔고, 이게 내 방인지 골동 창고인지 점점 늘어가는 자질구레한 것들, 이러한 지점들이 모여 어느 순간 '현자 타임'을 세게 맞이하곤 '그냥 다 놔버릴까' 하는 '휴덕'의 시간이 찾아온다. 개인적으론 역시나 '텅장'이 되시는 주머니 사정이 가장 큰 이유다. 한번은 정말 진지하게 그냥 다 팔아버릴까도 생각했는데, 그럼에도 한두 점은 남겨서 곁에 두고 싶어 하는 스스로를 보곤 '천생 탈덕은 못 하겠구나' 하고 자조한 적이 있다.

좋은 게 좋은 거라고 인터넷으로 박물관 소장품들을 검색해 보거나, 가지고 있는 도록들을 뒤적이면서 '아, 좋네~' 이러고 있다 보면 어느 순간 또 골동이 가진 매력을 재발견하고 다시 하나둘 찾아 나서게 된다. 참 골치 아픈 일이 아닐 수 없다.

옛날 선비들은 이렇게 어디 하나에 빠져 헤어 나오지 못하는 것을 '벽癖'이라 했다. 단순한 취미나 기호가 아닌, 하나의 대상에 대한 전반적인 탐구와 공부 과정이 모두 즐거움으로 다가오는 것이 바로 벽이다. 또 이 벽(癖)이란 글자를 풀이해 보면 어느 하나에 치우쳐서(辟) 병(疾)이 난 것을 말한다. 하지만 그것을 부정적으로 보진 않았으니 박제가는 〈백화보서 百花譜序〉라는 글에서 "사람이 벽이 없으면 쓸모없는 사람이다"라고까지 말한 바 있다. 그렇다. 나는 골동에 벽이 있는 것이다.

골동벽에 빠져서 다완을 찾는 가운데 좋은 향로를 찾으면 그것을 먼저 줍고, 좋은 향합을 찾다가도 또 좋은 그림을 보면 덜컥 먼저 집어 든다. 쉼 없이 다양한 기물들을 보고 또 그것들의 역사를 찾는 일에는 그다지 피곤함을 느끼지 않는다. 그러다 어느 정도 성에 차면 또 다른 장르로 넘어가서 한창 찾아 헤맨다. 그 와중에 이전에 열심히 하던 장르와의 연관점을 찾게 되고 또 서로의 내용이 보완된다. 결국 휴덕이나 탈덕은 무슨, 다 하나로 연결돼서 위 아더 월드가 돼 버리니 참 빠져나올 수 없는 수렁이다.

#미쳐야미친다 #골동벽 #좋은건어쩔수없어 #덮어놓고_줍다보면_거지꼴을_못_면한다

1. 골동 덕후도 덕후입니다

방 한쪽의 다구 정리장. 민화로 인기 있는 주제인 책가도를 생각하고 배치해서 정리해 두었다.

덕질도 알아야 한다

알면 보이고, 보이면 흔들리지 않는다

도라○몽 같단 소리를 종종 듣는다. 푹 찌르면 관련된 정보가 나온단 소리다. 어렸을 때부터 그 죽일 놈의 호기심으로 이것저것 많이도 찾아다니고 뒤지고 본 덕에 이것저것 머릿속에 들어간 내용이 많다. 스스로도 인정하는 것이지만 워낙 자질구레한 데 관심을 많이 두다 보니 어릴 때부터 학교 공부는 솔직히 아웃 오브 안중이었다. 그렇게 하나둘 주워 오다 보니 방은 이미 잡동사니로 한가득이고, 성적이 그리 잘 나오는 것도 아니라 맨날 집에서 듣는 소리가…

"이런 거 하면서 어느 세월에 공부할래?"
"이렇게 모아둬서 나중에 다 어쩌려고!"

1. 골동 덕후도 덕후입니다

지금도 한 번씩 듣는 말이지만 그래도 그 덕분에 이렇게 책을 쓰고 있고, 관련해서 다양한 활동도 하고 있으니 어찌 보면 결국 잘된 일 아닌가? 이렇게 생각해 본다.

한 십여 년 전에 '내가 그래서 지금껏 뭘 건드려 봤나' 하고 공부한 분야들을 대충 리스트로 정리해 본 적 있다. 내 기준에서 무언가 건드려 봤다는 건 관련한 자료 도서를 최소한 세 종류 이상 읽고 직접 실험해 보거나, 관련 작업에 참여해 봤다는 뜻이다. 그렇게 대충 헤아려 보니 대분류만으로도 이십여 가지가 넘는다. 예전에 한 스님께서 우스갯소리로 "사람이 복이 부족하면 재주가 많다던데, 너도 참 잡스럽게 많이 한 잡놈이라 어딜 가도 먹고살겠다" 하셨는데 내가 건드린 것을 보니 진짜 그러겠다 싶었다.

하지만 이렇게 잡놈(?)이 되고 보니 좋은 게 몇 가지 있었는데 하나는 어딜 가도 대화거리가 부족하지 않다는 것이고, 다른 하나는 새롭게 배우는 일에 열정이 끊이지 않는단 것이다. 사실 한자 '잡雜'자는 요즘 생각되는 것처럼 부정적인 뜻만 있는 게 아니다. 옛글을 좀 더 거슬러 읽어보면 '잡'이란 다양한 색깔을 한데 모아 만든 것으로, 색동옷같이 화려하고 예쁜 것을 말한다("雜, 五彩相會",《설문해자說文解字》). 이렇게 무언가 새롭게 배우려는 의지가 끊이질 않으니 이런 생각이 들었다. '아… 내가 학교 공부를 이렇게 했으면 S대를 갔겠다.'

하지만 배운 게 도둑질이라고, 이렇게 배운 것들이 있어 나의 골동 라이프, 혹은 전반적인 문화생활이 매우 풍성해졌다. 무언가를 보거나 들을 때 좀 더 세세한 부분까지 잡아낼 수 있으니 또 더욱 재미있다. 또 반대로 어디선가 얘기를 들을 때 흔들리지 않고 비판적으로 접근할 수 있는 기준도 생겨난다. 특히 이 기준은 골동을 접하거나 다룰 때 중요하게 작용한다.

  고미술품이란 사실 그 가치만으로 이야기해야겠지만, 기물이 가진 내력이나 얽힌 배경들을 듣다 보면 전설 따라 삼천리라 흥미진진하고 더욱 그 기물의 가치를 돋보여 줄 때가 많다. 그러나 반대로 너무 허무맹랑하고 뻥튀기가 심해서 까딱하면 속기 딱 좋은 경우도 부지기수다. 그렇기에 배경지식과 기준을 세우는 일이 중요하다.

  한번은 어느 지인이 고려불화, 혹은 최소한 조선 초기 불화로 나온 그림이 있다며 사진을 보내온 적 있다. 일제강점기 때 일본인이 가져가서 절에 선물했는데 그 절의 스님이 한국으로 돌려보내겠노라고 내놓은 것이며, 현재 어디 유명한 화랑 소장으로 관련 전문가들의 감정을 받은 것이라는 그럴듯한 이야기도 함께 전해왔다. 일단 불교미술을 워낙 좋아하니 기대를 하고 보았다가 1초 컷으로 답했다.

"이거 일본 불화고, 시대도 우리로 치면 조선 후기입니다."

  그림의 격은 높았으나 일본 불화에 자주 그려지는 '반야십육선신般若十六善神' 그림이었다. 지인이 깜짝 놀라 어째서 그리 단정하냐기에, 특징적이고 확실한 것들만 몇 가지 짚어서 설명해 준 적이 있다. 그리고 마지막에 "한국 고미술 쪽에선 일본 미술품을 그리 높게 쳐주려 하지 않고, 또 잘 모르는 경우가 많아서 간혹 소장자나 상인 분들의 개인적인 견해가 들어가는 경우가 많습니다" 하고 이야기를 끝낸 기억이 있다. 만약 내가 일본 불교미술에 대해서 공부하지 않았거나, 일본과 한국의 장황裝潢(글이나 그림 주변을 비단 등으로 꾸며 액자나 족자 등으로 만드는 것) 방식의 차이 같은 것을 몰랐다면 나 역시 고려불화겠거니 하고 넘어갔을 수도 있다.

한편 일본의 수장가와도 온라인상에서 싸운 적이 있다. SNS에 중국 선재동자상善財童子像을 올려놓곤 '한국 유교의 신상으로 극히 드문 유물'이라는 설명을 달아두었기에 영 납득이 가지 않아 기물의 진위나 국적은 말하지 않기로 하고, 당장 제사를 모시는 집안의 한국인으로서 유교에 신상을 둔다는 말은 지금껏 그 어디서도 들은 적 없다고 댓글을 달았다. 그러자 그 수장가가 일본의 고미술 전문가와 모 교수가 쓴 논문을 언급하며 반박하기에 뭔가 하고 찾아봤더니 유교 관련 논문도 아니고 불교미술 관련 논문과 에세이였다. 순간 반발심이 치솟아서 아예 유교의례를 전공한 전공자에게 자문을 구하고, 혹시 몰라 중국과 한국에서의 유교의례와 관련된 자료나 보고서 등을 찾아 읽어본 뒤 한국 유교의례에 신상을 모시고 봉제사奉祭祀를 하는 경우는 없다고 반박하자 그제야 슬그머니 글 내용을 고치면서 나를 차단하는 게 아닌가.

다양한 해프닝과 사건을 거치고 직접 기물들을 보고 만지다 보면 체득하게 되는 한 가지는 '정확히 알면 괜한 혼동이 오지 않는다'는 사실이다. 이를 위해 주로 학술적인 연구나 조사, 논문 등을 찾아 읽지만, 반대로 학술적인 것보다 골동업계 현직에 있는 분들의 이야기나 판단이 더 정확하고 합리적일 때도 있다. 혹은 정말 미시사적인 부분에서 새롭게 알게 되는 것들도 많다. 한번은 이와 관련해서 한 업계 사장님과 이야기하다가 들은 말이 있다.

"그, 영빈 씨도 알겠지만 우리 업계랑 학계가 사이가 안 좋아요. 영빈 씨도 천상 학자니까 이해하겠지만, 솔직히 연구실에서 박물관 소장품 한 번씩 꺼내보거나 내지는 유리장 너머나 책으로만 보고 연구하는 학자들하고, 하루에도 수십 수백 건씩 실물을 만지고 보는 우리 중에서 누가 진품을 더 잘 보겠어요? 심지어 우리는 완전히 쌩돈이라 판단 한 번, 말 한 마디에 돈 수백 수천이 날아가는데?
(…)
이게 몇 세기 것이고 어떤 기법으로 만들어졌고, 어느 지역이고, 이런 세세한 걸 말하라면 그거야 우리가 밀리고 부족하죠. 하지만 물건 쭉 놓고 진품 골라보라 하면 그건 우리가 더 잘할 거예요. 예를 들어 민속품만 해도 우리는 그래도 한두 번 본 적 있고, 시골서 직접 할아버지 할머니들 광에서 꺼내 오는 걸 보고 사 오는데 학계 분들은 자신이 본 적 없고 발표된 적 없으면 다 진품이 아니라고 해

---

1. 골동 덕후도 덕후입니다

버리잖아요."

이 이야기를 들으면서 느낀 건, 당연히 골동업계와 학계 간의 격차도 있겠지만, '공부는 진짜 끝이 없구나'였다. 사장님 말씀처럼 학계에 알려지지 않은 형태로 제작되는 민속품이나, 다양한 변화가 있을 수밖에 없는 도자, 시대별로 도상이나 서체가 변화하는 고서화 등 알아야 하는 것의 범위가 점점 넓어진다.

특히 내가 좋아하는 공예 분야를 파자면 한국뿐만 아니라 외국의 사례들도 찾아보고 연구해야 한다. 나전칠기의 경우 한중일은 물론 베트남이나 류큐(오키나와) 같은 동남아 지역에서도 생산했고, 도상과 디자인이 교차되는 것이 많아서 유심히 봐야 한다. 불화 또한 각 나라별로 도상이나 상징이 달라서 유심히 봐야 하고, 문인화로 그려진 산수화 같은 것은 정말 헷갈리기 십상이다.

이렇게 공부하다 보면 또 새롭게 알게 되거나 관심이 가는 분야가 생기고, 그렇게 무한 공부의 굴레로 제 발로 걸어 들어가게 된다. 스스로 지적 탐구가 새롭게 충족되는 게 좋아서도 있지만, 공부를 하는 가장 큰 이유는 나의 이 취미 생활(a.k.a. 덕질)을 좀 더 풍성하고 즐겁게 누리기 위해서다. 정말이지 도둑질도 배워야 하고, 덕질도 알아야 한다.

#덕질도_알아야_한다 #죽일놈의_호기심 #공부하자

19~20세기에 프랑스에서 만들어진 미사용 향합(incense boat). 원 소장자는 마상배(馬上盃)라고 생각했고, 나는 향합이라고 생각했다. 구입 후 세척하는 과정에서 유향(乳香) 찌꺼기가 나와서 향합으로 밝혀졌다.

골동품도 장르가 다양하다고요!

돌만은! 돌만은 안 된다! 돌만은!

흔히 골동품 하면 뭐가 먼저 생각나는가? 도자기? 그림? 구불구불하게 쓴 붓글씨? 다 맞는 말이다. 앞에서도 이야기했지만, 지금 물건도 세월이 지나면 다 골동이 된다. 그렇기에 '세상에! 이런 것도 모아요?'라는 소리가 나오는 장르가 있는 게 또 골동이다. 예를 들어 우표, 동전 수집도 결국 골동으로 이어지는 대표적인 경우고, 초판본이나 절판본 등 보기 드문 책도 하나의 골동 장르며, 보석이나 액세서리 등의 귀금속을 모으는 장르도 있다. 또 골동이라고 하면 꼭 한국이나 아시아권에 한정해서 생각하는 경우가 있는데 그냥 영어로 하면 '앤티크^{antique}'다. 골동=앤티크. 그렇기에 서양 앤티크를 모으는 것도 골동 장르에 들어간다.

서양 앤티크를 모으는 분들을 보면 주로 스탠드나 촛대 같은 조명 기구나 의자나 테이블 같은 가구, 혹은 커피세트나 식기를 중심으로 수집하는 경우가 많은 것 같다. 혹은 곧 골동으로 넘어가는 빈티지를 중심으로 모으는 분들도 본 적 있다. 아무래도 골동이니 앤티크니 하면 진입 장벽이 좀 있고 금액 면으로도 껑충 뛰어오르니 중고 상품, 혹은 좀 오래된 고물 정도로 인식되는 빈티지로 접근하는 것이다.

골동이라고 하면 이제 어떤 물건에 집중하느냐에 따라 장르가 나뉜다. 예를 들어 도자를 중점적으로 모은다고 할 때 한국 고도자인지 중국 고도자인지 등으로 나뉘고, 그 안에서도 청자나 백자 등 세부 분류로 나뉜다. 나의 경우엔 기본적으로는 도자가 중심이고, 중국 도자를 중점으로 청화백자를 선호하고 있다. 지금 당장 떠오르는 게 그것이라 도자기를 예로 들긴 했지만, 골동은 정말 다양하다. 당장 여러분의 방에 있는 책이, 의자가, 인형이, 옷이 누군가에겐 눈을 반짝이며 가지고픈 아이템일 수 있다.

반대로 특정 주제를 중심으로 모으는 분들도 있다. 예를 들어 호랑이를 주제로 모으는 분들은 호랑이 도상이 들어간 물건들을 중점적으로 수집하고, 조명을 주제로 잡은 분은 조명 기구와 관련된 공예 전반을 수집한다.

이렇게 골동을 모으다 보면 다양한 수장가들을 만나게 되는데 개인적으로 놀랐던 장르는 병장기를 모으는 분과 바가지를 모으는 분이었다. 두 분 다 "점점 더 맘에 드는 물건도 귀해지고, 애초에 시장에 물건이 나오질 않는다"며 한탄하셨는데, 사실 요즘 골동계 어디서나 들리는 이야기긴 하지만, 저 두 분은 진짜 물건 구하기 힘들겠다는 생각이 들긴 했다. 병장기는 아무래도 여러 가지로 위험성이 있고, 바가지는… 아니, 그걸 대체 어디서 구하시는 거지? 입수 루트가 아예 상상이 안 된다.

이런 수장가들과 만나는 것은 꽤 흥미롭고 재미난 일이다. 내가 모르는 것을 새로 알게 되기도 하고, 보기 드문 기물들을 볼 기회도 생긴다. 종종 내가 필요로 했던 물건(이라고 쓰고 탐내던 것이라 읽는)을 상대방 컬렉션에서 발견하는 경우도 많다. 제일 난감한 건, 그런 수장가들이 자신의 물건을 원래의 용도와는 전혀 다른 물건으로 철석같이 믿고 있는 경우려나…. 보통 종교적인 물건을 그렇게 오해하는 일이 많은데, 예를 들어서 사찰에서 사용하는 등잔을 약을 마시는 약그릇으로 아는 경우도 있었다. 가능하면 오류를 잡아드리려 하지만 힘들 때는 그냥 "네에… 그러시군요 ^^" 하고 넘겨버리는 일이 많다.

그런데 이런 골동, 혹은 수집 장르 가운데 많은 분들이 '야 이건 좀… 위험하다' 하고 만류하는 것이 있으니 바로 돌이다. stone, 石, 일본어로 이시いし. 흔히 '수석'이라고 불리는 장르다.

사실 수석은 역사가 꽤 깊은 장르로 한자 문화권 나라는 다 공유하는 문화다. 특히 그 옛날 송의 서예가이자 학자로 이름 높았던 미불은 기암괴석을 너무나 좋아해 그와 관련된 많은 일화를 남겼는데 그중 하나가 '미불배석米芾拜石'으로, 길을 가다가도 멋지고 기이한 돌이나 바위를 보면 의관을 갖추고 돌 어르신이라고 높여 부르며 돌에 절을 올렸다고 한다. 또 수석 감상의 기본 원칙으로 알려진 '상석사법相石四法'⁴을 정한 것도 이 미불이라고 한다. 이렇게 역사가 깊은 돌 수집. 왜 그렇게들 만류하는 걸까?

지금은 작고하셨지만 수장가로 나름 알려진 분이 계셨다. 한번은 그분이 무슨 좋은 물건을 샀다면서 보여주겠노라 커다란 캐리어를 들고 오셔서 척하고 열었는데 그 안엔 푸른 돌덩이 하나가 들어 있었다. 개인적으로는 좀 커다란 도자기나 불상을 보여주실 줄 알았는데 웬 돌덩인가 하고 의아해했다. 물론 상석법에 따라 보자면 제법 좋은 돌인 건 알겠는데 이게 그렇게 좋은 건가, 하는 의구심이 들었다. 한데 옆에서 함께 돌을 보신 분이 연신 좋은 돌이라며 감탄을 금치 못하는 게 아닌가. 머리 위로 물음표가 백만 개 정도 뜰 때쯤 그분이 돌 여기저기를 짚어가며 돌의 뛰어난 점(?)을 설명해 주었다.

> "이게 그 유명한 송화석松花石 아냐! 백두산 줄기의 송화강에서 나오는 돌!"

---

4 '미원장(米元章)'의 상석법, 혹은 '수석의 4원칙'이라고도 한다. '원장'은 미불의 자(字)다. 그 네 가지 원칙이란 투(透), 준(皴), 수(秀), 수(瘦)인데 풀이하면 다음과 같다. 돌에 깊은 구멍이 나있고(透), 울룩불룩한 주름이 잡혀있으며(皴), 형태가 뛰어나고 기품이 있으면서(秀), 군살 없이 단단하게 여윈(瘦) 것이 뛰어난 돌이라는 뜻이다.

"어… 이게 그렇게 좋은 건가요?"

"아니, 너 돌은 안 해? 골동 하는 애가 어떻게 돌을 몰라?"

"저, 저는… 도자기가 더 좋아요!"

"야, 차라리 다행이다. 그래, 돌은 하지 마라…. 도자기랑 비교하면 깨지는 돈의 단위가 달라."

"안 그래도 그러려고요. 돌만은…!"

"근데 그거 아냐? 골동의 끝은 결국 돌이다?"

"윽?!?"

 많은 분들이 돌을 만류하는 가장 큰 이유는 다름 아닌 돈 때문이다. 수석 중에 비싼 건 몇억씩 한다는데, 막말로 돌덩이에 몇억씩 던진다는 게 솔직히 이해하긴 어려웠다. 상상해 보라. 누군가가 당신 몸통만 한 돌을 어디선가 가져와서 '크어~! 끝내준다! 그래, 이 맛이지!' 하는 모습을. 상식적으로 좀 이상하지 않은가? 그러던 어느 날 존경하는 스님을 뵈러 갔을 때 '아! 이래서 사람들이 돌의 매력을 말하는구나!' 하고 조금 느낀 적이 있었다.

 부산에 좀 여유를 두고 내려가게 되면 꼭 찾아뵙고 인사를 드리는 스님이 계신데, 한번은 스님께서 당신이 묵으시는 요사에서 보자고 한 적이 있었다. 옛 문화에 밝은 분답게 딱 옛 문인들의 서재처럼 꾸며둔 방을 보면서 참 멋지다 하며 두리번거리는데 차탁 옆 협탁에 정말 잘생긴, '진짜 잘생겼다!' '참 힘 있다!' 하고 끄덕이게 만드는 태호석太湖石[5]이 사자 모양 향로와 함께 놓여있었다, 그때서야 아, 왜 옛 문인들이 돌을 옆에 두었는지 조금 이해가 갔다. 미불의 상석법도 사실 이 태호석을 기준으로 만들어졌다고 한다.

  기품 있고 당당하면서도 군살 없이 서있는 돌은 마치 파도 같기도, 산 같기도 하면서 구불거리는 주름들이 생동감을 주었다. 그 방에서 차를 마시면서 태호석을 바라보노라니 작은 자연을 곁에 두고 자주 바라보는 것이 바로 수석의 매력이구나 하고 조금은 이해하게 됐다. 이후 아는 찻집에서도 찻상에 작은 달걀만 한 태호석 '산자山子'를 놓아둔 것을 보게 됐는데 순간 나온 말이 "야! 돌 참 좋다"였다. '산자'란 가산假山이라고도 하는데 산이나 괴석의 모습을 본떠 돌이나 옥, 나무 등으로 깎아 만든 장식품을 말한다. 천연석으로 만들기도 하며 이 경우 일반적인 수석과 거의 비슷하나 형태적인 면에서 약간의 차이가 있다.

  혹해서 혹시나 파시는 건가 하고 물어봤지만 부모님께 받은 것이라 파는 건 어렵단 말을 들었다.

  음? 잠깐만… 어라? 나 돌은 안 할 거라고 했는데…???

---

[5] 중국 쑤저우에 있는 호수 태호(太湖) 주변에서 나는 돌. 석회암이 오랜 시간 침식과 풍화를 거쳐 단단한 부분만 남아 기이하게 뒤틀리거나 구멍이 난 것으로 옛날부터 조경석이나 수석으로 애용돼 왔다.

스님의 방에 있던 멋진 태호석. 한 폭의 문인화를 보는 느낌이었다.

덧붙임

스님께 태호석 사진을 책에 써도 되냐고 여쭈면서 "어후, 전 그래도 돌은 안 하렵니다"라고 하자 웃으시며 "골동 책 쓴다면서 돌 이야기가 안 들어가는 게 말이 되나?"라고 하셨다. 하필 그 태호석 아래에 너무 좋은 전황석田黃石이 있어 또 눈이 돌아갈 뻔했다. 전황석은 호박이나 밀랍같이 밝은 노란빛을 띠는 돌인데 전각篆刻 재료 가운데 가장 고급으로 꼽히는 돌 중 하나다. 아, 진짜! 나 돌은 안 할 거라니까?

#송휘종이_돌_좋아하다_나라를_말아먹음 #기암괴석
#태호석 #돌이돈됨 #설득력_없는_설득을_하는_사람이_있습니다

여기서 잠깐, 골동 정리 좀 하고 갑시다!

그러니까 그게 뭔데요,
이 사람아

여기까지 읽어주신 독자 여러분, 감사드립니다. 이야기를 더 이어나가기 전에 일단 앞으로 이야기할 골동들에 대해 잠깐 전반적인 정리를 해보고 갈까 합니다. 앞에서 이야기했듯이 골동이란 적어도 100년 이상 된 물건들로, 저는 누군가에게 수집의 대상이 되는 모든 물건을 골동으로 생각합니다.

보통 메이저 장르로 분류되는 골동품으로는 도자기, 글씨, 그림, 조각품 등이 꼽힙니다. 누가 보아도 골동품이라는 이미지가 강하고, 또 실질적으로는 이동이 용이하고 환금성이 좋다는 점이 있습니다. 다만 그렇다 보니 전반적으로 시장 가격이 높은 편이라 정말 A급으로 불리는 기물들은 일반인이 쉽게 손을 댈 수 있는 물건이 아닌 경우가 많습니다. 하지만 그 아래로는 정말 헐값부터 적당한 중고가까지 다양한 물건들이 포진돼 있다는 점이 메이저 장르의 장점이기도 합니다.

조금 마이너한 장르는 보통 민속품이나 특정 시대의 특정 기물, 혹은 특정 지역이나 장인이 만든 것만 수집하는 경우입니다. 물론 메이저 장르에도 동일한 조건이 걸리는 경우가 있지만 아무래도 이 정도의 고집을 가지고 수집하는 경우엔 환금성보단 정말 기물 자체에 대한 깊은 애정과 관심으로 접근하는 분들이 많다고 할 수 있습니다.

저는 주로 중국 도자를 중심으로 그 안에서도 차도구와 향 관련 기물을 집중적으로 찾아다니고, 다음으로는 불교유물이나 한복과 관련된 복식 및 생활 민속품을 모으고 있습니다. 이렇게 말하면 뭔가 각 장르들의 교집합이 보이질 않는데 다행히 옛 선비들의 글에 이러한 종류들을 모두 모아서 표현하는 말로 문완文玩, 즉 '문인들이 가까이 두고 즐기는 물건'이라는 말이 있습니다. 다르게는 청공淸供, '깨끗한 공양물'이라고도 표현하는데 일상의 맑은 즐거움을 더해준다는 뜻입니다. 즉 제가 집중하는 장르는 옛 선비들이 즐기던 문화와 관련된 물건들입니다. 이러한 물건들 가운데 제가 감당할 수 있는 한에서 물건들을 찾고 고르고 발견하는 재미가 바로 골동의 즐거움입니다.

여기서 제가 애정을 갖고 모으는 기물들과 자주 말하는 용어들에 대해서 가볍게 정리하고 넘어가 볼까 합니다.

***

1. 다관茶罐 / 차호茶壺

차를 우리는 찻주전자를 일컫는 통칭. 보통 다관이라는 말을 더 많이

중국에서 만들어진 후파형 다관(윗줄). 일본에서 만들어진 횡파형 다관(아랫줄).

사용합니다. '茶'를 '차'와 '다'로 나누어 읽는 것과 관련해서는 여러 풍문이 있지만, 한문학으로서는 시대에 따른 발음의 변화에 의한 것으로 '다'가 좀 더 옛날 발음입니다. 후대에 '차'라는 발음으로 바뀌었으며 한국에서는 이 두 발음이 모두 사용되고 있습니다. 흔히 물이 나오는 주구注口를 기준으로 손잡이가 어떻게 달리는가에 따라 횡파형橫把型, 후파형後把型 등으로 불립니다. 횡파형은 몸체 옆에 손잡이가 달린 것, 후파형은 뒤에 달린 것입니다. 보통 한국과 일본에서 만들어진 다관의 경우 횡파형이 많습니다.

여기서 잠깐, 골동 정리 좀 하고 갑시다!

2. 다완 茶碗

말차를 마실 때 사용하는 사발을 말합니다. 골동업계에선 일본 발음을 그대로 가져와 '자완'이라고도 부릅니다. 일반적으로 정사이즈라고 불리는 크기는 지름 15센티미터(±1cm)지만 이는 일본 다도에서의 기준으로 이것보다 더 크거나 더 작은 사이즈라 할지라도 격불[6]이 된다면 다완으로 사용하곤 합니다. 흔히 조선시대에 만들어진 사발들이 다완으로 선호되며 제작된 지역이나 형태에 따라 여러 이름이 붙습니다.

조선시대에 만들어진 백자 다완에 말차를 탄 모습.

---

6 격불(擊拂)이란 말차를 만들기 위해 차선이라는 도구로 거품을 내는 것을 말한다. 격불의 정도에 따라 말차 맛에 차이가 있다.

3. 대모 玳瑁

대모거북이라 불리는 매부리바다거북의 등딱지를 말합니다. 반투명한 황색 바탕에 갈색 반점이 화려한 모습으로, 고대부터 고급 공예 재료로 사용되어 왔습니다. 전통적으로는 대모를 이용해 안경이나 허리띠(각대), 관자貫子 등을 만들었습니다. 한국에서는 삼국시대부터 대모를 사용했다는 기록이 전합니다. 조선 후기에는 대모와 자개를 함께 사용한 칠기공예품이 등장하기도 했습니다. 현대에 이르러 매부리바다거북이 세계적인 멸종위기종이 되면서 수렵이 엄격하게 금지되었기에 주로 오래전에 만들어진 박제를 재활용해서 재료로 사용합니다.

대모로 만든 갓끈. 진한 갈색 반점이 대모의 특징이다. 실제 공예 재료로는 문양이 없는 반투명한 노란색 부분이 좀 더 고급으로 취급받는다.

여기서 잠깐, 골동 정리 좀 하고 갑시다!

4. 반죽斑竹

반점이 생긴 대나무. 가장 좋은 것은 소상반죽瀟湘斑竹으로 중국 후난성 동정호 근처에서 자라는 것을 최고로 칩니다. 소상반죽은 달리 상비죽湘妃竹이라고도 합니다. 전설에 따르면 중국 순임금의 두 왕비였던 아황과 여영이 남방으로 순행을 나갔던 순임금이 창오에서 죽어 장사를 지냈다는 소식을 듣고 급히 달려갔으나 뜻을 이루지 못하고 상강에서 곡을 하다 강에 몸을 던졌다고 합니다. 이후 두 왕비가 울던 자리에서 눈물 자국 같은 반점이 찍힌 대나무가 자란 것이 소상반죽의 시작이라고 전해집니다. 이후 이 소상반죽은 절개를 상징하게 되었고, 그 아롱아롱 번진 자국을 살려 다양한 공예품을 만들었습니다.

한국에서 소상반죽을 들여와 키운 사례는 보이지 않으나 중국에서 수입하여 다양한 물건을 만들거나, 소상반죽을 흉내 내어 대나무에 그림을 그리거나 염색해서 사용한 예가 대나무 유물에서 자주 보입니다.

반죽으로 만든 족자걸이의 자루. 반죽 중에서도 나이테처럼 반점무늬가 번져나가는 것을 고급으로 친다.

실제 반죽으로 만든 칠접선(漆摺扇, 왼쪽)과 반죽을 흉내 내어 문양을 그린 조선 후기 칠접선. 대나무를 염색하여 흉내 내는 기법을 염죽(染竹)이라고 한다.

5. 섭치

순우리말로 '여러 가지 물건 가운데 변변하지 못하고 너절한 것'이라는 뜻입니다. 골동에서는 뜻 그대로 값이 많이 나가지 않는 하품, 혹은 좀 더 넓은 의미로 가품이라는 뜻으로도 사용하는 단어입니다.

6. 옥玉

보석학적으로는 경옥硬玉, jadeite과 연옥軟玉, nephrite, 이 두 종류만을 옥으로 칭하지만, 옛글에서는 반투명하게 빛이 나는 아름다운 돌들을 보통 옥이라고 칭했습니다. 옥은 예로부터 군자의 덕성을 상징하고, 독을 없애주는 물건으로 귀하게 여겨졌습니다. 혹은 흔히 중국 4대 명옥이라고 불리는 신장의 화전옥和田玉, 허난의 독산옥獨山玉, 랴오닝의 수암옥岫岩玉, 허베이의 녹송석綠松石이 대표로 꼽힙니다. 이들 가운데 화전옥만이 보석학상 연옥에 속하고, 독산옥과 수암옥은 사문석serpentine, 녹송석은 터키석입니다. 경옥은 흔히 비취라고 불리는 보석입니다.

    한국에서 유명한 춘천옥은 연옥에 속하며, 경옥인 비취는 한국에서 아직까지 채굴된 바 없습니다. 대신 사문석 계열의 돌들이 옥이라고 불리며 사용되어 옵니다. 대표적으로 조선 왕실에서 장신구를 만들 때 사용했다는 궁중옥宮中玉, 편경을 만드는 남양옥南陽玉, 봉화연옥 등이 사문석 계열입니다.

여기서 잠깐, 골동 정리 좀 하고 갑시다!

옥으로 된 다기들을 사용한 찻자리. 수암옥 개완, 독산옥 찻잔, 춘천옥 개치(뚜껑 받침), 비취 차시(찻숟가락) 받침.

7. 작구 作舊

신작이나 재현작인 기물을 진품처럼 보이도록 인위적인 처리를 한 것을 말합니다. 일본어를 사용해서 '지다이時代를 냈다'고 말하기도 합니다.

8. 입영 笠纓

구슬이나 대나무 대롱 등을 이용해 만든 장식용 갓끈을 말합니다. 조선시대에는 신분에 따라 소재가 정해져 있었으나 잘 지켜지진 않았다고 합니다. 흔히 보이는 것은 대나무와 호박琥珀, 혹은 자마노 구슬을 번갈아 꿰어 만든 것입니다.

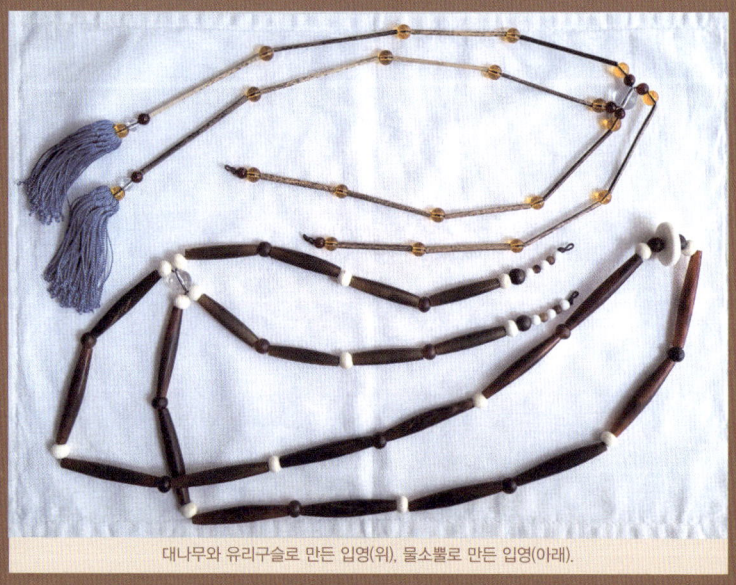

대나무와 유리구슬로 만든 입영(위). 물소뿔로 만든 입영(아래).

9. 장황 粧潢

족자나 병풍, 두루마리 등의 형태로 글 또는 그림의 표지나 둘레를 꾸미는 것을 말합니다. 흔히 일본식 표현인 표구表具라는 말이 더 많이 사용됩니다. 한중일이 각각 그 형태가 조금씩 다릅니다. 현재 한국에서는 일제강점기의 영향으로 일본식 장황기법이나 용어가 많이 사용되고 있습니다.

여기서 잠깐, 골동 정리 좀 하고 갑시다!

10. 차탁 茶托

찻잔 아래 받치는 작은 접시들을 말합니다. 접시 형태의 티코스터라고 생각해도 좋습니다. 찻잔을 들고 내릴 때 잔이 깨지거나 큰 소리가 나는 것을 방지하기 위해 사용합니다. 전통적으론 주석으로 만든 것을 좋게 치며 구리나 은, 칠기나 원목 등을 사용하는 경우도 있습니다. 고급 차탁은 하나의 공예 장르로서도 수집가들에게 인기가 많습니다.

주석으로 만든 다양한 형태의 차탁.

11. 킨츠기 金継ぎ

일본에서 유래한 도자 수리 기법. 옻에 흙이나 나무로 만든 가루, 혹은 밀가루를 섞어 반죽해서 이가 나가거나 없어진 살들을 메꾸고 위에 금은분이나 다른 옻칠기법으로 마감하여 장식하는 수리법을 말합니다. 금은분과 같은 장식 없이 단순히 옻을 이용해 수리하는 기법은 우리 유물 가운데서도 보입니다. 한국에는 일제강점기에 처음 소개된 것으로 전합니다.

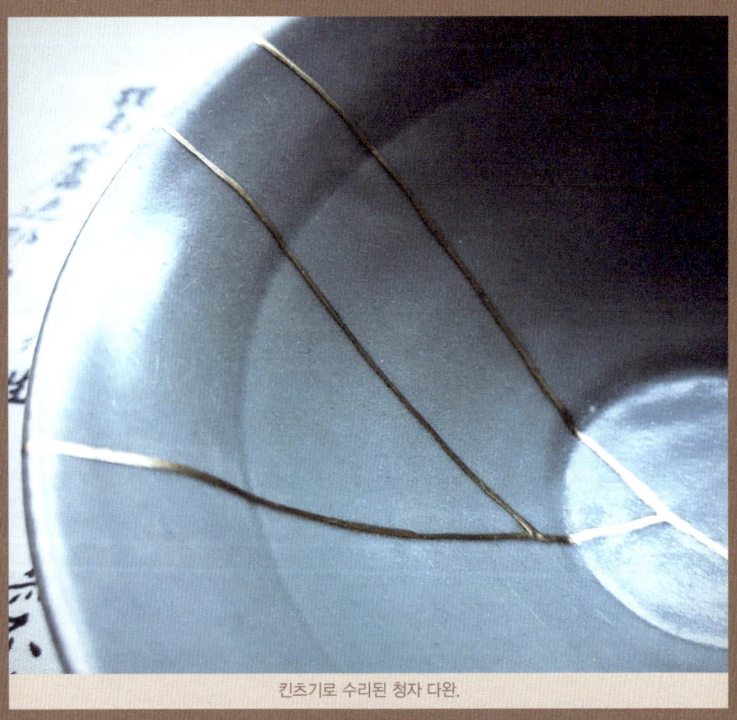

킨츠기로 수리된 청자 다완.

여기서 잠깐, 골동 정리 좀 하고 갑시다!

12. 태토胎土

도자를 만드는 흙. 소지素地라고도 합니다. 흙이 산출되는 지역이나 흙을 정제하는 방식, 시대에 따라 다양한 질감과 형태, 특징이 나타납니다. 이를 통해 도자기가 만들어진 지역이나 시대를 구별하기도 합니다. 도자 감정의 가장 기본이자 핵심이 되는 포인트입니다.

13. 향로香爐, 향삽香挿

향을 피우는 향도구의 대표 주자들입니다. 향로는 흔히 알려진 것처럼 재나 모래를 채운 뒤 향을 꽂아서 사용하며, 다완처럼 그 모양에 따라 다양한 이름으로 불립니다. 향삽은 기물 자체에 향을 꽂아 사용하는 것으로 흔히 향꽂이나 인센스홀더incense holder라고도 불립니다.

다양한 모양의 향로와 향삽.

향로보다는 향삽이 좀 더 보기 드뭅니다. 향로 가운데 손안에 들어오는 크기로 만들어진 것들이 있는데 모양에 따라 금로琴爐 혹은 문향로聞香爐로 나뉩니다. 금로가 커다란 향로의 미니어처 같은 느낌으로 만들어진다면, 문향로는 향을 시향하고 품평하기 위한 용도이기에 단순한 원통형을 띤 경우가 많습니다.

14. 향합香盒

향을 보관하는 합을 말합니다. 흔히 둥글납작한 원통형으로 뚜껑이 달린 형태가 많고, 그 외에 동물이나 식물을 본뜬 모습으로도 만들어집

도자와 칠기로 만든 향합들.

여기서 잠깐, 골동 정리 좀 하고 갑시다!

니다. 흔히 도자, 금속, 칠기 등으로 만들며, 분이나 연지 같은 화장품을 보관하는 합으로도 쓰이기에 분합이라고도 불립니다.

***

  이 외에도 다양한 기물들이 있고, 또 불리는 다양한 별칭들이 있습니다. 이런 별칭들 가운데는 사람들의 입을 거친 탓에 본래의 이름을 알기 어려운 경우도 종종 있습니다. 사실 이 골동품들도 오래전엔 누군가의 곁에서 일상적으로 쓰이던 일용품들이었을 겁니다. 하지만 세월의 흐름에 따라 사용이 적어지거나 다른 물건으로 대체되고 그 용도나 이름들이 하나둘 잊혀버린 거겠죠. 그렇기에 이러한 이름들과 물건들의 쓰임을 알아가는 것도 골동을 만나는 즐거움의 하나입니다.

  골동품. 어렵게 생각할 것 없습니다. 자신의 취향에 맞는 물건들부터 하나씩 알아가다 보면 어느샌가 내 곁에 일상을 함께하는 기물들이 옹기종기 모여있을 테니까요.

2. 골동썰 풀고 갑니다

수집 속에 담긴 이야기들

골동썰을 풀자면 한도 끝도 없고,
전설 따라 삼천리에 각종 MSG가 듬뿍 담기기 마련이다.
당장 내가 이야기할 것도 고르고 고른 게 이 정도인데
나보다 오래 수집하신 분들이며
장사를 하시는 상인분들의 이야기는 엄청날 것이다.
일단 여기서는 내 기억에 남고 자랑하고 싶은(이거 중요)
몇몇 썰을 풀어볼까 한다.
다만 몇몇 개인적으로 민감한 내용들의 경우
시간이나 상황을 조금 각색해서 이야기하는 점을
미리 밝혀둔다.

색난 스님의 불석 불상 / 내가 너를 기다리고 있었다

　　　　　이 이야기는 트위터에서 시작돼 어쩌다 보니 여기저기 퍼지다 못해 스샷 캡처로 박제까지 된 이야기이다. 트위터 인생 처음으로 16.4k, 그러니까 16,000회 이상 리트윗된 글인데 트위터와는 1도 관련 없는 친구가 "이거 너 아님?" 하고 유추할 정도로 퍼졌다. 원본 글은 이야기에 등장하는 후배 쌤의 부탁으로 지웠지만, 뻘소리를 쓰며 뒹굴려고 시작한 트위터가 골동 정보계가 돼버린 시작점이기도 하다.

　당시 트위터의 140자 제한으로 인해 타래로 줄줄이 엮었던 글들을 기억을 더듬고 좀 더 보완해서 다시 풀어볼까 한다. 책에 쓰는 것에 동의해 준 후배 쌤께 감사의 절을 올린다.

코로나19가 대유행하면서 난리도 아니었던 2021년 가을의 일이다. 골동업계도 얼어붙어 아는 사장님들마다 죽겠다며 힘들어했다. 정말 아끼는 마음에 깊숙이 넣어두었던 물건들을 급매로 하나둘 처분했는데, 소장가들 입장에선 좋은 물건을 평소보다 싼 가격에 살 수 있는 기회이기도 했다.

아무튼 프로 골동러를 자처하는 이로서 물건들 좀 주워볼까 하곤 KF94마스크에 알코올 손소독제를 들고 여기저기 기웃거리는 나날이었다. 그러던 중 나와 같이 골동품을 모으는 후배 쌤과 흔히 골동 던전으로 불리는 답십리에 갈 일이 생겼다. 우선 목표는 거기서 다완으로 쓸만한 그릇을 찾는 것이었다. 후배 쌤이나 나나 일단 종교가 불교다 보니 다완도 다완이지만 촛대나 향로, 불화 같은 불교유물도 유심히 찾아보곤 하는데 이날도 그랬다.

오래간만에 찾은 답십리는 코로나 때문인지 인기척이 없이 썰렁했고 가게들도 불은 켜져있는데 사람이 없는 곳이 많아 영 물건 보는 맛이 나질 않았다. 마지막으로 한 곳만 보곤 그냥 저녁 먹을 겸 인사동으로 넘어가자 하고 마지막 가게를 들렀는데 당초 목표였던 다완으로 쓸만한 그릇은 보이질 않았다. 에잉, 오늘도 튼 건가… 하고 나가려는데 가게 안쪽 선반에 불상이 하나 보였다.

"사장님. 저 불상 뭐예요?"
"응? 에이, 저거 별거 아니에요. 물건 아니야."

"그래도 부처님인데 한번 보죠."

높은 선반 안쪽에 대체 어찌 넣으셨는지 사장님도 손이 닿질 않아 근처에 있던 옛날 황동국자를 부처님 머리에 걸어 끌어당겼다. 깡깡 하고 부처님 머리에 쇠가 닿는 소리가 영 좀 송구스럽지만 아무튼 불상을 끌어 내렸다.

선반에서 내려온 불상은 말 그대로 처참했다. 몸 전체에 래커인지 페인트인지 금빛 도료가 덕지덕지 지저분하게 칠해져 있었고, 상호相好(부처님의 얼굴)에는 유성펜으로 보이는 것으로 눈과 눈썹을 그리고 입술은 새빨간 색으로 큼지막하게 떡칠을 했다.

아니, 이게 대체 무슨 꼴인가 하고 살펴보는데, 아까 머리를 맞아 깨진 부분과 칠이 안 된 바닥을 보니 하얀색이어서 꼭 석고 같아 보였다. 그래도 바닥에 복장공[7]도 있는 것이 원래는 제대로 만든 불상 같았다.

"아이고~ 뭔 부처님이 도깨비 꼴이래요? 어디서 온 부처님이에요?"

"남양주가? 거기서 사 왔어요. 그, 원래 무당이 모시던 건데 퇴

---

[7] 복장공은 불상의 내부에 그 신성성을 더하기 위해 납입하는 경전이나 향, 약재와 같은 물건들인 복장물(腹藏物)을 넣기 위해 판 구멍을 말한다. 구멍을 팔 수 없는 탱화의 경우 복장물을 주머니에 넣어 위에 걸어두곤 한다.

송退送[8]했다더라고."

"그래도 그렇지… 부처님 꼴이 너무한데? 이거 석고 불상이죠?"

"응응, 그렇지. 석고지. 거기 보면 하얗잖아요."

"석고치곤 좀 무거운데…."

"그거 모래 섞어서 그래. 모래 섞으면 석고가 튼튼해지니까."

석고 불상이라니 흥미가 뚝 떨어진다. 아마도 1980~1990년대에 한창 사찰을 복원하거나 불상을 조성하는 불사佛事가 성행할 때 만들어진 천불전 불상 중 한 분이겠거니 했다. 그도 그럴 게 불상 자체는 조선 후기의 형태였다. 당시에 불사를 하셨던 분들 말로, 그때는 기술이 좋은 것도 아니고 지금처럼 불상을 만드는 전문 업체가 많이 있던 것도 아니라 절에 모셔진 옛날 불상 중에 작은 불상으로 틀을 떠서 천불전 석고 불상을 많이 만들었다기에 지레 그렇겠거니 짐작했다.

사장님은 그래도 우리가 불교유물을 좋아한단 걸 기억하시는지 그리 비싼 가격을 부르진 않았다. 그렇지만 당장 뭐 불상을 모실 의향도 없고, 제법 흔한 석고 불상이니 그냥 다시 선반에 올려달라 하곤 가게를 나와 인사동으로 넘어갔다.

밥을 먹은 뒤 둘 다 안면이 있는 고미술상에 가서 커피를 얻어 마

---

[8] 퇴송이란 무속에서 더 이상 모실 수 없는 신상이나 불상, 탱화, 무구 등을 탈나지 않게 굿을 하여 파기한 것을 말한다. 불교에서는 파불(破佛), 또는 봉송(奉送)이라 한다.

시던 중 후배 쌤이 이야길 한다.

"아무래도 그 부처님 눈에 밟혀요."
"엥? 그래요? 하긴 조선 불상으로 틀을 떠서 만든 것이니…."
"네, 그냥 자료용으로 가지고 있어도 나쁘진 않을 것 같아요."
"흠… 비싼 가격은 아니지만 굳이 살 필요가 있을까요?"
"에이, 그 가격이면 새로 만드는 불상보단 싸니까요."
"그건 그렇죠, 그럼 사보죠. 자료로는 가치가 있으니까."

그때가 딱 가게들이 슬슬 문을 닫기 시작하는 저녁시간이라 다음에 날을 잡아 갈까 했는데, 후배 쌤은 아무래도 좀 먼 지역에 살다 보니 서울 나온 김에 사는 게 속 편하다며 당장 가서 사 와야겠단다. 답십리 가게에 전화를 걸어 아까 불상 본 학생들인데 그냥 사겠으니 좀 기다려 달라 하곤 후배 쌤 혼자 답십리를 다녀오기로 했다. 혼자 남아서 커피나 홀짝이며 언제나 돌아오나 하고 있는데 한 시간 반 정도 지나 에코백에 불상을 담아 왔다. 어찌나 무거운지 팔 떨어지겠다 하는데 불상을 받아 들어보자 무겁긴 무거웠다.

불상을 꺼내서 보는데 아까의 그 처참한 상호 그대로다. 인사동 사장님도 무슨 부처님이 이러냐며 눈살을 찌푸린다. 일단 저 상호 좀 어떻게 하자 싶어서 근처 올리브○에서 아세톤을 사 와서 상호를 닦아냈다. 역시나 유성펜이었는지 깨끗하게 닦인다. 그래도 워

아세톤과 물티슈로 처참한 상호를 닦아낸 직후의 모습.

낙에 오랫동안 켜켜이 덧칠을 했는지 완전히 깔끔하게 지우는 건 무리였다.

상호를 좀 지우고 나서 먼지와 때를 닦아보자 하고 물티슈로 열심히 닦는데 래커를 칠하지 않은 하얀 바닥 부분에서 이상한 현상이 보였다. 불상의 바닥이 물을 쭉 흡수하는 게 아닌가. 처음엔 뭐 바싹 마른 석고니까, 하고 넘어갔는데 물티슈가 닿는 족족 수분을 흡수한다. 그 순간 머리에 퍼뜩 '경주 불석'이라는 돌이 스쳐 지나 갔다.

불석은 조선 중기부터 근대까지 석불 제작에 사용한 무른 돌로 경주 쪽에서 주로 채굴됐는데, 불상 제작에 많이 사용되어 '불석佛石'이라는 별명이 붙은 돌이다. 흔히 절에서는 경주 옥돌이라 불리는 돌로, 사찰에 종종 보이는 '옥불상'이라고 하면 이 불석으로 제작된 것인 경우가 많다. 아실만한 분께 휴대폰으로 곧장 경주 불석에 대해 물어보니 광물명으로는 '제올라이트'인데 수분 흡수를 잘하며 물에 닿으면 매우 물러지는 돌이라고 했다. 설마 하고 물티슈가 닿았던 부분을 손톱으로 조금 강하게 긁어보니 퍼석 하고 파였다. '혹시나 불석?'이 '역시나 불석!'이 되는 순간이었다. 만약 이게 불석으로 조성된 불상이라면 100퍼센트 조선시대에 만들어진 고불인 것이다.

마침 알고 지내는 연구자 가운데 불석 불상을 연구하시는 분이 있어서 사진을 찍어 사정을 대충 설명하고 "불석 불상이 맞을까요?" 하고 질문을 드렸다. 20분 뒤 그분이 거두절미하고 크기부터 물어왔다.

"그 부처님 크기가 얼마나 됩니까?"

"어… 한 자(약 30cm) 정도 되네요."

"그럼 그거… 색난스님 쪽 작품 같은데?"

내가 지금 뭘 들은 거지? 색난스님? 마침 스피커폰으로 통화를 했기에 옆에서 불상을 닦고 있던 후배 쌤의 눈이 동그래졌다. 색난色難스님은 17~18세기에 활동했던 스님으로 불상 조각에 뛰어난 분. 색난스님의 작품 가운데는 그 중요성을 인정받아 보물로 지정된 불상들도 다수 남아있다.

"그게 남양주서 나왔다 그랬어요?"
"네, 파신 분 말로는 그래요."
"허어… 그거 아마 원래는 전라도 쪽에 봉안돼 있었을 텐데 어째 그 위까지 가셨나 보네요. 일단 복장공의 위치나 크기도 그렇고, 상호나 옷자락 표현이며 색난스님 불상이 틀림없어요. 그 금색은, 옛날 시골 절들이 개금불사|불상에 금칠을 다시 하는 것|할 돈이 없어서 위에 금색 페인트나 래커를 발랐는데 그 자국일 거예요. 사진 보니까 래커 떨어진 아래로 원래 개금한 흔적이 좀 보이네요."

전화를 끊고 나서 가게 안에 3초 정도 정적이 흘렀다.

"후배 쌤. 이거 nn만 원이었죠? 내가 지금 바로 현금으로 돈 드릴게, 나한테 파쇼."
"아니, 방금 이야기 들으셨잖아요. 미쳤다고 팔겠어요?"

귀한 불상인 게 밝혀졌으니 괜히 아마추어인 우리가 건드려선 안 되겠다는 생각에 물티슈는 접어두고 가만히 선반에 올려둔 채 불상을 바라봤다. 아까의 도깨비 같던 상호가 멀끔히 지워진 불상의 입가에는 빙긋 웃음이 떠올랐다. 이게 바로 조선의 미소인 걸까? 은은하게 미소 짓는 부처님의 얼굴은 마치 알아봐 줄 사람을 기다렸다는 듯한 얼굴이었다.

------- 덧붙임 -------

이 불상은 그 후 문화재 불상을 많이 다루신 문화재수리기능공 선생님께 인계되어 래커칠을 비롯한 오염을 말끔히 제거하고 보존 처리를 거쳤다. 현재 불상을 모셔간 후배 쌤의 원불願佛(개인적으로 모시는 불상)로 소중히 봉안돼 있다.

#알아보는_눈 #불교미술 #색난스님 #경주불석 #조선불상

수리와 보존 처리가 완료된 불석 불상의 모습.

이거느낌 괜찮은데?

조선 전기 계룡산 백자 다완과 당대 유병

이렇듯 골동을 모으다 보면 이른바 '감'이라는 게 좀 생긴다. 직관이라고도 하고 물건 보는 눈이라고도 하는데, 아무튼 기물을 보면 딱 느껴지는 그 감. 물론 그게 항상 맞는 것도 아니고 언제나 조심해야 하지만 그래도 제법 도움이 될 때가 많다. 국립중앙박물관에 최초로 개인 기증실이 만들어진 동원 이홍근 선생은 생전에 이런 말을 하셨단다. "누구의 감정도 받지 않고 내 눈으로 보고 사야 한다. 그래야만 감식안이 생긴다."

내 입장에서는 감식안이라는 말을 붙일 정도로 엄청난 단계는 언감생심이지만, 그래도 수집하는 사람으로서 눈이란 게 천천히라도 생기기 마련이다. 그렇다 보니 또 손에 들어오게 되는 '아이'들도 있다.

부산에서 우연찮게 거래를 트게 된 고미술상이 있다. 사장님이 뭐 이래저래 따지고 보니 종씨 어른이고 또 같은 불교 신자다 보니 좋게 봐주시는지라 부산에 가면 꼭 인사를 드리는 집이다. 이 집이 또 좋은 점 하나는 사장님이 말차를 드시는 분이라 다완으로 쓸 수 있는 크기의 대접들을 꽤 모아두셨다는 건데, 개중엔 사장님이 직접 사용하는 것들도 있어 더욱 믿음이 간다. 가게에 갈 때마다 차 생활에 쓸만한 기물들이 좀 있었기에, 가득 쌓인 물건들 틈을 뒤적이며 사장님과 잡담을 주고받았다.

그러던 중 뒤쪽 다완용 대접들만 조금 모아둔 곳에서 눈길이 멈췄다. 살짝 노란빛이 도는 백자 다완인데 또 겉면은 유약이 끓어서 생긴 우둘투둘한 자국이 너무 매력적이었다. 손에 들어오는 감도, 정원이 아닌 타원형으로 만들어진 기형도 다 좋았다. 분홍빛이 유약 아래서 은은하게 올라오는 것이 특히 괜찮았다. 우리나라에선 홍화紅花, 붉은 꽃이 폈다고 해서 홍화점이라 하는데 이는 흙 속의 철분이 산화되면서 올라오는 것이다. 일본에서는 흔히 이걸 '단풍이 피었다'라고 표현한다.

보통 골동을 살 때 뭔가 마음속에서 '그래, 이거다!' 하는 느낌이 없으면 한참을 만지작거렸더라도 내려놓는데 이건 눈과 손에 착 들어왔다. 그런데 연대가 애매했다. 죽절굽(굽의 바깥 면을 대나무의 마디처럼 꺾어서 깎은 굽으로 조선 전기 도자기의 특징 중 하나)을 깎은 것이나 유약의 느낌은 조선 전기인데, 또 안쪽과 굽에 붙은 모래받침

(그릇을 구울 때 유약이 흘러 바닥에 들러붙지 않도록 굽 아래 모래를 깐 것)을 보면 조선 후기 느낌이었다.

어찌 됐든 조선은 조선이다. 잘 모르겠지만 느낌이 좋으니 들이자 하고 맘을 먹는다.

"사장님, 이거 어찌 하나요?"

"그, 박 선생이 쓸라꼬?"

"카모, 제가 쓰지 어데 팔아 묵겠심꺼?"

(사족이지만 부산 어르신들 중엔 서울말 쓰면 재수 없다고 하는 분들이 계신다. 사투리를 알면 그냥 사투리를 쓰는 게 여러모로 편하다.)

"그라모, 고마 nn만 원만 도. 이 참 좋은 긴데, 내 박 선생이니까 그래 줄게."

"아이고~ 늘 감사합니데이~. 이 어데 끼라예? 조선 전기 같은데."

"마, 웅천[9] 아이겠나? 옛날에 그쪽에서 사 왔데이. 조선 전기는 맞다. 그 죽절굽 있제?"

"웅천치고는 땡땡이다완[10]인데예?"

"마 지역을 우찌 다 알겠노. 조선은 조선이다."

---

9 웅천(熊川)은 현재 경상남도 창원시 진해구에 있던 가마터를 말한다. 연질의 흙으로 다완을 빚었으며 일본에서는 '고모가이'라는 이름으로 알려졌다.

10 고온에서 경질로 구워진 다완. 두들겼을 때 땡땡 하는 금속성이 난다 해서 '땡땡이다완'이라 한다. 일본에선 '가타테(堅手)'라는 이름으로 불린다.

다완 느낌도 좋고, 딱 들어보니 시세보다 싸게 주시는 게 느껴져서 그 자리서 돈을 내곤 신문지에 둘둘 말아다 뒤도 안 돌아보고 서울로 가져왔다. 일단 차를 타야 하니 뜨거운 물에 베이킹소다를 넣고 푹 삶아서 소독을 하고는 이제 어디 것인가 하고 연구를 해본다.

사실 차 생활을 즐기는 실용적인 입장에서 다완의 족보가 그리 궁금한 것은 아니다. 그래도 어디에 설명하려면 좀 알아야 하지 않을까. 일단 내가 자주 여쭈는 단골 고미술상과 스님 한 분께 각각 들고 가봤다. 고미술상 사장님은 지역은 모르겠지만 조선 초기가 맞는 것 같다 하고, 스님은 내 생각과 마찬가지로 조선은 맞는데 후기일 수도 있겠다는 말을 하신다. 여기서 재밌는 건, 다완을 바라보는 사람의 시점이 다르다는 것이다.

고미술상 사장님: "색이나 유면은 참 좋은데, 바깥 유면이 이렇게 곰보고, 좀 찌그러져선… 이도다완도 아니고 제값 받긴 어렵겠는데?"

스님: "물건은 조선 것 맞네. 모양이 정원이 아니라 타원인 것도 재미있고, 바깥에 얽은 것도 맛이 있어서 다완으로 쓸만하겠다."

이런 이야기를 들으니 괜히 이 아이의 족보가 너무나 궁금해진다. 어쨌든 다완으로 아끼며 몇 년 잘 쓰다가, 우연한 계기로 옛 다완을 오래 보고 수집한 선생님께 보일 일이 있었다. 선생님은 요리

조리 보시더니 모래받침을 근거로 이것이 조선 후기 것이며 좋은 기물이라는 평을 내렸다.

음, 역시 조선 후기였군. 하지만 지역이 궁금해 이리저리 찾는데 딱히 자료가 마땅찮다. 이대로 그냥 조선 후기 백자 다완이라 생각하고 써야 하나, 하고 있는데 친한 지인이 인사동 '이도옥션'을 가는데 혹시 같이 가겠냐고 권유를 해왔다. 주변에 도자 모으는 분들에게서 종종 "이도옥션 대표가 전국 요지를 직접 발로 뛰며 도편을 모아다 공부를 해서 조선 도자를 잘 본다"는 말을 들은 게 있어서 마침 잘됐다 하곤, 이 아이를 포함해 가지고 있던 도자 몇 개를 감정 받아 볼 겸 들고 갔다.

"대표님, 이게 처음 살 땐 조선 전기라고 생각했는데 나중에 몇몇 분이 후기라고 하시더라고요. 일단 조선 것은 맞는데 혹시 어디 아이일까요?"

"에이~ 이게 어딜 봐서 후기예요? 전기 백자지. 그리고 족보는… 이 아이랑 같네요."

옆의 찬장에서 덥석 꺼내서 보여주는 백자완과 유약이며 흙, 굽, 붉게 떠오르는 홍화까지 완벽하게 똑같았다.

"네, 꽤 좋은데요? 어느 집인지 몰라도 다완을 아는 집에서 가지

조선 전기 백자 다완. ⓒ 김정준

고 있던 거겠어요."

"아, 네. 거기 사장님이 말차를 드시는 분이에요."

"그죠? 물건 보면 그 격이 보이니까… 꽤 비싸게 주셨겠어요?"

"어… 그게… nn만 원 줬는데요…."

"네? 진짜 주우셨네요. 이거 계룡산 백자예요. 요즘 그냥 내놔도 그 몇 배는 받으실 겁니다."

"예? …팔아버릴까!"

"에이~ 팔지 마세요. 어디 갈 때 어깨 으쓱하고 보일 건 있어야죠. 다완은 이걸로 끝내셔도 되겠어요."

느낌이 좋아서 들였더니 꽤나 좋은 다완이 손에 들어온 것이다. 그 후로도 도자를 전공으로 연구하시는 분들께 물어보니 전기나 중기 그 사이에 만들어진 것이라 아마 후기로 보는 사람이 있을 수 있겠다는 의견과 함께 모든 분이 계룡산 백자라고 하시기에 더욱 아끼면서 쓰게 됐다. 사실 백자 자체는 조선시대 전국에서 생산하고 사용했지만, 계룡산 백자는 1920~1930년대에 일본 사람들에게 주목을 받으면서 그때를 기점으로 조선의 고미술과 고도자에 사회적인 관심이 쏠리게 된다. 그런 역사성이 있다 보니 아무래도 좀 더 특별하게 보이는 것이다.

또 다른 이야기도 있다. 이번엔 조선이 아닌 중국 도자기다.

인사동에 자주 놀러 가는 차도구점이 있다. 그곳 사장님이 꽃을 좋아하셔서 판매하는 기물들 중 화병이나 수반이 있으면 거기에 꽃이나 화분을 담아서 전시를 하곤 하는데, 개중에 싼 것이나 파손된 것 등 이른바 'B급'들은 가게 밖 문가에다 장식해 두곤 했다.

당연히 B급들인데 눈에 찰 리가 있겠는가. 그냥 눈길도 주지 않고 오가길 몇 계절이 흘렀을 것이다. 문득 작은 아이비 줄기가 꽂혀 있던 주먹만 한 갈색 병이 눈에 띄었다. 아이비 줄기는 지난 초봄 추위에 진작 말라 죽었고 병만 먼지가 켜켜이 쌓여가고 있었다. 가게에 들어가려다 말고 병을 집어서 찬찬히 보니 주둥이의 4분의 2가 깨져서 에폭시로 수리가 돼있고 유약도 여기저기 찍혀있었다. 그래도 어디 둬도 튀지 않고 소박한 맛으로 쓰기 좋아 보였다.

"아니, 안 들어오고 뭐 해? 거기 뭐 별거 없는 거 알잖아."
"아, 그렇죠. 근데 요게 눈에 들어와서요."
"그거 다 깨진 거잖아. 뭐, 수리해서 쓰게?"
"에이, 수리비가 더 들죠. 그냥 막 쓰기 좋아 보여서요."

가게에 들어가서 차를 얻어 마시고 이리저리 둘러보는데 아무래도 그 병이 눈에 밟힌다. 문가에서 병을 집어 와선 물티슈로 쓱 닦아 보니 시커먼 먼지가 묻어 나온다. 계속 만지작거리고 있으려니 역시 데려가야겠다 싶어 값을 물어봤다. 사장님 쓱 보시더니, 깨진 것인 데다 오랫동안 밖에 있던 것이고 하니 선물인 셈 치고 그냥 가져가라신다. 공짜라면 양잿물도 마신다는데 눈에 밟히는 아이를 거저 데려가니 기분이 좋았다.

집에 가는 길에 중국 도자를 하는 골동집에 인사차 가서 맘에 드는 병을 선물받았다며 그곳 사장님께 자랑스럽게 내보였는데…

"어? 잠깐만요 자세히 좀 봅시다."
"예? 왜요? 설마 골동이에요?"
"그런 것 같은데요? 잠시만요….”

사장님은 한참 병을 이리저리 보더니 자료로 보는 도편들까지 꺼내 살피곤 이윽고 답을 내놨다.

2. 골동썰 풀고 갑니다

"응, 이거 진품이네요. 아마 당말 요나라 초쯤 될 텐데… 그냥 당으로 봐도 될 것 같아요."

"이게 그렇게나 올라가요? 난 일본 것이거나 요즘 걸 거라 생각했는데?"

"에이, 이거 중국 거 맞아요. 여기 요 에폭시 떡칠해서 물감 발라 둔 것도 중국서 자주 하는 수리법이고요."

역시 그냥 느낌이 괜찮아서 들였더니 멋진 골동품이 손에 들어온 것이다. 집에 가져와서 깨끗이 씻어놓고 보니 먼지에 가렸던 고태미가 보인다. 괜히 진품이라는 색안경을 쓰고 본 탓일 수도 있지만 몸체에 유약이 팬 자국도 꼭 포인트라도 되는 듯 예뻐 보인다.

그래도 고미술을 오래 보다 보니 생긴 눈이라는 게 '얘는 그래도 느낌이 좋네' 하는 감으로 이어지고, 그 결과 내 맘에 드는 좋은 기물들이 하나둘 생기게 된다. 이런 매력이 있어서 계속 골동품들을 찾아 여기저기 기웃거리는 것이리라.

#골동품 #조선백자 #중국도자기 #찍기운 #뽑기운 #어쩌다_보니_당첨

당말 유병에 꽂은 앵두꽃.

일단 먼저 가져갑니다!

명대 청화 찻잔들

　　　　　　　골동들을 모으고 다니다 보면 아무래도 뭔가 비슷한 풀의 사람들과 교류하게 된다. 특히 차를 마시는 분들과 많이 만나게 되는데 그러다 보면 자주 '차 맛을 잘 내주는 다기' 운운하는 것을 듣게 된다. 이런 다기들은 오래된 다기들인 경우가 많다. 즉, 골동 차도구인 것이다(하다 하다 찻잔도 골동품). 보통 찻자리에선 이를 두고 "세월에 화기火氣가 빠져서 그렇다"라고 설명을 하는데 과학적으로 정확히 어떤 이유인지는 모르겠다. 이 중 명대 청화백자 찻잔들은 그 미적인 형태나 차 맛을 내주는 면에서 차인들 사이서 좋은 다기라는 평가를 받는다.

　　한번은 부산 향산재서 찻자리를 가졌을 때 팽주烹主(찻자리에서 차를 내리는 역할을 맡은 사람)를 맡았던 향산 선생님이 오래된 청화잔을 다기로 내왔다. 한창 차를 마시는데 자리에 함께하신 스님이 "내가 오래 차를 마셨지만, 역시 명대 청화잔이 차 맛을 제일 잘 내주더라" 하시는 걸 들었다. 견물생심이 아니고 청물생심이라 해야 하나? 그때부터 명대 청화잔을 찾아 돌았지만 역시나 비쌌다. 우연찮게 입이 좀 크게 깨어져 나간 잔을 하나 구해서 수리해서 쓰게 됐지만 그래도 완질을 하나 가지고 싶었다.

아무래도 찻잔이라는 게 지금으로 치면 대량 생산되는 머그컵 같은 것이라 수량이 많기도 하지만, 그만큼 생활용품이라 온전한 것이 드물기도 하다. 거기다 명 청화잔의 경우 오랜 세월 차인들에게 사랑받다 보니 이미 일본이나 중국에서 모방한 것들이 오랫동안 유통되어 왔다. 특히 일본 같은 경우 19세기 말쯤에 차도구를 중심으로 중국 기물에 대한 선호가 높아지면서 당시 중국 청화백자의 발색이나 굽의 형태까지 모방한 것들을 대량으로 제작했는데, 이런 것들이 이제 세월이 흘러 고태미를 가지다 보니 중국 것과 헷갈리게 되는 일도 많다.

흔히 이렇게 명대 청화 찻잔으로 도는 잔들은 몇 가지 패턴이 있다. 그중에서 '호두잔', '배추잔', '도깨비잔'이라고 불리는 세 가지가 주로 보인다.

먼저 호두잔은 가장 흔하게 보이는 명청화 찻잔으로 호두알 같은 둥근 점들이 그려진 잔이다. 일본서는 이것을 냉이꽃이라고 설명하는데 자료를 오랫동안 찾아봤어도 왜 이게 호두 혹은 냉이꽃인지에 대한 명확한 설명을 찾을 수 없었다. 다만 어떠한 초화문草花紋을 추상화한 것이려니 하고 추측할 뿐이다. 중국차를 오래 드신 분들 가운데 이 호두잔을 가지고 계신 분들이 많은 것 같다. 배추잔은 말 그대로 배추 그림이 그려져 있다. 배추야 예로부터 번성이나 부귀를 상징하는 문양이니 찻잔에 잘 어울리는 디자인이다.

　가장 재미있는 게 바로 도깨비잔인데, 도깨비같이 생긴 인물이 그려져 있어서 유래한 이름이다. 하지만 정식 명칭은 '괴성배魁星杯'로, 괴성이란 바로 북두칠성의 첫째에서 넷째 별, 즉 국자에서 물을 푸는 용기 부분의 별들을 말한다. 옛 중국에서 이 괴성은 사람의 관운과 문장을 관장하는 신으로 모셔졌다.

　괴성은 도깨비와 같은 외형에 손에는 붓과 됫박을 들고 달리는 모습으로 묘사된다. 괴성배에는 추상화된 이 괴성, 즉 도깨비와 함께 《시경》, 《역경》, 《춘추》와 같은 유교 경전들의 이름이 쓰여있다. 차라는 것이 원래 옛 문인들이 즐기던 음료였으니 아마 이 잔으로 차를 마시는 사람의 문장이 대통하거나 관운이 크게 트이길 바라는 마음으로 만들어진 것 아닐까. 그래선지 인기도 높아 어지간하게 완전한 것들은 죄다 수장가들 손에 들어갔는지 괴성배가 가장 보기 드물다.

　여하간 수리한 명청화잔을 쓰면서 '그래, 내 팔자에 이 정도면 족하다 생각하고 살자' 하던 즈음에 친하게 지내는 차도구 가게에서 연락이 왔다. 일본 경매장에서 물건들을 좀 들였으니 구경하러 오

지인이 소장 중인 괴성배. 도깨비 같은 모습의 괴성이 그려져 있다.
괴성이 북두칠성의 네 별이기에, 남은 세 별은 위쪽에 별자리로 묘사된 것이 특징이다.

란 것이었다. 항상 좋은 물건을 많이 가져와서 그냥 구경만 해도 재밌는 곳인데 이렇게 새로운 물건이 들어올 때가 제일 재밌다. 언박싱 하는 재미와 구경하는 재미가 함께해서일까?

오후 느지막이 나가보니 사장님이 좋은 건 이미 오전에 다른 손님들이 다 가져갔다며 왜 이리 늦게 왔냐 하신다. 그래도 아직 풀지 않은 상자들을 하나씩 열어보면서 구경하는 재미는 쏠쏠했다. 그러던 차에 테이블 위에 작고 깨지기 쉬운 것들을 모아둔 것이 있어 보다 보니 찻잔들이 제법 있었다. 그 가운데 청화백자 찻잔 한 세트가 있기에 그냥 슥 집고 봤더니… 엥? 호두잔이네? 뭐여, 이게 왜 여기 있어? 처음엔 일본서 만든 모방품인가 하고 좀 자세히 봤는데 아무리 봐도 중국, 명대 진품 같았다.

이상하다? 이렇게 귀한 게 세트로 나오면 보통 상자나 시후쿠仕覆[11]가 있는데? 한참을 만지작거리며 하나하나 보고 있자 사장님이 한마디 하신다.

"어, 네가 그거 관심 가질 줄 알았다. 너 청화백자 좋아하잖아."
"그렇죠. 근데 이거 상자나 시후쿠 없어요?"
"음, 나도 그게 좀 의아한데 그렇게 잔들만 덜렁 나왔더라고. 왜?

---

11 찻잔이나 다완, 화병 등 고급 다기 등을 보호하기 위해 두꺼운 비단 등으로 만든 전용 주머니를 말한다. 일본에선 보통 격이 높은 기물에 시후쿠를 맞추는 경우가 많다. 이 시후쿠의 매듭을 묶는 방법에 따라 특정한 의미를 나타내기도 한다.

사게?"

"으음… 값만 맞으면 사고 싶은데…."

"에이, 내가 너한테 비싸게 받을까! 적당히 받지."

"잠깐만요, 제 통장님께 여쭤보고… ㅎㅎㅎㅎ."

"에이, 그 잔 살 거면 지금 사. 아까 오전에 다도 사범 선생님들도 한참 고민하다 갔어."

"아? 사범 쌤들이?"

"그래. 그게 그렇게 좋은 잔이냐? 너도 한참을 보게?"

"마, 됐고요, 지금 계좌이체 할게요!"

새치기를 하는 꼴이 됐지만, 안목 좋다는 선생님들이 고민하다 갔다면 나도 더 고민할 게 없겠다 싶어 바로 사버렸다. 그리고 예상대로 명말 시기의 진품들이었다. 이후 다른 가게에서 운 좋게 크기에 맞는 오래된 오동상자를 구해서 온전하게 한 세트를 맞추었다.

꼭 비슷한 일이 한 번 더 생겼다. 부산에 일이 있어 갔다가 찻잔이나 향로같이 내가 좋아하는 기물들을 주로 취급하는 고미술상에 들렀다. 명청화잔은 이미 한 벌 구했으니 그에 대한 욕심은 가셨고, 그냥 막 쓰기 좋은 옛날 잔들 없나 하고 찾아다니던 때였다. 마침 작고 귀여운 청화잔이 한 세트로 있었는데 사장님 말론 일본에서 전세傳世(대대로 전해옴)되던 것이 한국으로 넘어온 것이란다. 그래서인지 잔 안팎으로 차 때가 가득 꼈고, 잔 하나만 빼곤 죄다 금이 깊

명대 청화백자잔. 일명 호두잔이라 불리는 잔이다. ⓒ 김정준

게 가 있었다. 그냥 보기엔 청대 중기나 말쯤 돼 보였다.

"아이고, 생긴 건 이쁜데, 몸에 유[크랙, 금]가 너무 심하다…."
"그렇지예, 딱 옥로[玉露]12 마시기 좋은 잔인데예, 유가 너무 심해서…."
"내나[역시] 청대 잔이지예?"
"네네, 청대로 봐야지요. 모양도 작고, 색도 좀 그렇고."

가격은 나쁘지 않은데 수리비가 분명 사는 값 가까이 나올 것이라 어찌해야 하나 고민이 됐다. 사장님도 그걸 감안하고 부른 가격이란다. 한데, 사장님이 말한다.

"이거 안 그래도 상태가 영 안 좋아서 좀 오래 요 있었으예. 차 선생님들이 여럿 와서 보고 갔는데, 오늘 아침도 한 쎔이 한참 보다 갔어예."

차인들 눈은 대개 비슷한데, 선생님들이 보고 갔다? 그럼 분명 괜찮은 것이렷다. 에라 모르겠다, 하고 바로 구매했다.
일단 차를 마시거나 수리를 위해서 소독은 해야겠으니 잔을 푹

---

12 교쿠로(玉露). 일본 녹차에서 가장 고급 차로, 60도의 저온에서 차를 우려낸다. 한두 모금의 적은 양으로 마시기에 작은 잔을 주로 사용한다.

부산에서 우연히 찾게 된 명청화잔. ⓒ 김정준

삶는데 누런 땟물이 잔뜩 나온다. 그래도 차 때라고 땟물에서 차 냄새가 올라오기는 했다. 때가 빠지고도 영 찝찝해서 베이킹소다와 과탄산소다를 넣고서 한 다섯 번을 더 삶았다. 그렇게 세척과 소독을 하고 나니 처음의 꾀죄죄한 모습이 가시고 제법 멀끔해졌다. 한데 깨끗한 모습을 자세히 보니 청대 찻잔이 아닌 듯했다.

곧장 잔들을 싸 들고 중국 도자 하는 분들께 물어보고 자료를 찾아보았더니 명대 청화잔이었다. 무슨 꽃을 추상화한 줄 알았던 그림은 달리는 말을 추상화한 그림이었고, 내 것과 같은 기형에 같은 도안을 한 작은 잔들이 다른 곳에서 유물로 전하고 있었다. 그렇게 어쩌다 보니 그 귀하다는 명청화잔을 두 세트나 소장하게 됐다.

#골동다기 #청화백자 #명청화 #찻잔 #먼저줍는사람이임자

금용 일섭스님의
아미타회상탱

홀연히 오셔서 홀연히 가시다

어느 초봄의 일이다. 인사동에 나가면 항상 인사 겸 놀러 다니는 루트를 따라 친한 고미술상에 얼굴을 내밀었다. 그런데 사장님이 잘 왔다면서 자리에 앉혔다.

"영빈 씨! 잘됐네요. 좀 있다가 탱화 하나 오는데 혹시 괜찮으면 보고 가요!"

워낙에 불교미술을 좋아하기에 불상이나 탱화가 들어오면 보통 사진을 보내주시곤 하는데 마침 오늘 물건이 가게로 온다는 것이다.
사실 최근 불교유물이 이렇게 공개적으로 거래되는 경우는 조금 보기 어렵다. 2019년 불교계와 고미술계가 뒤집혔던 모 사립박물관 사건이 있은 뒤로 불교유물은 고미술계에서 깊숙한 곳으로 들어가 버렸다. 더욱이 불교계에서《불교문화재 도난백서》를 내면서 상인들이나 소장가들은 혹시 몰라 물건을 꺼내거나 공개하지 않게 됐고, 간혹 유명 옥션 등에 나오는 불교유물들은 백서에 실려있지 않거나 파불, 혹은 중국을 경유해 한국으로 들어온 북한의 불교유물인 경우가 많다. 아무튼 이런 상황에서 탱화가 들어온다니! 꽤나 기대되는 일이었다.

"탱화요? 크기나 연대는요?"
"그리 안 크대요. 연대는 좀 떨어진다고 하고… 사진 보내라 했더니 그냥 들고 오겠대요."
"것참, 불교유물은 씨가 말랐는데, 어쩐 일로?"
"그러게요. 저기 경기도 어디 계신 분이 가지고 있던 건데, 병원비가 필요해서 내놨대요."

뻔한 스토리다. 보통 불교유물은 그 희소성 때문에 거래되는 단가가 높다. 아무리 못해도 몇백 단위가 움직인다. 그렇다 보니 목돈이 급히 필요한 소장가들이 내놓는 경우가 많았다.
한 시간 반 정도 커피를 홀짝이며 기다리는데 다른 사장님이 탱화를 전해주고 가셨다. 보통 이렇게 시장에 나오는 탱화는 이동이 용이하도록 화면이 좀 잘려있는 경우가 많은데, 이 탱화는 드물게 위아래 축의 나무 봉까지 그대로 남아 돌돌 말려있었다.

사장님과 함께 탱화를 펴보는데 꽤 오랜 세월 둘둘 말린 채 보관됐는지 화폭에 경화가 진행되어 반듯하게 펴기 어려웠고, 이미 안료의 박락도 진행되고 있어 손에 안료가 묻어났다. 사용된 파란색을 보니 양청洋青[13]이었고, 상호의 표현을 보니 전형적인 근대 불화였다. 일제강점기쯤 그려진 탱화겠거니 하고 보는데 다행히 화기畫記[14]가 다 남아있다. 이렇게 화기가 남아있으면 대체로 도난품이라기보단 파불된 탱화거나 어떤 이유로 사찰에서 민간으로 흘러나온 것이다.

사실 조선 탱화가 아니란 점에서 흥미가 뚝 떨어졌지만 화기가 남아있는 건 드문 일이니 천천히 읽어본다.

1941년에 그려졌으니 내가 추측한 대로 일제강점기의 탱화다. 그려진 곳은 전주의 정혜사라는 절이고, 이후 완성된 탱화를 부안의 다른 암자로 이운移運하여 봉안했는데 후불탱화와 칠성탱화를 각각 하나씩 새로 조성했다고 쓰였다.

그림은 아미타불을 중심으로 보살들과 나한들이 모여있는 아미타회상탱화. 아미타불이 극락세계에서 가르침을 펴는 모습을 그린 탱화로 이 정도의 격으로 그려졌다면 아마 법당의 후불탱화일 것이

---

13 조선 말기에 수입된 푸른색 화학 안료. '서양의 파란색'이란 뜻에서 양청(洋青)이라 부른다. 19세기 후반에서 20세기 초에 제작된 탱화에 자주 사용됐다.
14 탱화의 제작 시기, 봉안처, 제작 과정에 참여한 사람 등의 내역이 담긴 기록. 탱화의 하단이나 측면에 쓰인다.

아미타회상탱. 아미타불을 중심으로 보살들과 나한들이 그려져 있다.

다. 그러던 중 그린 이의 이름에서 눈이 번쩍 뜨였다.

金魚 金日爕(금어 김일섭)

순간 내가 한자를 잘못 읽었나 하고 사전을 켜서 검색했다. '일섭'이라는 글자가 맞았다. 근대 불화의 가장 뛰어난 금어金魚(탱화를 그리는 화가 가운데 가장 실력이 뛰어난 이에게 붙는 칭호)였던 금용金蓉 일섭日爕스님의 작품이 가게로 온 것이다.

전라도 출신의 일섭스님은 전통적인 조선 불화와, 서양화의 기법이나 다양한 도상이 도입되는 현대 불화의 가교로 불리는 분. 생전에 장소나 때를 가리지 않고 필요한 곳이라면 불상과 탱화를 조성하며 많은 작품을 남긴 분이다. 지금은 교체됐지만, 최근까진 대한불교조계종의 총본산인 조계사 대웅전의 후불탱화도 일섭스님의 작품이었다.

화기도 완벽하고, 축봉軸棒도 그대로고, 심지어 탱화 뒤에 복장물을 대신하여 붉은색으로 진언眞言, mantra까지 쓰여있었다. 이렇게까지 완벽한 탱화가 시장에 나왔다? 이건 좀 수상하다.

"사장님, 자세한 건 안 묻겠지만… 이거 시장에 나온 지 얼마 안 됐죠? 절에서 나온 것 같은데?"

"영빈 씨는 내가 못 속이겠네…. 그, 어디 암자에서 스님이 가져왔다곤 하더라고요. 시장에 나온 건 오늘 처음이에요."

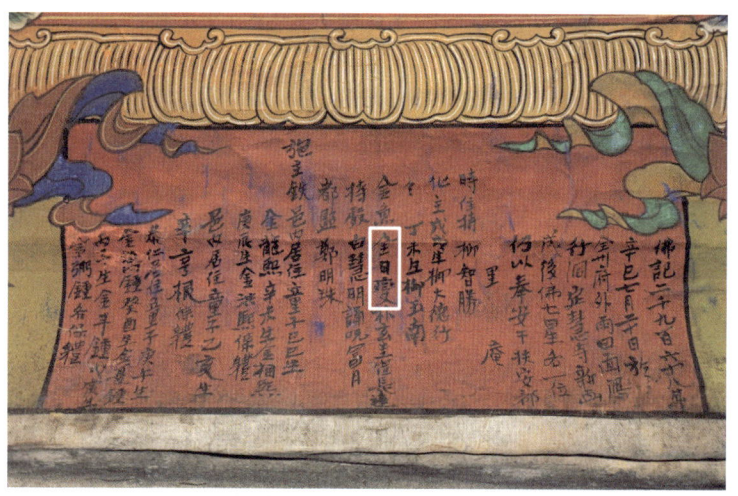

화기에 쓰인 일섭스님의 법명(흰색 네모).

"아이고, 두야…. 이런 게 왜 시장에 나오나…."

이건 시장에 돌아선 안 될 탱화다. 다시 절로 돌아가서 예경禮敬을 받아야 할 탱화지, 이런 상품 취급을 받을 탱화가 아니란 생각이 들었다. 곧장 전라도에서 일섭스님을 연구하는 연구자분께 사진을 보내고 연락을 드렸다. 서울 인사동서 일섭스님 탱화가 나왔노라고. 사진을 보낸 지 얼마 안 돼 바로 전화가 왔다. 다른 말은 안 하셨다.

"그거, 얼마에 나왔습니까?"

연구자분은 이런 탱화는 반드시 되찾아야 한다고 말했다. 심지어 이 탱화가 원래 봉안됐던 암자도 답사한 적이 있다고 했다. 도난 당했다는 이야기가 없으니 아마 그 암자에서 후에 다른 절이나 포교당에 옮겨졌다가 이리 나온 거 아니겠냐고 이야기했다.

"이건 내가 모실만한 스님을 알아요. 내가 그 스님께 연락할 테니 정확한 가격만 좀 알려줘요."

전화를 끊고 곧장 원 소장자와 연락 후 가격이 조정됐다. 근대의 거장 일섭스님의 작품에다가 내력도 정확한 작품치곤 저가로 조정됐다. 소장자분이나 중개하는 분이나 모든 사람이 하나같이,

"아! 절에서 모셔간다면야!"

하곤 각자 이익을 조금씩 포기해서 싸게 나온 것이다. 근대의 이 명작은 다행히 다시 절로 돌아가게 됐다. 사장님도 이런 큰 유물이 가게에 온 지 한 시간도 안 돼서 이렇게 나간 건 처음이라며 놀랐다.

"아니, 뭐에 홀렸나? 이게 이렇게 쉽게 일사천리로 될 거래가 아닌데?"

며칠 뒤 전라도서 스님이 오셔서 탱화를 모셔갔다는 소식이 전해졌다. 아마 불보살님도 이제 바깥나들이가 피곤하셔서 빨리 돌아가고 싶으셨던 걸까? 언젠간 보존 처리를 마쳐서 멀끔한 자태로 향 내음 그윽한 법당에 모셔진 모습으로 다시 보고 싶은 탱화다.

---------- 덧붙임 ----------

불교계에선 이런 불교문화재들을 통틀어 '성보문화유산聖寶文化遺産'이라고 부른다. 줄여서는 그냥 '성보聖寶', 즉 성스러운 보물이란 뜻이다.

#우리고미술 #골동품 #불교미술 #근대불화 #금용일섭 #오자마자_가시네

아니, 그걸 어떻게 본 거임?

18세기 금동 따라보살상

이상하게 눈이 가는 것들이 있다. 아무도 쳐다보지 않는 것들이 어느 순간 눈에 들어오고, 그것이 귀한 인연이 되기도 한다. 여느 때와 다름없이 중고장터들 앱을 보며 뭐 괜찮은 골동 없나 하고 뒤지던 중 어느 판매자가 티베트 불상을 판다고 올린 글을 발견했다. 크기는 좀 큰 편이지만 제법 잘 만든 불상. 하지만 모두 근래에 만들어 앤티크처럼 보이게 처리한 불상인 데다 가격도 너무 비싸서 관심이 뚝 떨어졌다. 대충 보고 다음 게시물로 넘기려는 순간 사진 한켠에 실린 작은 불상이 눈에 들어왔다.

사진상으로는 19세기 말에서 20세기 초 즈음 조성된 문수보살상이었는데 안타깝게도 팔과 지물持物(불보살이 들고 있는 물건들)이 떨어져 나간 것이 좀 아쉬웠다. 그냥 포기하고 넘어가야지, 하고 정말 다음 게시물로 넘어가려는 찰나 문수보살상 뒤로 얼굴만 빼꼼 내민 작은 불상이 보였다. 어? 저거 뭐지? 심상찮은데? 티베트 불교를 전공하는 골동러의 촉이란 게 삐빅 하고 오는 것이었다.

판매자에게 연락해서 불상을 실물로 보고 싶다고 말했다. 하지만 뒤에 살짝 보이는 불상 얘기는 안 하고 판매글

정말 얼굴만 작게 보였던 그 불상(화살표).

로 올린 큰 불상과 파손된 문수보살상 이야기만 한다. 혹시 매장이 어디냐고 하니 부산이란다. 마침 부산 갈 일도 있겠다, 일정 중에 날을 잡아서 가게로 찾아갔다.

매장에 직접 가보니 골동보단 차도구나 차가 더 많았다. 들어보니 골동품 가게로 시작했는데 차도구 가게로 업종을 변경한 지 좀 됐단다. 인터넷에 올린 불상들은 이전부터 안 팔리고 있던 것들이라 빨리 처분하려는지 가격 조정도 된다고 가게 사장님이 말했다.

큰 불상들을 보는 척 뒤에 얼굴만 빼꼼 보이던 그 불상을 꺼내 든 순간, 소름이 쫙 돋았다. 완벽한 상태의 금동 따라보살상이었다.

따라^{tārā}는 인도 불교에서 티베트, 아시아권으로 전해진 여성 보

발견 당시의 금동 따라보살상.

살이다. 산스크리트어로 '저편으로 건너가다'라는 뜻이며, 이 따라보살은 중생의 여러 고통을 신속히 구제하는 본존으로 인도 불교와 티베트 불교에서 매우 대중적인 신앙의 대상이다. 티베트 불교 설화에 따르면 관세음보살이 중생들의 고통을 보고 연민의 눈물을 흘렸는데 오른쪽 눈에서 떨어진 눈물에서는 푸른 연꽃이, 왼쪽 눈에서 떨어진 눈물에서는 흰 연꽃이 피어났고, 각각 녹색과 백색의 몸을 가진 따라보살이 여성의 모습으로 출현했다고 한다.

많은 분들이 '어? 불교의 보살은 다 여성 아니야?'라고 하지만 사실 여성적으로 그려질 뿐 성별은 남성인 것이 인도 불교의 전통이고, 따라보살과 같이 여성의 모습을 한 본존들은 엄연히 따로 모셔진다. 그래서 종종 구별을 위해 여성 본존들을 '불모(佛母)'라고 번역하기도 하는데 '여성의 모습을 한 부처님'이란 뜻이다.

녹색과 백색 따라보살은 몸 색깔로도 구별되지만, 취하는 자세 등으로도 구별할 수 있다. 녹색 따라보살은 오른쪽 다리를 아래로 뻗고서 오른손에 파란 연꽃을 들고 있으며, 백색 따라보살은 결가부좌를 하고 오른손에 흰 연꽃을 들고 있는데 이마와 양손, 양발에 눈이 하나씩 달려있어 총 일곱 개의 눈을 가진 모습이다. 녹색 따라보살이 다양한 고통과 재난에서 중생을 구제한다면, 백색 따라보살은 생명과 관련된 위험에서 중생을 지켜주고 다양한 소원을 원만하게 이룰 수 있게 해주는 공덕이 있다는 점도 다르다.

가게에서 발견한 따라보살상은 다리를 아래로 뻗고, 오른손에 연꽃줄기를 들고 있는 녹색 따라보살상이었다.

티베트의 전통 점성술인 메와(mewa)에 따르면 누구에게나 태어나면서 자신을 수호해 주는 불보살이 있다고 하는데, 마침 내 수호본존이 녹색 따라였기에 더욱 신기한 인연을 느꼈다. 더 놀라운 건 바닥에 붙어있는 가격표였다. 대략 15~20년 전에 팔리던 가격이 매겨져 있는 게 아닌가. 요즘 시세라면 최소 두 배의 가격으로 시장에 나올만한 불상이었다.

전통적인 녹색 따라보살의 모습.

조심스럽게 불상을 손에 쥐고서 물어봤다.

"저… 사장님, 혹시 이 불상도 파시나요?"
"가게에 안 파는 게 어딨겠어요? 사람 빼고 다 팔지! 당연히 팔아요."
"여기 아래 가격표가 이리 되어있는데, 이 가격에서 혹시 조정되나요?"
"어라? 가격표가 있었어요? 보자… 어이구? 이거 옛날 가격이네?"

아차, 그냥 바로 모르는 척 돈을 낼 걸 그랬나? 그렇게 후회막심하던 찰나 사장님이 잠깐 생각하더니 이야기하신다.

"이거 옛날에 들여온 가격 그대론데… 그냥 에누리 않고 현금으로 해서 이 가격에 가져가세요."

아, 일단 통장 잔고님께 여쭤보자 하고 살펴보니 눈 질끈 감으면 살 수 있는 가격이다…. 한참 불상을 바라보고 있으려니 사장님이 슬쩍 부추긴다.

"에이, 보니까 대충 물건 아는 것 같은데 그냥 사 가죠? 이거 이 가격에 요즘 못 구해요."

"그걸 아니까… 고민 중인데… 으읏… 에라, 모르것다. 계좌 줍셔!"

그렇게 흰 한지에 불상을 돌돌 말아 집으로 모시고 와서 이모저모 자세히 살펴보는데, 불상 아래에서 나뭇잎 조각 같은 것이 계속 떨어져 나왔다. 설마 복장유물腹藏遺物이 남아있는 건가 하는 의구심이 들었다. 이런 옛 불상들 가운덴 종종 값을 올리기 위해 불상 안에다 법식에 맞지 않는 가짜 복장물들을 넣어두는 경우가 많기 때문이다. 확인을 하려면 불상 아래 봉인판을 뜯어야 하는데 그것이 또 고민되기 시작했다. 만약 제대로 복장이 된 불상이라면 괜히 건드려서 파불을 만드는 것이었다. 이전에 잠깐 불복장의식을 도우면서 티베트 스님들께 들은 이야기가 있다.

"간혹 복장을 알 수 없는 불상이 있다. 그 경우엔 봉인을 뜯고 확인할 수밖에 없다. 그리하면 이전의 복장과 점안點眼[불교에서 불상이나 탱화를 신앙의 대상으로서 변화시키는 의식이 무효가 되기에 다시 처음부터 복장과 점안을 해야 한다. 혹 정말 복장이 제대로 된 불상을 뜯었을 경우엔 여러 가지로 수행에 장애가 올 수도 있다."

한참을 고민하다 열린 틈으로 습기 등이 들어가서 불상이 내부에서 훼손되는 걸 막기 위해서라도 봉인을 열어야겠다고 결심했다. 그래도 복장을 여는 것이니 향을 하나 사르고 깨끗하게 손을 씻고

불상 안에서 나온 복장물들.

와서 파불을 하는 봉송의식을 간략히 한 뒤에… 아니, 근데 난 점안의례는 모르면서 파불의례는 또 어찌 알고 있지?

　여하간 간단히 기도를 올리고 금강저가 새겨진 봉인판 틈으로 송곳을 넣어 이리저리 돌려서 큰 손상 없이 봉인판을 열었다. 봉인을 열자마자 보인 것은 너덜너덜하게 삭은 노란 비단. 볼 것도 없이 법식에 맞춰 납입된 불복장임을 깨달았다. 순간 엄청난 실수를 저질렀다는 자책감, 당혹감과 동시에 몇백 년 된 타임캡슐을 열어버린 흥분이 몰려왔다. 옛날 스님들이 법식에 맞춰 봉안한 복장을 직접 열어보는 행운은 흔치 않기 때문이다.

　높이 7.5센티미터에 불과한 작은 불상에서 나온 복장물은 자그마치 6종 12건이었다. 내가 예상한 대로 정수리, 목, 가슴 부분에 각각 노란 비단으로 싸인 조그마한 경전 두루마리가 나왔고, 정수리의 두루마리는 전체에 붉은 주사朱砂가 발라져 있어 특별히 의미를 부여한 듯 보였다.

　봉인판 바로 아래에는 목판으로 찍은 다라니 2장이 있었고, 빈틈은 향과 보리 낱알로 채워져 있었다. 봉인을 열고 불상 내부에 강한 조명을 비춰보니 등 쪽으로 바늘 하나 들어갈 정도의 작은 구멍이 뚫려있었다. 조성할 당시부터 주물이 잘못 부어져 생긴 틈 같았다. 아주 작은 틈이지만 이 틈으로 오랫동안 습기가 드나들면서 복장물에 손상을 입혔고 그것이 아마 결과적으로 아래의 봉인판까지 손상을 입힌 게 아닌가 하는 추측이 들었다.

2. 골동썰 풀고 갑니다

불상 내부에서 수습된 복장물들을 따로 하나하나 한지로 감싸서 갈무리하고, 맨 아래서 발견한 목판 다라니와 불상의 도상적 특징으로 연대를 추적하기 시작했다.

여러 자료를 참고한 끝에 높게는 18세기 말, 아무리 낮춰도 19세기의 불상으로 판명됐다. 머리의 보관寶冠을 일반적인 관이 아닌 구슬 장식의 타래로 표현한 것도 18~19세기에 유행하던 형태였다. 도상적으로는 아띠쌰Atiśa 법맥法脈의 따라보살 도상이었다.

각 법맥에서 신앙되는 따라보살은 지물이나 몸 색깔 등으로 조금씩 구별되지만, 아띠쌰 법맥의 따라보살은 아래로 쭉 뻗은 오른손에 보병寶甁을 들고 있는 것이 가장 특징적인 모습이다. 이 따라보살상은 오른손에 들고 있는 연꽃 위에 보병이 올려진 모습으로 표현되어 있었다.

이후 이 불상을 아는 분께 보였을 때 어디서 이렇게 좋은 불상을 찾았냐며 놀라기에 그 빼꼼 얼굴을 내민 사진을 보여주며 이 사진 보고 찾아갔다 했더니 "아니, 그게 보여? 그걸 어떻게 본 거야?

오른손의 연꽃 위에 작게 표현된 보병의 예.

이건 그냥 보살님이 부르신 거네 뭐!"라며 신기해하는 반응이었다. 어라? 듣고 보면 그런 것 같기도 하고? 하필 녹색 따라보살에, 금액도 그냥 딱 지를 수 있는 가격이었고… 좀 더 거슬러서 생각해 보니 예전에 티베트 순례 갔을 때 아띠쌰 대사의 따라보살 법당에서 기도도 했고… 인도 순례 갈 때마다 따라보살 기도도 많이 했던 것 같고… 역시 꿈보다 해몽인 법이다.

───── 덧붙임 ─────

내가 종종 읽는 따라보살 기도문 중 하나인 〈지자의 보관〉에 이런 구절이 있다.

> 모든 부처님의 자비와 권능이
> 아름다운 천녀의 모습으로 나타나,
> 모든 빈곤을 구제하시는 따라불모의 발아래 절하옵니다.
> (…)
> 수백 가지 두려움을 보이는 중생들에게
> '두려워 마라. 내가 속히 구하겠노라'고
> 명백히 알리는 당신께 절하옵니다.

녹색 따라보살의 가장 유명한 영험담이 바로 빈곤에서의 구제다.

역시 꿈보다 해몽이겠지만, 정말 이 불상과 인연이 깊어서인지는 몰라도 이 따라보살상을 모시고 나서 종종 '아, 이번 달 재정 좀 위험한데?' 싶을 때 보살상을 보며 "보살님 올릴 향 값은 안 들어와야겠으예? 좀 도와주시이소" 하고 투덜대면 신기하게 재정이 좀 트이곤 한다. 절에서 종종 말하는 부처님 '빽'이란 게 이런 건가 보다.

#불교미술 #금동불 #따라보살 #티베트불교 #복장터지는소리

예? 잘 몰라요~ 그냥 이뻐서 ㅎㅎ

은구영자와 은정자

        솔직히 말한다. 골동을 모으고 다니다 보면 일부러 모르는 척, 보이지만 안 보이는 척하기도 한다. 그러면 싸게 살 확률이 그래도 병아리 눈곱만큼은 오르기 때문이다. 혹은 상인분들도 '이게 뭔지 모르겠지만 일단 옛날 것이니 가지고 있다'는 경우가 종종 있는데 이런 '모르는 척'과 '모르겠다'가 만나면 간혹 횡재(?)를 하곤 한다.

  원래도 한복을 자주 입고 다녀서 한복과 관련된 복식 유물을 찾곤 하는데 가장 구하기 쉬우면서도 어려운 것이 바로 갓과 탕건 같은 말총으로 만든 관이다. 둘 다 일상적인 물건이자 소모품이다 보니 내가 바로 쓸 수 있는 상태의 유물은 아무래도 구하기가 어렵다. 더욱이 갓의 경우 근 몇 년 사이에 값이 두세 배는 뛰었다. 탕건은 아무래도 내 머리에 맞는 걸 찾아서 써야 하니 먼지와 때가 잔뜩 묻어있음에도 불구하고 일단 하나하나 머리에 써가면서 고르고 찾아야 한다.

한 번은 부산 아는 골동집에 간 김에 혹시 "갓 없나요~?" 하고 물어보자 사장님이 찬장 위에 구멍 난 게 하나 있다면서 "아고, 박 선생은 멀쩡한 것만 찾는다 아이가, 볼 거 없데이" 하시는 걸 바득바득 보겠노라 내려서 보니 생각보다 멀쩡했다.

"에이. 이 정도는 고쳐서 안 씁니꺼. 얼만데예?"
"이걸 고쳐 쓰나? 요즘도 갓 고치는 사람이 있나?"
"주변에 같이 한복 입고 다니는 사람들 사이에선 다 고쳐 씁니더. 요새 갓이 귀해가 이것도 감지덕지라예."

몇 번 거래하기도 했고 갓에 구멍이 난 것도 있고 하니 얼마를 달라시는데 어이쿠야, 옛날 값으로 부르신다. 볼 것도 없이 샥 챙기고 기웃거리려니 사장님이 혹시 갓끈도 찾느냐 하신다. 갓을 쓰는데 갓끈도 당연히 필요하지 않겠는가? 보여달라 하니 또 좀 망설이신다.

"이거는 뭐 수리고 뭐고 안 될 낀데… 일단 함 봐라, 수정 갓끈이데이."

수정 갓끈? 무슨 그런 고급 템이 갑자기 튀어나와? 눈이 동그래져서 두근거리다가 갓끈의 상태를 보곤 시무룩해졌다. 조선시대 유물은 확실한데 갓끈이 제 길이가 아니었다. 유물과 비교해 보자면 반 토막 나있는 것이었다. 원래라면 못해도 60센티 길이여야 할 갓끈이 30센티가량만 남아있었다. 눈이 반짝였다 순간 꺼지는 걸 본 사장님이 껄껄 웃으면서 말했다.

"이 바라, 내 그랬제? 니 실망할 끼라고."
"와 이리 짧은데예? 물건은 조선 거 맞는데…."
"옛날에 이런 거 흔할 때 이런 구슬들 다 보석이라고 풀어가 목걸이 만들고, 노리개 만들고 안캤나. 이거도 원래 갖고 있던 여사장이 목걸이 하던 기라."
"쯧, 물건 베렸네…. 그래도 뭐 물건은 맞는… 응?"

순간 목걸이로 개조된 갓끈 양 끝에 눈이 갔다. 목걸이 잠금쇠라 생각했던 장식이 묘하게 어디서 본 것이었다. 'S' 자 몸체에 양 끝에 물방울 같은 연꽃봉오리 장식인 연봉이 달린 은고리. 바로 구영자鉤纓子였다. 아니, 이게 여기서 왜 튀어나와?
구영자는 갓과 갓끈을 연결하는 고리로 보통 구리나 은으로 만들었고, 종2품 이상은 금도금한 것을 사용했다…고 기록이나 자료 사진, 다른 분들의 소장품으로만 접하던 것이었는데 실물이 갑자기 툭 튀어나온 것이었다. 혹시나 하고 모른 척 슬쩍 물어봤다.

"사장님, 요 끝에 요 고리는 지 짝이라예?"
"뭐? 그 은고리? 맞을 끼다. 내가 이 사놓은 지도 15년은 됐다. 샀을 때 그 상태 그대로라."

오케이. 구영자가 뭔지 모르신다. 저놈 저거 내 거다. 짐짓 갓끈 자체에 관심을 보이면서 안 파시냐고 슬쩍 물어봤다(물론! 토막 났어도 수정 갓끈 역시 귀한 자료다. 구영자만 사려는 게 절대 아니다!). 사장님은 토막 난 걸 어디에 쓰냐며 그 돈으로 나중에 멀쩡한 거 구해 오면 그걸 사라며 만류했지만 나는 저걸 풀어서 더 길게 만들면 된다고 설득했다. 갓을 샀으면 갓끈도 사 가는 게 모양새가 나지 않겠느냐며 졸라대니 그래도 수정이라고 방금 산 갓만큼 값을 줘야 한다기에 약간 죽는소릴 하며 돈을 드렸다. 그러면서도 속으로는 입이 귀에 걸렸다.

구매 당시의 은구영자와 수정 갓끈.

은구영자는 조선 후기 멋쟁이 한량들의 필수품이자 실용적인 장신구였다. 구영자를 쓰는 가장 큰 이유는 바로 갓끈을 자유롭게 탈부착할 수 있다는 점이다. 갓끈은 우리가 보통 생각하는 것처럼 천으로 만든 갓끈인 '포백영布帛纓'과 구슬로 만든 '주영珠纓' 혹은 '패영貝纓'을 같이 착용하지 않고 둘 중 하나만 착용했는데 기본적으론 주영이 기본이었다. 즉 구영자가 갓에 달려있으면 포백영이나 주영을 상황이나 환경, 취향에 따라 임의로 교체할 수 있고 갓을 보관하기도 편리하다.

  판소리 가사에도 종종 은구영자 혹은 영자라는 이름으로 등장하고, 여기에 갑사甲紗나 공단貢緞 같은 비단으로 지은 갓끈을 단 것이 당시 멋의 상징으로 전하고 있다.

  은구영자銀鉤纓子 공단貢緞 끈을 두 귀에 덮어 매고,
  총감투 소년당상少年堂上 외꽃 같은 은관자銀貫子를 양편에 떡 붙이고…

— 판소리 〈배비장전〉 중에서

  가는 양태洋太[갓 테두리] 평포립平布笠
  갑사甲紗 갓끈을 넓게 달아 한입 지울게 비슥 써…

— 판소리 〈춘향전〉 중에서

포백영과 주영을 따로 착용하다 둘을 같이 착용하기 시작한 것은 영조 이후부터로, 당시 왕이 온양온천으로 거동할 때 함께하던 신하들이 땀에 주영 실이 삭아 갑자기 끈이 떨어져서 갓이 벗겨지는 불상사를 막기 위해 같이 착용한 것이 풍습이 된 것이라고 전한다. 그러나 그 후로도 둘 중 하나만을 착용하는 게 일반적이었던 것으로 보이고, 포백영과 주영 둘을 함께 착용하는 것은 꽤나 후대에 내려와서야 보이는 모습이다. 일제강점기에 들어와서야 둘을 같이 착용한 모습들이 사진으로 간혹 보이곤 한다. 국가무형문화재 입자장 정춘모 선생님이 "(포백영과 주영) 둘 다 하는 건 사극에서나 그런 것이고, 둘 중에 하나만 하는 게 제대로 갓끈을 하는 것"이라고 이야기하신 걸 보니 아무래도 둘을 함께 착용하는 것은 드문 일이었나 보다.

이후에 같이 한복 입고 다니는 사람들 사이에서 구영자를 돌려보는데, 어라? 흔히 보이는 구영자들과 비교해 보니 이 아이와 생긴 게 조금 달랐다. S 자인 것은 같은데 끝에 연봉 장식이 달린 것들은 없었기 때문이다. 그땐 그냥 '아, 수정 갓끈에 맞게 좀 고급 구영자인가 보다' 하고 넘어갔는데 나중에 좀 더 알고 보니 내 구영자가 좀 더 오래된 형태로 18세기 것이었다.

실제 18세기에 그려진 이창운 초상의 군복본軍服本이나 철종 어진 등에는 양 끝에 연봉 장식이 달린 구영자가 묘사돼 있고, 결정적으로 1863년 북경으로 간 조선 연행사들을 찍은 사진 가운데도 비슷

철종 어진(국립고궁박물관 소장)에 묘사된 구영자(왼쪽)와 골동집에서 구입한 은제 구영자.

한 구영자를 단 인물의 모습이 전하고 있다. 심적으로는 18세기로 밀고 있지만 19세기 것일 수도 있겠다. 여하간 보기 드문 구영자가 손에 들어온 것이다.

비슷한 경우로 비슷한 기물을 구하는 일은 또 있었다. 흔히 만물상이라 불리는 가게들이 있다. 이사하면서 처분하는 고급 가구나 예술품 등을 사 와서 되파는 가게들인데 종종 이런 곳에서 괜찮은 골동들이 나오곤 한다. 대개 집안 어른들이 쓰던 것을 더 이상 쓰기 힘들거나 유품 정리를 하게 되면서 나온 것들인데, 보통 이런 곳에서 고서화를 찾으면 괜찮은 값에 좋은 것을 구할 수 있어서 기웃거리곤 한다.

한번은 친한 지인이 달마도를 하나 구하고 싶다고 했다. 순간 한 만물상에 십여 년 전에 입적하신 불화장 석정스님이 그린 달마도가 있던 게 기억나서 그건 어떠냐고 권하자 좋다기에 곧장 사러 갔다.

다행히 달마도는 팔리지 않고 남아있었다. 값을 치르려고 하자 사장님도 이걸 얼마로 책정했는지 기억이 안 난다며 좀 찾아보겠노라 컴퓨터로 예전 기록들을 더듬었다. 기다리는 동안 달마도를 손에 들고 눈을 데굴데굴 굴려가며 물건들을 스캔하는데 사장님이 보고 있는 컴퓨터 옆 유리장에 내 엄지만 한 새 조각이 보였다. 시커멓게 변색됐지만 멀리서 봐도 저건 은이다 싶은 색이었는데 곧바로 감이 왔다. 저거, 은정자銀頂子다.

"사장님 이것 좀 볼게요~."
"네? 응? 뭐 있어요?"
"아, 여기 새 조각이 있어서….".

꺼내서 보니 역시나 은정자였다. 정자 혹은 쟁자鐕子라고 부르는 이 장식은 갓의 가장 꼭대기인 모정帽頂에 다는 조각인데, 보통 청백리淸白吏의 상징인 백로나 고고한 선비를 상징하는 학을 조각한 것이 많다. 역사적으론 고려말에 신분에 따라 갓의 모정 장식의 소재를 달리하게 한 것이 기원으로 추측된다. 흔히 한복을 입는 사람들 사이에선 옥로玉鷺라 하여 옥으로 만든 백로를 조각한 정자를 이야기 하는데, 옥로는 사실 사헌부나 사간원, 관찰사나 절도사 혹은 사신과 같이 특수하거나 권위가 높은 관직의 관원들이 쓰던 것으로 실제로는 정3품 이상부터 은으로 만든 정자를 사용하고 대군은 금정자를 사용했다고 전한다.

　옥로, 즉 옥정자가 더 잘 알려져 있고 유물들도 전해지지만 원래대로라면 은정자가 좀 더 일반적인 것인데 현존하는 유물은 보기 드물다. 구입 후에 여러 자료를 찾아보아도 국립한글박물관에 소장된 것 하나 외에 은정자는 딱히 알려져 있지 않다.

　은정자를 요모조모 살펴보자 처음엔 근래에 만든 신작인가 했는데 은 위에 뜬 피막이나 백로의 깃털, 다리 주름 등, 정으로 직접 새겨서 판 쪼이조각을 보니 옛날 것이 확실했다. 또 은제 기물을 사용하지 않은 채로 오래 두면 변색이 되다 못해 피막이 박락되어 떨어지는데 은정자를 잡자마자 손에 맺힌 땀에 피막이 떨어져 나왔다. 한참을 보고 있으니 사장님이 신기한지 말을 걸어왔다.

발견 당시의 은정자.

"아니, 그게 눈에 띄었어요? 그거 은으로 만든 문진일걸요?"
"(ㅇㅋ, 뭔지 모르시네) 문진요? 문진 아닌 것 같은데? 이리 가벼워선…."
"에이, 저야 모르죠. 그냥 은이니까 일단 둔 거지."
"이거 아마 갓 꼭대기에 다는 장식 같은데… 이거 혹시 갓이랑 같이 나왔어요?"

"아뇨… 갓은 아니고 뭐 노리개랑 가락지 사면서 매입했을 텐데. 뭔지 몰라서 거기 박아둔 걸 어찌 손님이 보시네…."

"요즘 물건 아니죠?"

"에이, 산 지 꽤 됐어요. 필요하면 거 은 값 정도 줘요."

그 자리서 작은 저울을 꺼내서 무게를 달아 은 시세를 확인하더니 생각보다 쌌는지 멈칫하곤 그래도 옛날 것이니 얼마를 달라신다. 다행히 내가 생각한 값의 반도 안 되는 가격을 부르셨지만 조금 더 흥정해 볼까 하다 그냥 돈을 드리곤 달마도와 함께 집으로 가지고 왔다. 그래도 사장님이 잘 몰라서 그

함께 모인 은정자와 은구영자. ⓒ 김정준

리 먹힌 것이었다. 만에 하나 이것이 그런 유물인지 아셨으면 아마 꽤 부르셨으리라. 속으로 '어화 됴타, 더욱이 됴을시고' 하면서 집에 오자마자 내 갓 위에 올려두고 흐뭇하게 바라봤다.

이후 자료를 찾으면서, 금속공예를 하거나 한복과 전통 장신구를 전문적으로 다루는 분들에게 보여줘도 하나같이 은정자는 처음

봤다는 반응이었다. 한복 명장이신 박춘화 선생님은 사진이랑 참고 문헌에서나 봤지 실물은 처음 봤다며 신기해했다. 앞서 이야기했지만 조선 500년간 갓을 꾸미는 장식물들이 엄격하게 금지된 적도 없고, 《조선왕조실록》에 은은 물론 나무나 말총으로 만든 것도 있다는 얘기가 나오는데 어째서 은정자가 이렇게 없을 수 있지? 이런 의문이 들었다. 한번은 한 선생님께 은정자를 보여드리며 이런 의문을 이야기했더니…

"아마 그거 다 녹였을 거예요. 우리 옛 장신구 중에 그렇게 없어진 게 꽤 많아요."
"엥? 그걸 왜 녹여요?"
"한창 못살 때 일단 먹고살아야 하니까 금이나 은 같은 걸 많이 녹여다 팔았지. 또 우리 젊을 땐 은수저 같은 게 기본 혼수였는데, 그런 거 만든다고 안 쓰는 노리개나 은붙이를 많이 녹여버렸어요. 아마 그래서 더 없을 수도 있을 거예요."
"못 먹던 시절의 아픔이 또 이렇게… ㅎㅎㅎ;;;"

이후 함께 한복 입고 다니는 분들끼리 은정자와 은구영자를 복제하면서 그 일부를 SNS를 통해 판매했는데 은정자가 생각보다 잘 팔려서 다음에 좀 여유가 되면 한글박물관에서 소장 중인 은정자를 재현해 볼까 하는 생각도 있다. 은구영자를 복제할 때 내 것과 함께 친한 지인이 소장 중이던 구한말 구영자도 복제했는데, 지인이 갖고 있던 것이 종2품 이상이 사용하던 도금 구영자로 밝혀져서 꽤 놀란 기억이 있다. 참고로 종2품은 현대의 차관보나 지검장 정도의 위치다. 어쩐지 다른 구한말 구영자들치곤 조그마한 게 반짝거리더라⋯.

#남자장신구 #어쩌다온행운 #원래_한복은_남자가_더_화려함 #조선멋쟁이

아이고, 할아버지들!

만다라 탕카 앞에서 울다

                 오전부터 친한 고미술상 사장님에게서 연락이 왔다. 꽤 좋아 보이는 탕카가 한 점 나왔는데 혹시 보겠냐는 것이었다. 탕카란 티베트 불교가 전해진 티베트, 네팔, 몽골 등지에서 그려지는 불화로, 한국에서 불화를 지칭하는 말인 '탱화'가 이 탕카에서 왔다는 설도 있다.

    워낙에 올빼미가 돼놔서 아침잠이 많아 비몽사몽 상태인데 휴대폰으로 보내온 사진 몇 장에 눈이 번쩍 뜨였다. 일부분만 촬영돼서 왔지만 그냥 보아도 보통 작품은 아니었다. 사실 고미술 시장에 이런 식으로 도는 탕카 가운데 제대로 된 것을 본 기억이 드물다. 탕카라는 장르가 한국에서는 조금 시들하지만 해외에서는 꽤 인기가 높은 장르이고, 그렇다 보니 조악하게 그린 신작이나 앤티크 처리를 한 가짜도 많기 때문이다.

사실 자료를 조금만 찾아보면 조악하게 그린 탕카는 한눈에 거를 수 있다. 조금 어려운 건 이 탕카가 티베트에서 그려진 것인지 네팔에서 그려진 것인지 같은 지역상 구분과 시대적 구분이다. 지역상의 구분은 화풍 등을 통해 할 수 있지만 시대적인 구분은 아무래도 전문가의 영역이다.

네팔 여행을 갔을 때 친한 교수님의 소개로 3대를 이어 탕카를 그려오는 티베트인 작가와 이야기를 나눈 적이 있다. 자신의 조부가 그렸다는 탕카를 몇 점 보여주면서 말하길 요즘 가짜 탕카가 워낙 돌아서 이렇게 대대로 전세되어 오는 탕카가 오히려 제값을 못 받는다는 것이었다.

"가짜 탕카는 어떻게 만드는 거예요?"
"탕카를 그리고 나서 일부러 한 번 구겨요. 아니면 면도칼로 살살 긁든지. 그리고 나선 골방에 걸어두고 안에서 기름을 태우면 시커멓게 기름때가 먹어서 꼭 골동품 같아 보이죠. 오히려 전세되어 온 골동 탕카들은 집이나 법당에 모셔왔기 때문에 깨끗한 경우가 많아요."

아무튼 사진을 받아보곤 바로 전화를 걸어서 가게에 물건이 있는지 아니면 다른 곳에 있는지 물었더니, 보고 싶다면 가게로 가져올 수 있다는 답을 받았다. 마침 나갈 일도 있고 해서 저녁에 보러 가겠노라 하고 약속을 잡았다. 약속 시간까지 좀 남아있겠다, 받은 사진들을 토대로 화풍이나 연대 같은 자료들을 찾아보았다. 아무래도 19세기, 혹은 20세기 초에 그려진 작품으로 생각됐다. 자세한 건 일단 실물을 봐야 판단이 가능할 듯했다.

약속 시간이 되어 가게로 갔더니 사장님이 둘둘 말린 탕카를 가지고 나왔다. 축봉이나 탕카를 거는 끈이 결실되어 아쉬운 대로 진열장에 임시로 고정해서 천천히 펴보았다. 처음 받았던 사진에서는 볼 수 없었던 장황 비단부터가 보통 비단이 아니었다. 티베트어로 '고첸'이라고 하는 티베트식 장황은 면이나 비단에 그린 탕카 테두리에 비단을 꿰어서 꾸미는 것인데, 전통적으로 탕카의 격에 따라서 비단의 품질이나 도안의 격이 달라진다.

용과 팔보문八寶紋을 금사로 직조한 푸른 비단을 주 바탕으로 쓰고, 호리병 문양이 직조된 얇은 비단 두 겹으로 탕카를 가리는 보호 덮개를 해두었다. 아무래도 볕을 많이 받았을 덮개 비단은 색이 바래있었는데 날아간 색을 보아하니 천연 쪽염이었다. 장황의 아랫단을 장식하는 비단에도 역시 용과 봉황이 여의주를 가지고 노는 모습이 금사로 직조돼 '대체 무슨 탕카이길래 이렇게 고급 비단들을 쓴 거지?' 하고 놀랄 수밖에 없었다. 금사도 보아하니 명주실에 머리카락 정도 굵기의 금실을 감아 만든 옛 금사였다.

덮개를 올려서 탕카의 전체 모습을 보는 순간 숨이 막혀왔다. 중

따쐴휜뽀 사원 화풍의 독존 야만따까 만다라.

앙 티베트의 대사원인 따쓀휜뽀^(Tashi lhunpo) 사원 화풍으로 그려졌음을 한눈에 알 수 있는 탕카의 내용은 '라 로짜와 법맥의 독존 야만따까 만다라'였다. 조금 어려울 수 있는 이름인데 쉽게 풀어서 말하면 '라 로짜와'라는 이름의 스님이 가르친, '독존 야만따까^(Yamāntaka)'라는 본존의 '만다라曼茶羅'라는 뜻이다.

 흔히 만다라라고 하면 기하학적인 꽃이나 동심원 문양들이 반복적으로 그려진 그림 정도로 이해하는 경우가 많다. 하지만 본래 '만다라'는 고대 인도의 산스크리트어로 '원형', '둥근 것'이라는 뜻의 'mandala'를 음차한 것으로 불교에서는 불보살들이 머무는 국토나 궁전을 뜻한다. 그렇기에 원래 그 도상의 제작법이 매우 복잡하고 정교하며 각 방향과 배치되는 도안들 역시 각각의 상징을 담고 있다.

 탕카를 펴서 보니 만다라를 중심에 두고 상단에는 3단으로 법맥의 스승들이, 하단에는 호법신들을 배치한 전형적인 도상이었다. 그러나 석채와 순금 안료를 아낌없이 사용한 그림의 격과 사용된 비단들로 보아 결코 일반 민가나 작은 암자 같은 곳에 모실만한 것이 아니었다. 탕카를 그린 작가의 솜씨도 매우 뛰어나 내 새끼손톱의 4분의 1도 안 되는 작은 천녀의 얼굴이나 호법존들의 머리칼, 눈동자가 생생했다. 특히 상단 스승들을 바라보니 그저 숨이 막힐 정도로 섬세했다. 심지어 한 분 한 분의 존함이 금으로 쓰여있어 어떤 분들인지도 알 수 있었다.

세밀하게 그려진 천녀와 호법신의 모습.

가장 상단의 중앙에는 금강지불을 모시고 좌우로 야만따까의 가르침을 널리 전한 인도의 대성취자 랄리따 바즈라와 그 가르침을 티베트로 가져온 라 로짜와가 모셔져 있었다. 그리고 그 바로 아랫단의 중앙을 보는 순간 나는 두 손을 모을 수밖에 없었다.

비록 얼굴이 조금 훼손됐으나 콧수염과 둥근 얼굴이 어떤 분인지 짐작이 가는 스님. 그분이 앉아있는 방석에는 티베트어로 '귀의처이자 보호자이신 보배로운 스승'이라는 이름이 금으로 작게 쓰여 있었다. 바로 13대 달라이라마였다. 만약 13대 존자님의 입적 후에 이 탕카가 조성됐다면 필시 그 존함인 '툽땐갸초'가 쓰였을 텐데, 달라이라마 존자님들께 붙이는 경칭인 '귀의처이자 보호자'라는 이름으로만 쓰였다. 이는 이 탕카가 13대 존자님 생전에 조성됐다는 뜻이다.

여기에 더해 두 번째 줄 오른쪽 끝에는 한 중년의 스님이 유일하

탕카에 그려진 13대 달라이라마와 13대 달라이라마의 공식 초상사진.

게 법모法帽를 쓰지 않은 채 그려졌는데, 역시 그 존함에서 다시 한 번 놀랐으니 파봉카 린뽀체였다. 파봉카 린뽀체는 19세기 티베트 불교에 큰 획을 그은 스님으로 지금 티베트 불교계에서 쓰이는 수많은 주석서나 탕카 도안 등을 통일한 분이다. 아마 이 탕카에 그려진 다른 스승들에 비해 가장 법랍이 낮기에, 겸손의 의미에서 법모를 쓰지 않은 모습으로 묘사된 것이리라. 그렇다면 역시 높은 확률로 파봉카 린뽀체 역시 살아계실 때 그려진 것이다.

　탕카 속 두 스승의 모습을 보고 있노라니 기가 막혔다. 두 분은 근대의 인물이라 생전에 촬영된 사진들이 몇 장 전하는데 그 사진에 찍힌 모습과 거의 흡사했기 때문이다. 이는 탕카를 그린 작가가 당시에 그 귀한 사진들을 보았거나 아니면 스승들을 직접 뵈었을 가능성이 있단 얘기다.

　참 기가 막히고 놀라워 탕카 밑단을 잡고 이마에 댔다. 티베트에서 공경을 표하는 예법인데 그만 눈물이 나왔다. 가슴이 너무나 먹먹했다. 탕카를 보여준 사장님한테 이 탕카는 이러저러하다고 설명을 해드려야 하는데 눈물이 앞을 가리고 가슴이 메어 말이 나오질 않았다. 그저 나오는 말이라곤,

"어째서 여기에… 어쩌다 여기까지… 여기 이리 계실 분들이 아닌데…."

티베트 불교를 전공한 입장에서 내가 매일같이 예를 올리는 스승들이 다 여기 계신 것이다. 심지어 매일 읽는 기도문 중 하나는 파봉카 린뽀체께서 쓴 것이고, 또 다른 것은 13대 존자님이 쓴 것이다. 절집에서 쓰는 말로 상노스님이나 노스님이 살아계실 때의 집안 물건을 한국에서, 법당이 아닌 가게에서, 급매를 위해 나온 매물로 친견하게 된 것이다. 값은 역시 내가 손대기엔 힘든 가격이었다. 그렇다고 터무니없는 것은 아니었기에 한순간 '내가 가진 기물들을 다 판다면?' 하고 생각했지만 급매물로 나온 이 탕카를 잡기엔 시간이 맞지 않을 것 같았다.

사장님이 배려해 주신 덕에 잠시 혼자서 탕카를 바라보며 기도를 할 수 있었다. 기도를 마치고 이 탕카는 그냥 물건을 모으는 수장가의 손에 들어가기보단 적어도 박물관이나 사찰, 혹은 가치를 이해하는 분에게 가야 한다고 사장님께 몇 번을 말했다. 사장님도 참 미

안한 표정으로 당신 기물이었으면 어찌 주기라도 하겠는데 그러질 못한다며 안타까워했다.

참 기연이고 희유한 일이다.
정말 못 잊을 기연이고, 희유한 일이다.

──────────────── 덧붙임 ────────────────

이 원고를 쓰는 현재, 이 탕카는 아직도 팔리지 않은 채 소장가의 손에 있다. 중간에 어디 박물관으로 간다는 말까진 들었는데 소장가가 내 이야기와 주변 감정가들의 평가를 듣곤 그걸 자료로 들어 가격을 꽤 높게 불렀고 결국 불발됐다는 모양이다.

이쪽에서 흔히 하는 말이지만, 기도가 담긴 유물들을 돈으로만 보고 움직여서야 끝이 좋은 꼴을 본 적이 없다. 다시금 바라지만 탕카의 가치를 아는 분이 거두어서 대중이 널리 볼 수 있게 되길 바랄 뿐이다.

#티베트불교 #탕카 #불교미술 #만다라 #달라이라마 #이_글_쓰다가_또_욺

2. 골동썰 풀고 갑니다

뚱냥인지 호랑인지 아무튼 조선 호랑이

SNS로 환수한 정혜사 산신탱

이 이야길 풀기 전에, 먼저 환수를 위해 직접적으로 기부해 주신 105명의 고마운 분들과 또 그보다 더 많이 이 소식을 알리고 홍보해 주신 트위터리안과 인스타그래머 등 SNS의 모든 인연들께 감사의 인사를 올립니다.

아무래도 배운 게 불교, 종교도 불교인 데다, 고미술에 눈을 뜨게 해준 것도 불교유물들이다 보니 관련한 이야기를 안 할 수가 없다. 이번에도 탱화와 관련된 이야기다.

불교문화재는 미술적인 가치로도 등급이 높지만, 불교 신자들에게 탱화나 불상같이 예배의 대상이 되는 유물들은 아무래도 각별하다. 실제로 한창 고미술이 돈이 된다더라, 그중에서도 불교문화재가 큰돈이 된다더라 하는 얘기가 파다했던 30~40년 전엔 문화재를 훔치는 계획적인 범죄가 횡행했다고 스님들은 회고한다. 그땐 방범 카메라가 있기는커녕, 산속 암자 중엔 전기가 들어오지 않는 곳도 많았다 하니 보안이 더 취약했을 것이다.

    이렇게 도난당한 성보들은 본래의 사찰로 돌아오기가 쉽지 않다. 훔친 사실을 숨기기 위해 원래의 그림이나 불상에 덧칠을 하거나 봉안처가 기록된 화기를 훼손하는 경우가 많기 때문이다. 혹 훔쳤다는 걸 알았다 해도 그걸 입증할 수가 없어 도난당한 사찰 측에서 다시 구입하는 식으로 환수되곤 한다.

    2023년 3월의 일이다. 불교미술로 자주 자문을 구하는 후배 스님에게서 연락이 왔다. 모 고미술 경매에 산신탱이 한 점 나왔는데 예사롭지 않다는 것이다. 도록과 홈페이지 프리뷰 사진을 보니 드물게 화기가 훼손된 것 없이 남아있었고, 비단 바탕에 금박으로 문양을 그린 것이 꽤 격이 높은 탱화였다. 화기를 읽어보니 조성된 시기는 1926년으로 일제강점기 초기였다. 한데 송주誦呪(불상이나 탱화를 봉안하는 점안식에서 경을 외우는 역할을 맡은 스님) 하신 스님의 법명이 '금용金容'이었다. 엥? 또 일섭스님이네? 그런데 금어金魚인 현성鉉成스님은 자료를 찾아도 나오질 않는다. 다만 송주가 일섭스님이니 아마 그 문중의 스님이 아닐까 싶었다.

    봉안처는 전주 완산 정혜사. 처음엔 폐사된 사찰인가 해서 찾아보니 아직 건재한 비구니 도량道場이었다. 응? 전주? 정혜사? 이 이

경매에서 발견된 정혜사 산신탱.

름도 어디서 들었는데? 이러곤 기억을 더듬어 보니 앞서 시장에 나왔다 홀연히 절집으로 돌아가신 그 일섭스님의 아미타회상도가 그려진 장소도 바로 전주 정혜사였다. 뭔가 인연이 있나 싶었다.

   사실 후배 스님은 개인 불사를 위해서 산신탱을 찾고 있었는데 마침 나왔기에 나에게 알려온 것이었다. 혹시 파불되어서 나온 탱화라면 문제없겠지만 혹여 도난품이라면 알리는 게 맞을 것 같고 도량도 건재하니 확인차 정혜사로 연락을 드렸다. 서울서 공부하는 학생인데 여자처자한 일로 전화를 드렸다 하니 전화 너머의 스님이 너무나 담담하게 "네, 도난당한 탱화입니다"라고 하셔서 할 말을 잃어버렸다. 그러면서 이미 고미술 경매에 나온 사실도 알고 있다고 하셨다. 달리 회수나 그와 관련된 조치는 하지 않으시는지 여쭈니,

   "그게⋯ CCTV도 없던 옛날에 도난당해 도난 사실을 입증하기도 어려워서 회수가 어렵네요. 이미 사찰 측에서도 시도를 해봤는데⋯ 또 이미 도난당한 후에 새로 산신탱을 조성해서 봉안했고, 얼마까지 오를지 모를 경매에 들어가기엔 어려운 점이 많아요."

하고 조용하게 이어가시는 말에서 슬픔과 안타까움이 느껴졌다. 즉각 후배 스님과 머리를 맞대고 이야길 이어나갔다. 옛 스님들이 정성을 다해 조성한 탱화는 본래의 도량으로 돌려보내야 한다는 것. 될지 안 될지 모르겠지만 SNS로 한번 펀딩을 해보자는 것이었다.

경매 시작가는 300만 원. 경매사 측은 500만 원 이상으로 낙찰될 것을 예상하고 있었다.

경매일까지는 열흘 남짓. 일단 시작가는 각자 가진 비상금을 다 털어서 만들기로 하고, 그 이상의 경매 입찰 비용은 각자 사용 중인 SNS에서 모금 활동으로 모아보기로 한 뒤 글을 올렸다. 나는 혹여 이상한 소문이 나서 경쟁이 붙거나 논란이 일까 봐 화기의 내용이나 전체 사진은 공개하지 않은 채 트위터에 글을 썼다.

솔직히 말해서, 안 될 거라 생각했다. 500만 원이 모이면 그걸로 정말 다행이겠지만, 펀딩 실패 시 기부금을 모두 돌려드릴 걸 생각해서 돈을 돌려받을 계좌까지 함께 받아서 기록했다. 그런데 제대로 홍보가 됐는지, SNS에 올린 환수 모금 글은 조회수 15만 회 이상, 리트윗 800회 이상으로 확산됐다. 모금에는 초등학생부터 타 종교인까지 106명의 트위터리안과 인스타그래머 분들이 참여해 주셨다. 그중 스스로 기독교인이라고 밝힌 한 트위터리안은 "종교를 떠나 소중한 유물이 본래의 자리에 본

경매를 앞두고 모금을 위해 쓴 트위터 게시물.

래의 모습으로 있는 것이야말로 뜻깊은 일"이라며 응원을 보내주셨다. 스님 쪽에서는 십대 초등학생까지 참여했다는 말도 들었다. 500은 무슨, 경매일까지 700만 원이 모였다. 실낱같던 희망이 현실이 되어 다가왔다. 나도 스님도 기뻐서 이대로라면 환수에 더해 보존 처리도 할 수 있겠다고 기뻐했다.

경매 당일 혹시 몰라 전화 참여를 통해 경매에 들어갔다. 지금도 그때의 긴장감이 생생하다. 인터넷 경매야 몇 번 해봤지만 몇백만 원이 왔다 갔다 하는 큰 경매에 전화로 참여한 것은 생전 처음이었기 때문이다.

산신탱 경매는 생각보다 경쟁이 치열했다. 끽해야 500~600만 원 선에서 끝날 것이라 생각한 탱화는 모금액인 700만 원까지 올라갔고, 순간 눈이 어찔하던 찰나 750만 원에 낙찰 받을 수 있었다. 나중에 건너건너 아는 분들께 들으니 "인스타그램에 올린 글이 소문이 좀 나면서 사찰에서 환수할 정도로 가치가 높은 탱화라는 식의 이야기가 돌았다"고 하니 경쟁이 붙은 이유가 가늠이 됐다.

일단 사비를 털어서 모금액을 초과한 비용을 충당하고 SNS에 낙찰 소식을 알림과 동시에, 혹시 몰라 낙찰 수수료와 관련된 긴급 펀딩도 진행했다. 스님과도 낙찰 받아서 정말 다행이고, 긴급 펀딩에서 전주까지 가는 비용만 나와도 감사하겠단 이야길 했는데… 웬걸, 운반비에 더해 탱화 수리에 필요한 비용까지 모두 모였다. 내 기억이 맞다면, 도난당한 성보가 불교계의 도움이나 홍보 없이 순수하게 SNS를 통한 개인들의 모금으로 환수된 것은 전례가 없는 일이다.

낙찰 소식을 전함과 동시에 산신탱의 전용을 공개했다. 공개된 그림에서 단연 인기를 끈 것은 뚱냥이처럼 그려진 호랑이였다. 눈에 금박을 올려 안광을 살린 탱화 속의 고양ㅇ… 아니, 호랑이는 산신님에게 쓰다듬을 받으면서 히죽 웃고 있었다. 내가 봐도 '이건 고양이지 호랑이가 아니다' 싶었지만 민화의 해학성이겠거니 하고 올렸는데 트위터리안과 지인들이 하나같이 "고양이!"를 외치는 것이었다. 심지어 어느 인용 리트윗에 "아들이 정확한 발음으로 '고양이야! 못생긴 고양이야!'라고 말했다"라고 쓴 것을 보곤 '역시 개호주(범의 새끼)는 예나 지금이나 보기엔 고양이구나' 하고 웃을 수밖에 없었다.

이후 경매사에서 받아 온 탱화는 젊은 배첩인인 김남혁 선생님이 두 달간 노력한 끝에 본래의 모습을 찾을 수 있었다. 선생님 말론 탱화에 맞지 않는 액자와 비단 등으로 화면에 손상이 있고, 안료의 박락도 진행되고 있었다고 한다. 다만 그림의 손상부와 결손부도 유물 역사의 한 부분이기에 가능한 한 현 상태를 보존하는 처리를 거쳤다고 했다. 그렇다고 해도 너무나 멋지게 수리되었다.

수리를 마친 산신탱 뒷면에는 환수하게 된 내력과 함께 기부해 주신 분들의 성함을 하나하나 수기로 한지에 써서 붙였다. 환수기의 마지막 문장을 쓰면서는 괜히 뭉클했다.

씨익 하고 웃는 뚱냥… 아니, 호랑이.

바라건대 다시는 산문을 나섬이 없이 본래의 자리에서
오래도록 예경받기를 삼보전에 분향발원하나이다.

수리를 마친 산신탱은 5월에 정혜사로 이운됐다. 아침 일찍 SUV 택시를 대절해서 차에 싣고 내려갔다. 교통정체가 좀 있어서 생각보다 늦게 도착했지만 무사히 탱화를 전달할 수 있었다. 탱화를 친견한 정혜사 스님들이 화기를 짚어가면서 "이 스님은 누구시고, 이 스님은 누구시다" 하며 기억나는 점을 이야기해 주시는 걸 들으니 살아있는 역사가 실감이 됐다.

탱화를 받으신 주지스님은 "도난당한 사찰에서 간절히 바라서 성보를 환수한 경우는 들은 적 있지만 이렇게 꿈처럼 다시 산신탱이 돌아오실 줄은 몰랐다. 너무나 기쁘고, 도와주신 모든 분들께 감사하다"며 고마움을 전했다. 이에 더해 본래 산신탱과 함께 봉안돼 있던 칠성탱과 독성탱도 삼십여 년 전 산신탱과 같이 도난당했으며 행방을 알 수 없단 이야기를 하셔서 안타까웠다. 그러더니 사실 탱화를 돌려주겠다는 말에 처음엔 조금 의심했노라며 미안하다는 말씀도 하셨다. 하기야 일면식도 없는 젊은이와 스님이 아무런 조건 없이 갑자기 절의 탱화를 돌려주겠노라고 들고 오면 놀랄만도 하겠단 생각이 들었다. 경내를 직접 안내해 주시던 주지스님은

정혜사 보광전에 봉안된 산신탱.

가장 큰 법당인 보광전의 벽 한쪽을 가리키면서 "다시 오신 산신님은 여기 모셔야지" 하고 일러주셨다.

여하간 이제 산신탱은 본래 계시던 절에 다시 봉안됐다. 직접 가보진 못했지만 점안식을 다시 해서 보광전에 봉안했단 소식을 들었고, 이후 지인들과 함께 정혜사를 참배했을 때 여법如法하게 봉안되어 공양을 받고 계신 산신님도 다시 뵐 수 있었다. 이후로 누가 전주에 간다 하면 꼭 정혜사를 소개하면서 이렇게 말한다.

"그 절 산신님이 영험하시고, 고양… 아니, 호랑이가 귀여우니 꼭 한번 가서 보셔요!"

#불교미술 #탱화 #산신탱 #완산정혜사 #조선똥냥이 #트잉여의힘을무시하지마라

| 금쪽과 비파와의 만남 / 악기여: 일어나세요…

스트라디바리우스 바이올린 이야기는 클래식 음악을 잘 모르는 이들도 잘 알 것이다. 18세기 이탈리아의 현악기 제작 가문인 스트라디바리 가문의 명장 안토니오 스트라디바리가 만든 바이올린. 안토니오 명장은 바이올린뿐만 아니라 비올라나 첼로도 만들었지만 유명한 것은 단연 바이올린이다. 특유의 목재 처리 방식이나 디자인 등으로 따라 할 수 없는 고유의 소리를 내는 것으로 유명하다.

하지만 일반인들에겐 그 소리나 역사성보다는 엄청난 금액으로 거래되는 바이올린으로 더 유명할 것이다. 2011년 동일본 대지진 구호 기금을 마련하기 위해 일본의 한 음악 재단이 경매에 내놓은 스트라디바리우스 바이올린은 당시 바이올린 판매 사상 최고가인

1,590만 달러(한화 약 190억 원)에 낙찰되었다.

 18세기에 만들어졌다면 이제 못해도 300년이 다 되어가는 악기인데 지금도 공연에서 사용되는 스트라디바리우스의 악기들은 단연코 신비의 영역이다. 아무리 관리를 잘해도 그렇지 300년이 넘었는데! 하고 놀라겠지만, 사실 아시아엔 더 놀라운 악기가 있다. 바로 금琴이다. 현이 일곱 개라 칠현금이라고도 하고, 여러 금들 가운데 가장 오래된 금이라는 뜻으로 고금古琴이라고도 하는 악기다.

 이 금은 우리나라 거문고의 아버지 격인 악기로 《삼국사기》에 따르면 진晉나라 사람이 칠현금을 고구려에 보냈는데 고구려 사람들이 이것이 악기인지는 아나 그 소리와 연주법을 알지 못했다고 한다. 이때 재상이었던 왕산악이 그 형태를 본뜨면서도 제작법이나 연주법 등은 고쳐 만들어 백여 곡을 지어 연주하니 검은 학玄鶴이 와서 춤을 추기에 현학금玄鶴琴이라 했고, 이후로는 다만 거문고玄琴라 했다고 전한다.

 즉 삼국시대에 들어왔으나 우리나라에서 이를 토착화하여 거문고를 만들고 연주한 것이다. 그러나 금이 버려진 것은 아니었으니, 옛날 공자님도 이 금을 배워 제자들을 가르쳤고 역대의 뛰어난 문인들 모두가 금으로 자신의 마음을 표현했기에 성인의 악기이자 아악雅樂에서 중요한 악기로 반드시 배치되곤 한다. 참고로 우리가 흔히 부부 간의 정이 깊은 것을 '금슬이 좋다'고 하는 것은 바로 아악에서 이 금琴을 연주할 때 슬瑟이라는 악기가 함께 연주되기 때문이다.

다만 한국은 거문고가 더 대중적이고 더 확고하게 자리를 잡았기에 칠현금의 맥이 그리 강하게 이어 내려오지는 못했다. 비록《악학궤범樂學軌範》에 실려있고, 나라에서도 여러 차례 악사를 중국에 보내 금을 배워 오게 했으며, 조선 후기에 연행사를 따라간 문인들이 서너 마디를 배워 오는 등의 역사가 전하지만 일제강점기 이후로는 그 맥이 완전히 끊기고 말았다.

오래전 한 다회에서 이 금에 관한 이야기를 듣고 깊은 관심이 생겨 여러 차례 배울 방법을 찾았으나 한국엔 도저히 가르치는 분이 안 계시기에 인연을 기다리길 꽤 오랜 시간이 흘렀다. 그러다 우연찮게 한 스님의 소개로 중국 서적 전문서점인 '화문서적'의 채희배 선생님을 알게 되어 금을 조금 배우게 됐는데 지금도 영 서툴다.

스트라디바리우스 이야기 하다가 갑자기 웬 금이냐고? 앞서 300년 가까이 된 악기가 지금도 사용되고 있으며 어마어마하게 비싸단 이야길 살짝 했다. 그러면 과연 금은 어떨까? 놀랍게도 이 금, 당나라 때 만들어진 것이 아직도 연주되고 있다. 1,200년이 넘은 악기가 아직까지 연주되고 있단 얘기다. 물론 당금唐琴은 문화재라 박물관에 소중히 보관되어 있지만 송나라 때 만들어진 금宋琴들은 지금도 종종 연주회에서 사용된다. 송나라 때 것만 해도 근 1,000년 전의 악기다.

이런 일이 가능한 이유는 금의 경우 몸체에 천으로 배접을 한 뒤 옻을 여러 차례 올리기 때문이다. 그냥 옻칠도 아니고 기와나 사슴

송나라 때 제작된 칠현금 '영벽(靈璧)'. 국내에 유일한 송금이다.

뿔을 가루 내어 鹿角散 옻에 섞어 바르기에 단단하기가 어지간한 돌멩이만 하다. 그렇다 보니 '오래 묵을수록 소리가 더 좋다'는 것이 금의 특징이 됐다. 실제 좋은 인연이 있어서 송금을 직접 만져볼 일이 있었고, 민국 시기에 만들어진 금도 만져본 적이 있는데 소리가 각각 남달랐다. 특히 송금은 소리의 울림이 깊으며 여운이 길고 오래가서 단순히 현을 튕기는 것만으로도 감동을 주었다. 옛말에 오래된 금일수록 깊고도 웅장하며, 담박하면서도 긴 울림이 있다고 했는데 과연 그러했다.

그리고 이 오래된 금들의 가격이 남다른 것은 '안 비밀'이다. 바이올린 하나에 190억? 옛날에 만들어진 금도 비슷하면 비슷하지 덜 나가진 않는다. 다만 금의 값이 이렇게 천정부지로 뛴 것은 비교적 최근의 일이다. 2008년 베이징올림픽 개막식 공연을 이 칠현금으로 시작하면서 중국에서도 칠현금의 인기가 수직상승했고 그 덕에 가격이 미친 듯이 뛰었다는 게 금 타는 분들의 이야기다.

그전까지만 해도 송금은 별개로 쳐도 명대의 금은 얼마, 청대는 얼마, 민국은 얼마 식의 나름의 시세가 있었다고 한다. 참고로 베이징올림픽 개막식에 사용된 금은 당금으로 중국 청대 황실의 보물이었던 '대성유음大聖遺音'을 1:1로 복제한 금인데, 대성유음 원본은 역시 2011년 중국 경매에서 1억1,500만 위안(한화 약 210억 원)에 낙찰된 기록이 있다. 금으로는 두 번째로 비싸게 낙찰된 가격이다.

여하간 금을 조금 탈 줄 알게 되고 옛 금의 소리를 알게 되니 아무래도 오래된 것이 탐이 나기 시작했다. 하지만 송이니 명이니 하는 것들은 내 깜냥으론 도저히 건드릴 수 없고, 민국 시기의 것이라거나 그래도 한 50년 된 거라면 해볼만하지 않을까? 이런 생각으로 중국 기물들을 전문으로 하는 업자분들께 금 사진을 몇 장 보내서 요래요래 생긴 악기가 나오거들랑 꼭 연락 달라고 거듭 부탁해 뒀다. 그러던 어느 날 아는 골동집서 연락이 왔다.

"영빈 씨, 그 칠…현금? 무슨 옛날 중국 악기 찾았죠?"
"네네, 혹시 뭐 나왔어요?"
"아니, 그게 있는지는 모르겠는데… 다른 사장님이 물건 찾는다고 창고를 한번 뒤집었는데, 오래전에 사둔 옛날 중국 악기들이 왕창 나왔다더라고요? 그중에 혹시나 있나 해서요."
"호? 일단 사진들 좀 보내주세요."

두 시간 정도 뒤에 온 사진과 영상에 찍힌 악기들은 정말이지 가지각색이었다. 생황만 해도 대여섯 개인데, 꼭 조선시대 불화에 등장하는 것인 양 공명통이 각지고 취구가 학의 목처럼 굽은 것도 하나 있었다. 몽골의 마두금도 두 개, 월금月琴도 있… 아니 사장님, 월금이 여기서 왜 나와요? 티베트 담녠도 있고, 아니 시타르랑 이스라즈 같은 인도 악기는 왜 저기 있는 거야.

2. 골동썰 풀고 갑니다

"아니, 사장님 뭐 악기 박물관이라도 하실 생각이었대요? 종류고 국적이고 완전 가지각색인데?"

"아, 그거, 한 10년 전인가? 국내 어디 박물관서 아시아 악기를 테마로 구한다고 준비한 건데 마지막에 틀어졌다고 하더라고요. 그 이후론 뭐 창고행이죠. 그래서, 찾던 건 있어요?"

"하… 안타깝게도 안 보이는데… 혹시 전에 드린 그 사진 보여드리고 한번 물어봐 주실래요?"

잠시 뒤에 돌아온 답은 조금 아쉬운 것이었다. 악기를 사 오신 사장님은,

"아, 그 거문고 닮은 거! 안 그래도 그거 사라고 중간 업자들이 많이 가져왔었는데 크기도 좀 큰 데다 한국에다 물어봐도 다들 모르는 악기라 해서 안 샀는데… 그게 좋은 거였구나."

하며 그래도 다음에 중국 가면 찾아보겠노라 하신다. '에이, 아깝게 됐네' 하고 넘어가려는데, 머리만 비죽 나온 악기 두 개가 보였다. 응? 저거 비파 같은데?

"사장님, 저거 비파예요?"
"네, 비파 맞아요, 딱 두 대 가져왔었죠. 청말 민국쯤 돼요."

"하… 비파는 있는데. 왜 금은 안 가져오셨어요… ㅠㅠ"

옛글을 살펴보면 "금은 서실書室의 아악이기에 금을 탈 줄은 몰라도 곁에 두어야 하고, 비파는 음악을 배우려는 이라면 제일 처음 배워야 하는 것이다"라는 말이 있다. 그렇다 보니 두 악기는 옛 시나 그림에 자주 등장할 수밖에 없었다. 사장님 입장에서 그래도 비파는 금에 비하면 여기저기서 보고 들은 것이 있어 괜찮은 것으로 두 면畵을 사 오셨던 것이다.

비파 이야기를 할 때 가장 자주 인용되는 것은 당시唐詩 가운데 〈비파행琵琶行〉이라는 작품인데, 당의 시인 중 한 명인 백낙천의 대표적인 시로 지금도 자주 읽히는 명시다. 간혹 비파곡을 들을 때 다시 찾아 읽어보면 마치 백낙천의 연회에서 비파 연주를 듣는 듯한 감정이 절로 일어, 과연 명시구나 하고 감탄하게 된다.

> 현마다 누르고 굽히니, 소리마다 생각이라
> 평생토록 뜻을 얻지 못함을 호소하는 듯하네.
> 고갤 숙이고 손에 맡겨 계속 이어 연주하니
> 마음속 끝없는 일들을 다 담았구나.
> 가볍게 떨고 느리게 비틀어 뜯고서, 다시 튕기니
> 첫 곡은 '예상霓裳'이요 다음은 '육요六幺'로다.
> 큰 줄 둥둥거림은 소나기 같고,

작은 줄 챙챙거림은 수다를 떠는 듯.
둥둥챙챙 다양하게 섞어 연주하니
큰 구슬 작은 구슬 옥쟁반에 떨어지는 듯하네.

—백낙천, 〈비파행〉 중에서

비파를 꺼내서 이리저리 보는데, 현 같은 것만 갈면 바로 연주가 가능할 것 같았다. 문득 친하게 지내는 비파 연주자 마롱 쌤이 떠올랐다. 이전에 금 관련해서 이야기를 하던 중 비파로 유명한 선생님들은 오래된 비파를 연주한단 말을 했던 게 기억이 나서 사진을 슬쩍 보내며 골동시장에 이러저러한 게 나왔는데, 하고 연락을 해보았다.

"마롱 님, 요런 게 나왔는데요. 청나라 말기쯤 비파라고…."
"갸악! 이런 게 어떻게 나온 거죠!"
"그러게 말입니당. 나오란 금은 안 나오고 비파가 나옴요."
"상태가 좋아서 연주 가능할 것 같은데요!"
"일단 한번 직접 보실래요?"
"네네! 좋아요!"

그렇게 골동집에 모여서 함께 비파를 구경하는데, 확실히 연주자의 눈엔 좀 더 세세한 부분까지 보이는 법이다. 마롱 쌤은 일단 두

비파 모두 최근에 만들어지는 비파와 비교해 면이 납작하면서 길쭉한 것이 청말 민국 때의 양식이지만, 지금 걸려있는 현이 명주실로 만든 사현絲絃이 아닌 철사로 만들어진 강현鋼絃이라 아마도 최근까지 실제로 사용된 악기인 것 같단 의견을 내놨다. 또 비파 중 하나는 자단목으로 몸체를 깎아 격이 높지만 아쉽게도 금이 깊게 가서 장기적으로 볼 땐 섣불리 사용하기 어렵다는 결론도 나왔다.

자단목으로 만들어진 비파(왼쪽)와 오동나무로 만들어진 비파(오른쪽).

일단 가볍게 먼지를 털어내고 현을 새로 올려 청음을 해보기로 했다. 〈양춘백설陽春白雪〉, 〈이족무곡彝族舞曲〉, 〈월아고月兒高〉 등의 고곡古曲들과 〈우쇄강남雨碎江南〉, 〈취태평醉太平〉 같은 최근 곡들을 두 비파를 번갈아 사용해 가며 들으니 잠깐 동안 작은 음악회가 열렸다. 확실히 비파도 금과 같이 오래된 악기가 지니는 맑고 경쾌한 소리가 생생했다. 다만 오랫동안 연주되지 않았던 악기다 보니 아직은 덜 깨어난 느낌이 들었다.

원래 한국에서 비파는 중요한 악기로 금과 함께 아악에서 중요하게 사용되던 것이다. 거문고에 밀린(…) 금과 달리, 흔히 중국식이라 불리는 4현 비파인 당비파와 우리나라에서 개량했다는 5현의 향비파 모두 궁중과 민간에 걸쳐 널리 연주되던 악기인데, 일제강점기를 기준으로 그 맥이 끊긴 것으로 본다. 당비파는 그나마 중국에서 쭉 전승됐기에 쉽게 복원할 수 있었으나, 향비파는 이제야 조금씩 자리가 잡히려는 느낌이다.

개인적인 생각이지만 아마 조선시대에도 당비파가 더 인기 있었던 게 아닐까 싶다. 옛 그림들을 봐도 풍속화나 기록화, 문인화 할 것 없이 비파는 모두 당비파로 묘사되어 있다. 내가 못 본 것일 수도 있겠으나, 향비파를 그린 그림은 여태껏 본 적이 없다. 유일하게 딱 하나, 그림은 아니고 조각에서 오현비파를 본 적이 있다. 사찰 법당에서 천장에 매달아 장식하는 천인天人 조각상으로 국립중앙박물관 소장품이다.

한창 비파 얘기를 하다 슬쩍 가격 얘기가 나왔다. 사실 박물관에 넣으려고 이렇게 잔뜩 사둔 걸 한두 개만 팔긴 어렵지 싶었는데… 어라? 파시겠단다. 뭐 당장 재고들을 안고 있기도 힘들고, 또 연주하는 사람이 가져간다면 더 좋지 않겠느냐며 얼추 가격을 부르셨

오현비파를 연주하고 있는 천인 조각상. '목제주악비천여신상'. 국립중앙박물관 소장.

다. 내가 듣기에도 가격이 나쁘지 않고 마롱 쌤이 듣기에도 나쁜 가격이 아니었지만 그래도 좀 큰돈이었다. 한 며칠 고민하던 마롱 쌤은 결국 또 언제 이런 옛 악기를 만나겠냐며 이 할아버지 비파를 덜컥 모셔갔다. 둘 중에 아쉽게 뒤가 깨진 자단목 비파는 포기하고, 오동으로 만들어 가벼운 비파를 선택했다.

    이후로 마롱 쌤이 연주회 등에서 청말 비파를 애용하는 걸 볼 때마다 괜히 흐뭇하다. 그런데 내 금은 언제나 인연이 닿으려나?

#악기도묶어야좋다 #칠현금 #비파 #이러다_칠현금을_만드는_게_더_빠르지

조선시대 부채들 / 뒤에 ○ 하나 덜 붙이신 게?

> 우리나라의 풍속은 겨울 날씨에도 갓을 쓰고
> 눈이 와도 손에 부채를 쥐고 있으니,
> 다른 나라 사람들의 웃음거리가 된다.
>
> —박지원, 《열하일기》 중에서

예로부터 한국의 부채는 고려 때부터 일제강점기에 이르기까지 한국의 주요한 특산품이었다. 고려를 가리켜 오랑캐라며 꺼려 하던 송의 문인 소동파도 고려의 부채가 그 어떤 부채보다 뛰어나다며 시를 남겼고, 비슷한 시기의 중국 문인인 황정견도 고려에서 만든 소나무 부채高麗松扇를 얻어 기쁜 마음을 시로 남긴 것이 전하고 있다.

조선시대에 와선 더욱 그 기술이 발전하고 인기를 끌면서 조선의 사신이 중국이나 일본에 갈 때면 부채를 많이 가져가 현지에서 만나는 이들에게 답례품으로 선물하거나 일종의 뇌물처럼 사용했다는 기록도 보인다. 심지어 《열하일기》에는 중국인들이 먼저 "부채 중에 제대로 된 것으로, 단옷날에 쓰는 기름 먹인 부채를 달라"고 세세하게 요구하는 모습도 보인다.

19세기에 그려진 풍속화. 겨울에 쓰는 털모자인 휘항을 쓰고 있음에도 손에 부채를 들고 있어 겨울에도 부채를 들고 다니던 조선인들의 모습을 볼 수 있다.

조선 부채의 남다른 점은 바로 합죽선合竹扇이라는 것이다. 부채를 접었다 폈다 하는 쥘부채는 이미 고려 때에도 있었지만 대나무 껍질을 맞붙여 만든 살, 즉 합죽은 조선 부채의 남다른 점이다. 여러 자료에 따르면 영정조 시기에 합죽선이 처음 만들어진 것으로 전하는데, 이 합죽선은 부채의 가장 바깥 부분인 겉대의 치장이나 사북(부채 손잡이에 해당하는 선두에 끼우는 못)이 들어가는 선두의 모양,

속에 발린 종이 등에 따라 다양하게 분류된다.

그 가운데서도 가장 화려한 것을 꼽으라면 단연코 대모칠접선이 아닐까? 겉대에 매부리바다거북의 등껍질인 대모를 올려 장식하고 살에는 옻칠을 한 부채. 유물로는 한 점이 전하고 현대에 와서는 전주의 선자장 엄재수 선생이 재현하셨는데 사진으로만 보아도 정말 아름다웠다(그리고 가격은 결코 아름답지 않았다). 당장 조선시대에도 한 고관이 대모로 만든 부채를 받았다는 소문이 돌아 문책을 당한 일[15]이 있으니 어마어마하게 귀한 것이 아닐 수 없다.

이 외에도 부채의 선두를 상아나 물소뿔로 만들거나, 작은 대나무 부챗살 하나하나 뜨거운 인두로 지져 문양을 그리는 낙죽烙竹을 올리는 등 작은 부분도 세심하게 장식했으니, 조선이 검박한 나라라는 통념은 사실 알고 보면 그 반대 아닐까?

조선에서 부채는 단순히 더위를 식히거나 볕을 가리는 실용품에 그치는 게 아니었다. 연암 박지원도 말했듯이 조선 사람들은 한겨울에도 부채를 들고 다녔는데 이는 당시 다른 사람의 기물을 감상하거나 말할 때 침 튀는 것을 막고자 부채로 입을 가리는 예절이 있었기 때문이다. 다만 최근 부채에 대한 글을 보니 송의 사신 서긍이 쓴 《고려도경高麗圖經》에도 고려 사람들이 겨울에 부채를 들고 다닌

---

15 "창녕현감 홍치기는 (…) 백성의 고통을 생각하여 살피지 않고 오로지 상관을 섬기는 데 힘써 교묘하고 이상한 부채를 만들어 권문세가에게 뇌물로 선사했으니 (…) 이때에 홍치기가 대모로 부채를 만들어 윤유에게 선사했으므로 서명형이 논핵하였는데…". 《조선왕조실록》, 〈영조실록〉 39권.

김홍도가 그린 〈그림감상〉. 부채로 입을 가리고 그림을 보는 모습이 묘사되어 있다. 국립중앙박물관 소장.

다는 내용이 나온다며 인용되던데 책을 처음부터 끝까지 확인한바 그 부분은 찾지 못했다. 아마 저《열하일기》의 기술이 잘못 인용되고 있는 것 아닌가 싶다.

그런데 부채가 예절을 위한 아이템이라면 연암은 왜 겨울에 부채를 들고 다니는 풍속을 부정적으로 이야기했을까? 예절도 예절이지만, 바로 멋을 부리는 사치품이었기 때문이다. 실학자인 연암이 고깝게 볼만한 이유는 차고도 넘치겠다(그렇다기엔 연암도 연행길 여기저기에 부채를 열심히 뿌리고 다녔다).

실제로 한복을 입고 다니면, 특히 연암이 살았던 18세기 전후의 복식을 재현해서 입으면, 손에 부채를 들었을 때 소맷자락 선이 부채를 타고 떨어지면서 더욱 맵시 있게 보인다는 점에서 멋 부리기에 용이하다. 거기에 보통 맨 위에 걸치는 포 종류는 소매가 길어서 간혹 걷어 올리기가 조금 번거로울 때가 있는데, 손에 부채를 들고 있을 때 그냥 부채만 한번 까딱하면 소매가 슥 걷어지는 실용적인 편리함도 있다(실학파: 아니, 그냥 소매를 줄이면 되잖아…).

원래도 전통공예를 좋아했는데, 여러모로 예쁜 점들이 모여있는 합죽선은 옛날 것이든 요즘 것이든 딱히 가리지 않고 마음에 드는 것을 이것저것 사용해 왔다. 그중에서도, 십여 년 전 전주의 부채 장인이신 노덕원 선생님이 만든 유칠선油漆扇을 우연히 선물받아서 여름이 되면 꺼내서 사용하곤 했다.

유칠선이란 선면扇面에 기름을 먹인 것으로, 한지의 섬유에 기름이 들어가서 잘 끊어지지 않는 덕분에 종이가 쉽게 찢어지지 않고 내구성도 올라간다. 이 기름도 그냥 기름이 아니고 들기름에 금속성 광물을 넣고 끓여서 만든 것이라고 한다.

노덕원 선생님이 제작한 유칠선. 유칠선은 세월에 따라 기름이 노랗게 올라오는 것이 특징이다. 부채에는 '돌덩이는 오랜 세월 고요하고, 봄날의 난초는 항상 기운이 맑다'라고 쓰여있다.

내가 실제로 유칠선을 사용한 지가 10년이 넘었고, 이 부채가 나에게 오기 전에 소장했던 분도 10년 넘게 가지고 있었다고 하니 내구성이 엄청나다고 할 수 있다. 이후로 일제강점기에 만들어진 유칠선들을 몇 번 만져볼 일이 있었는데 어디 하나 찢어진 곳 없이 멀쩡했다. 친한 지인의 말론 겉대나 부챗살이 터지거나 찢어질지언정 유칠한 종이는 멀쩡하다니 대체 이쯤 되면 조상님들의 기술력이 대체 어디까지였나 싶다.

아무튼 부채에 관심을 갖고 이야길 하다 보니 주변에 부채 모으는 분도 생기고 유물 부채들을 볼 기회도 늘어났다. 그러면 뭐다? 견물생심이다~! 하지만 부채처럼 종이나 대나무로 된, 훼손되기 딱 좋은 유물들은 아무래도 구하기가 어려웠다. 간혹 골동집을 돌면서 물어봐도 보여주는 부채라고는 1970~1980년대에 만들어진 것이거나 합죽선이 아닌 민죽선이었다. 흔히 합죽선으로 오해받는 민죽선은 대나무 껍질을 붙여서 만드는 합죽기법을 쓰지 않고 대나무 속 부분을 얇게 켜서 살을 만들어 제작하는 부채다. 그래도 뭐 당장 옛날 합죽선이 꼭 필요한 것은 아니니 언젠간 인연이 되겠거니 하고 있던 어느 날이었다.

침대에 누워 중고 물건을 거래하는 앱에서 무작위로 골동품을 검색하던 중 부채 하나가 눈에 들어왔다. 빨간색으로 물을 들인 종이를 선면으로 올린 홍선紅扇이었다. 조선 초에 1품, 2품의 당상관만 붉은 부채를 쓰게 하자는 논의가 있었으나 시행되지는 않았고, 조선 후기에는 무관들이 주로 사용했으며, 말기로 와서는 부녀자나 기생들이 많이 사용했다고 한다.

처음에는 그냥 요즘 만든 부챈가 하고 슥 봤다가 벌떡 일어나서 자세히 살폈다. 겉대에 점점이 찍힌 낙죽이며, 붉은 종이도 옛날 색지처럼 보였다. 무엇보다도 사북이 옛 방식으로 손으로 두들겨 만든 것이었다. 근데 가격이 너무 착했다. 10만 원이 안 되는 가격이었다. '이거… 뒤에 0 하나 안 붙이신 것 같은데?'

때는 새벽이었는데 이건 놓치면 안 되겠다 싶어 곧장 메시지를 보냈다. 이튿날 오후가 되도록 답장이 오질 않아 설마 놓친 건가 했는데 다행히 답이 왔다. 아무 말 않고 구매하겠다 하곤 즉각 입금, 쿨 거래를 마쳤다. 그러고도 믿기지가 않아서 부채가 올 때까지 진짜인지 아닌지, 혹시나 벽돌이 오는 건 아닌지 전전긍긍하길 사흘 정도 지나서 부채가 도착했다.

어이구, 세상에, 고마워라. 진짜 조선 후기 부채였다. 판매자분이 전라도 남원의 양반집에서 나온 것이라는 이야기를 전해주었다. 마디가 그리 많지 않은 분죽粉竹 겉대에 선두는 먹감나무로 돼있고, 겉대와 부챗살에는 모두 낙죽으로 문양이 그려져 있는데 선면이 붙는 얇은 살마다 매화 같은 꽃이 아주 작게 그려져 있었다. 선면도 옛 외발지[16]에 물을 들인 것이었다. 색을 봐서는 홍화紅花로 물들인 것으로 섬유 안쪽까지 물이 든 걸로 보아선 역시 조선식으로 한지를 만드는 수조에 염료를 풀어 제지 단계에서부터 염색을 한 색지였

---

16 한지를 뜨는 방식에 따라 외발지와 쌍발지로 나누어 말하는데, 외발지가 조선식의 전통 제지법으로 뜬 것이고 쌍발지는 일제강점기에 일본 기술을 가져와 뜬 것을 말한다. 외발지는 빛에 비추어 보면 한지 섬유가 우물 정(井)자로 보이는 것으로 구별할 수 있지만, 정확한 것은 아니다.

수령 직후 펼쳐본 홍선(ⓒ 김정준). 부챗살에까지 낙죽을 그리는 것은 보기 드문 장식이다.

다. 부채 모으는 분들께 보이니 다들 19세기 말의 조선 부채로 홍선은 보기 드문데 어디서 구했냐며들 꽤 비싼 값을 부르며 팔라는 분도 있었다(넌 이제 내 비상금이다).

조선 홍선을 구한 지 얼마 안 돼서 또 다른 부채를 하나 구하게 됐는데 홍선보다 더 고급 부채였다. 앞서 이야기한 은정자처럼 모처의 만물상을 슥 둘러보다가 무슨 부채 머리 같은 것이 종이봉투에 담긴 게 보여서 스윽 집어보니, 어라? 합죽선? 겉대가 조금 터지고 살이 세 개 정도 부러져서 솔직히 말하면 조금 눈에 거슬렸는데 연대는 홍선과 거의 비슷해 보였다.

사장님께 물어보니 전라도서 가져온 골동 부채라며 조금 높게 부르셨지만, 마침 그 언저리에 소장품 몇 개를 처분해서 만든 돈과 거의 비슷해서 '에라, 모르것다' 하고 질러버렸다. 하아, 덮어놓고 지르면 거지꼴을 못 면하는데 말이지….

집에 와서 찬찬히 살펴보니 종이가 예사 종이가 아니다. 아주 고운 외발지인데 안타깝게도 볼펜으로 낙서가 돼있었고, 이전 소장자가 깨진 살을 붙여보겠다고 본드 같은 걸 썼는지 종이가 일부 경화되어 깨져 나간 곳도 있었다.

제일 재미난 것은 겉대였는데 거의 30센티가량 되는 길이의 겉대가 마디 하나 없는 대나무 껍질로 말아 싸여있는 죽피선竹皮扇이었다. 또 가게에서는 안 보였는데 마치 물결문양처럼 서로 교차되는 낙죽이 그려져 있고, 홍선과 마찬가지로 부챗살마다 구름을 추상화

2. 골동썰 풀고 갑니다

발견 당시의 죽피선. 부채의 상태가 그다지 좋지 않았다.

한 작은 문양이 올라가 있었다. 어라? 이거 보통 부채가 아닌데?

옛 부채를 다뤄본 적 있는 지인에게 사진을 보내서 물어보니 대뜸 "이거 보기 드문 죽피선인데!" 하고 감탄한다. 그러면서 연대가 꽤 올라가 보이는데 본인은 확언하기 어려우니 다음에 한번 전주에 계신 선자장님께 보여보자 했다.

옻칠을 하는 작가님께 부탁해 겉대의 살짝 터진 부분에 옻을 도톰하게 올리고 금분을 살짝 뿌려 마무리했다. 이후 한창 부채 선면 작업을 하는 철이 와서, 부채를 들고 전주에 계신 선자장 엄재수 선생님을 찾아갔다.

"이야, 이거 진짜 보기 드문 부챈데! 보존 상태도 꽤 좋고!"

부채를 본 엄 선자장님은 이모저모 살펴보시면서, 선두는 대추

나무를 사용했고 살도 이렇게 얇게 깎아서 낙화를 올릴 정도면 당시에도 아주 고급 부채였을 거라며 연신 감탄했다. 살이 깨지거나 종이가 잘못된 부분을 수리해 달라 부탁드렸더니, 오래된 유물이기에 가능하면 이 상태로 그냥 두는 걸 추천한다고 했다. 부채가 들어 있던 종이봉투도 알고 보니 아무거나 쓴 게 아니라 당시 부채집이 그런 형태였다고 설명해 주었다. 선생님은 그냥 두면 좋겠다고 했지만 그래도 나는 한두 번씩은 꺼내서 쓰고 싶으니 부채를 수리하고 싶다고 말했다.

"정 쓰고 싶다면 수리는 하겠지만… 정말 살살, 산들바람같이 부채질해야 해요."

부채를 맡겨두고 끝나길 기다리는데, 부채를 수리하기 위해 사북을 뽑은 선자장님이 사진을 보내왔다. 사북을 단단하게 고정하기 위해서 사북 주변에 조릿대를 둘러뒀다며 그 덕에 세월이 오래도록 사북이 휘지 않고 살을 단단하게 잡아줬다고 설명해 주셨다.

"못해도 19세기 중후반인데 사실 중반으로 보는 게 좋을 것 같아요. 좀 더 높게 잡으면 18세기도 가능할 것 같네요."

새로 올린 선면에는 유칠을 해서 내구성을 높였고, 부러진 살 가

수리를 마치고 선면에 유칠까지 한 죽피선. ⓒ 김정준

운데 살릴 수 있는 것은 최대한 살리지만 그래도 서너 개는 어쩔 수 없이 포기해야 한다는 것, 선면 종이도 옛날 것만 한 걸 구하기가 어려워서 일단 최대한 종이를 사용하지만 원래의 선면은 따로 갈무리하기 어렵단 이야길 들었을 때는 조금 아쉬웠는데 그래도 새롭게 탄생할 부채가 내심 기대됐다.

이후 멀끔하게 완성돼서 온 부채는 참 아름다웠다. 부채질하지 않더라도 그저 펼쳐놓고만 있어도 참 보기 좋았다. 이후 또 어찌 연결이 되어 이 부채를 들고 국가무형문화재 김동식 선자장님을 찾아뵌 적 있는데, 김동식 선생님도 한참을 유심히 보시고 치수 등을 재어서 기록하더니 예사 부채는 아니니 잘 간직하라 하셨다.

이후 두 부채를 나란히 두고 보고 있노라면 참 묘한 감정이 들었다. 부채들이 만들어진 조선말부터 일제강점기를 지나 한국전쟁까지 다 겪었는데도 그 약한 대나무 살과 종이로 이루어진 물건이 지금 이렇게 멀쩡하게 내 앞에 있다는 걸 생각하면 참 대견하다 싶으면서 알 수 없는 경탄까지 인다. 앞으로 이 부채들이 얼마나 더 오래 전해지고 이어질지는 시간만이 알겠지, 적어도 내가 가지고 있는 동안엔 더욱 잘 이어질 수 있게 지켜야지, 하곤 빙긋 웃을 뿐이다.

#겨울부채 #아_멋있으면_됐지 #한지는_천년을_간다지 #합죽선 #한국특산품

시계는 다시 돌아간다

20세기의 회중시계 /

워낙 동양 골동품을 좋아하다 보니 서양 골동은 안 건드리…기는 무슨. 일단 옛것이면 다 좋아! 이러는 골동쟁이 어디 가겠는가? 서양 골동품도 소수지만 한두 점은 가지고 있는데 죄다 차도구거나 액세서리다. 앞서 이야기했지만 흔히 '골동'이라고 하면 바로 머릿속에 떠오르는 이미지들이 아시아권 유물들이라 그런지 보통 서양 쪽 골동품들은 '앤티크'라는 이름으로 부르면서 좀 다른 장르같이 취급한다. 하지만 뭐, 옛날 물건이면 다 골동 아니겠는가?

그럼에도 서양 쪽 기물들을 잘 건드리지 않는 이유는 일단 흥미가 가지 않는 것이 첫째고, 내가 아는 입수 루트가 몇 안 되기도 해서다. 또 동양도 파면 팔수록 그 범위가 광대해지는데 서양 것까지 건드리자니 취미를 넘어서는 것 같은 느낌이 들어 손을 놓고 있는 것도 있다.

그럼에도 불구하고 오래전부터 눈독 들이던 것이 있었으니 바로 회중시계다. 서양에서 만들어진 시계가 조선에 들어온 역사는 제법 오래됐다. 〈인조실록〉에 따르면 당시 청나라에 다녀온 사신인 정두원이 자명종시계를 사 와서 진상했다는 기록이 남아있으니 못해도 800년 전엔 조선에 서양식 시계가 있었던 셈이다. 물론 회중시계가 아닌 탁상용 시계였겠지만 말이다.

이후로도 조선 말기의 여러 그림이나 글에 시계에 대한 이야기들이 나온다. 하지만 예나 지금이나 고급 시계는 부의 상징으로 대표적인 사치품이다. 조선 후기 다양한 기물들을 한데 모아 그린 책가도 등의 그림에는 자명종 같은 탁상시계도 나오지만, 자수를 놓은 시계집이나 옥을 조각해 만든 틀 같은 것으로 감싼 회중시계도 등장한다. 국립중앙박물관에 소장된, 이형록이 그린 것으로 전하는 책가도 병풍에는 자수 시계집에 들어간 회중시계가 마치 노리개처럼 산호로 만든 걸이에 걸려있는 모습이 묘사되어 있다. 그 그림을 본 순간 회중시계 하나쯤 가져보자~ 하고 마음을 먹었다.

사실 회중시계 하면 뭔가 고풍스럽고, 멋있고, 로망을 자극하는 그런 게 없지 않다. 하지만 손목시계도 귀찮다고 안 차는 데다 죄다 스마트폰으로 시간을 확인하는 세상이니 회중시계가 뭐 그렇게 간절한 것도 아니었다. 그저 어디까지나 희망사항. 하지만 왜 그런 일

책가도 병풍에 묘사된 회중시계. 〈전이형록필책가도(傳李亨祿筆冊架圖)〉 부분. 국립중앙박물관 소장.

이 있지 않은가, 생각하다 보니 갑자기 툭 생기는 일들.

중국 골동을 자주 물어보러 찾는 골동집에 갔더니 웬 서양 앤티크가 한 무더기 쌓여있었다. 사장님께 물어보니 예전에 한번 서양 것도 해볼까 하고 미국서 물건을 좀 가져왔는데 가게 콘셉트하고 영 안 맞아서 창고에 처박아 뒀다가 문득 생각나서 그냥 빨리 팔아치울 겸 가지고 나오셨단다.

"뭐 필요한 거 있으면 몇 개 가져가요. 선물로 줄게요."

"으음… 양이洋夷들 것이 좋은 게 있으려나."

서양 것은 정말 잘 몰라서 그냥 모양이 예쁘거나 재질이 은이나 황동같이 조금 고급 금속으로 된 것들을 중심으로 뒤적거려 보는데, 뭐 거의 티스푼이나 라이터, 브로치 같은 것들이라 예쁘긴 하지만 쓸데가 딱히 떠오르지 않았다. 그렇게 자잘한 쇳조각들을 뒤적이는데 뜬금없이 시계들이 우르르 나왔다. 하지만 유리알이 깨지거나, 끈이 끊어지거나, 심지어는 시침이고 분침이고 다 떨어지고 판만 남은 것들이 대부분이었다.

회중시계도 예닐곱 개 있었다. 내가 원하는 좀 커다란 시계는 없고 다 자그마한 여성용 회중시계였는데 그래도 그게 어디냐, 일단 예쁘고 오래된 것들인데! 혹시나 하고 몇 개는 태엽 감는 꼭지인 용두를 뽑아 돌려서 시계밥을 줘보니 째깍째깍 소리가 난다. 적어도 수십 년은 작동하지 않았을 옛 시계들이 다시금 움직이는 소리라니. '이야, 이게 되네?' 하는 놀라움이 먼저였다. 못해도 20세기 초, 혹은 19세기 말은 될 시계들인데 아직도 돌아간다니! 하지만 오래되어 태엽에 문제가 생겼는지 아무리 끝까지 돌려 감아도 2~3분 지나면 곧 멈춰버렸다.

그중에 금색 회중시계 하나가 눈에 들어왔다. 상판 유리는 날아갔고 침도 하나 없는 것이었지만 약간은 투박한 금빛이 마음에 들었다. 무엇보다도 느낌적인 느낌이 이건 금도금이다, 하는 '삘'이 왔다. 금! 여차하면 팔면 된다! 이런 약간은 속물적인 생각을 하면서 스윽 집어 들었다. 먼지를 좀 닦고 보니 '월섬^{waltham}'이라는 상표가 보인다. 오, 월섬? 예전에 잠깐 회중시계에 관심이 있을 때 들어본 회사다. 19세기 미국에서 만들어진 회사로 링컨 대통령도 사용한 것으로 알려진, 회중시계로는 꽤 유명한 곳이다. 일단 시계도 예쁘고 나름 이름 있는 회사 것이니 수리하면 또 쓸 수 있지 않을까 하는 생각이 들었다.

"사장님, 이거 제가 가져갈게요."

"역시 예쁜 걸로 골라 가네! 근데 그거 유리도 없고 그런데 괜찮겠어요?"

"뭐 찾으면 수리하는 데 있겠죠. 없으면 뭐… 금도금 값에 팔아 버려야죠."

"아, 실제로 쓰려고요?"

"저, 실생활에 못 쓰는 건 안 가져가잖아요."

시계를 가지고 집에 돌아와서 뒤판을 열고 돋보기로 들여다보니 '19838147'라는 무브먼트 시리얼넘버가 보인다. 인터넷에 검색해 보니 1900년대에 개발된 무브먼트로 생산량은 총 10만9,000개가량. 내가 데려온 아이는… 아, 아이가 아니구나, 이 어르신은 1914년에 생산된 것으로 그해에는 동일 모델이 8,000개 생산됐다는 기록이 나온다. 예사로 봤더니 그래도 100년 넘은 앤티크 시계다. 또 뒤판 안쪽에 '1918년에 선물한다'는 내용과 함께 두 사람의 이니셜이 각인돼 있었다. 1918년이라! 기왕이면 1년 더해서 기미년이었다면 좀 더 의미 부여가 될 텐데, 하고 괜히 혼자서 구시렁댔지만 그래도 오래된 시계니 더더욱 수리해서 쓰고 싶어졌다.

한국에 시계 모으는 사람도 많고 수리하는 사람도 많으니 당연히 쉽게 수리가 되겠지 생각했는데 그 예상은 보기 좋게 빗나갔다. 지인의 소개도 받고 또 인터넷 후기 등을 본 뒤 세 업체에 수리를 의뢰했는데 세 군데 모두 '100년 넘은 시계들은 부품을 구하기도 힘들고 수리하기도 어렵다'며 난색을 표한 것이다. 그래도 분명히 고치는 곳이 있겠거니 하고 찾던 중 SNS를 통해 동대문에 옛 시계를 고치는 가게가 있단 글을 봤다. 정말 한두 줄 쓰인 정보라 그냥 일단 가 보자 하고 무작정 찾아갔다. 길을 몇 번 헤매다가 겨우 찾아서 사장님께 물어보니 다행히 아직도 수리를 하신다며 시계를 한번 보자고 하신다.

"이거 꽤 좋은 시겐데… 뭐 유리 날아간 거랑 침 빠진 거야 다른 거 부품 사용하면 되고… 아니, 근데 여길 어떻게 찾아왔어요?"

"아, SNS 뒤지다가 발견했어요. 이거 수리하려고 막 여기저기 찾아다녔거든요."

2. 골동썰 풀고 갑니다

"SNS? 아… 다른 손님이 무슨 홍보하라 하던 게 그거구나. 하긴 한국서 앤티크 시계 다루는 집이 몇 없어요."

사장님은 오버홀(전체 수리)은 가능하지만 시간이 좀 걸릴 것이라며 괜찮겠냐고 하셨다. 최소한 한 달은 걸릴 거라고. 어후, 수리만 된다면야 한 달이 대수겠는가? 예전엔 액자 하나 하는데 1년 가까이 기다린 적도 있기에 한 달이면 양반이었다. 고칠 수 있다는 자체가 감사해서 잘 부탁드린다 말하며 시계를 맡기고 돌아왔다. (그리고 실제론 반년 뒤에 찾을 수 있었다….)

수리 끝에 돌아온 월섬 회중시계.

오랜 기다림 끝에 돌아온 시계는 다시 째깍거리며 잘 돌아갔다. 어디론가 날아갔던 바늘도 생겼고, 깨진 뚜껑도 새로 잘 붙어서 돌아왔다. 사장님은 늦어져서 미안하다고 연신 사과하면서 24시간 작동하는지 다 체크했으니 쓰는 데 문제없을 거라며 자신하셨다. 하지만 아무래도 밥을 먹여가며 사용하는 회중시계라 1~2분 정도의 오차는 생길 수 있을 거라고도 솔직히 알려주셨다.

  집에 와서 용두를 감아 시계밥을 주니 이제는 멈춤 없이 째깍째깍 잘 돌아갔다. 이 회중시계를 들고 다니면서 볼 일은 잘 없고 아무래도 좀 특별한 자리나 행사 때만 들고 나가지만, 그래도 오래된 시계가 다시 돌아가는 모습을 보고 째깍거리는 소리를 듣고 있자면 옛날부터 지금까지 이어지는 시간의 흐름을 직접 체험하는 느낌이 들곤 한다. 나중에 인연이 되면 책가도에 나오는 것처럼 자수 시계집을 하나 해서 갖춰두고 싶단 생각이 들었다. 역시 급하지 않으니 느긋하게 기다려 본다. 이 시계도 100년을 넘겨 다시 돌아가고 있으니까.

#회중시계 #월섬시계 #앤틱시계 #오래도_기다렸다 #아날로그감성

조선시대 후령통

/

쥐 뒷걸음치다 소 잡은 격

예전에 어느 스님과 차를 마시면서 옛 서화에 대해 이야기 나누던 중 스님이 "흔히 하는 말로 차를 하면 가산을 탕진하고, 향을 하면 기둥뿌리를 뽑아먹고, 골동을 하면 부모도 못 알아본다는데, 자네는 벌써 그 나이에 셋 다 하니 앞길이 막막하구먼그래!" 하고 농담을 하신 적이 있다. 골동도 장르가 다양한데 그중에서도 돈 털어먹기 딱 좋다는 도자와 불교유물을 좋아하니 하신 말씀이다.

도자야 그래도 눈먼 물건들이 있어서 운 좋게 싼 걸 잡을 수 있다고 하지만 불교유물은 참 어렵다. 파는 사람도 뻔히 그 가치를 알고 사는 사람도 뻔히 그걸 알아보니 '싸고 좋은 물건'이란 게 나올 수가 없다. 그나마 싸게 나오는 게 세 자릿수 초반이니 용돈이나 알바비 한두 푼 모아서 쫌쫌따리 기물을 사는 소액 콜렉터로서는 눈물 날 지경이다. 간혹 정말 싸게 나오더라도 가게나 전시회장에서 '아, 좋다!' 하고 조금 만지작거리곤 돌아서는 게 대다수다.

그래도 명색이 불교 신자에다 집에 불단을 모시고 조석으로 예불하는 사람으로서 형편 되는 대로 불교유물을 한두 점씩 잡거나 혹은 아는 사찰에 연결해 주면서 깔짝거려 보곤 한다. 그 덕에 앞서 이야기한 티베트 금동 따라보살상이나 20세기 초에 중국에서 만들어진 목조 석가모니불상도 소장하게 됐지만 그래도 우리 불교유물에 대한 갈망은 여전하다.

한번은 경주에 갔다가 생각 없이 들른 골동집에서 옛 목판 변상도를 여러 장 구한 적 있다. 그 가운데 대한제국 시기에 판각된 아미타삼존도와 고려대장경에서 인출된 반야심경을 각각 액자와 족자로 꾸며 소장하면서 잠깐 주춤했던(실은 액자와 족자로 꾸미는 비용이 세게 나와서 자금이 바닥났다…) 불교유물에 대한 욕심이 또다시 스멀스멀 고개를 들기 시작했다.

그럴 때면 또 이전에 구해둔 불교유물들을 꺼내 책상이나 불단 옆에 올려두고 예경하면서 오도카니 바라보는 것으로 만족하기… 는 무슨! 역시 그 불석 불상을 채갔어야 했나! 하고 무소유를 지향하는 풀소유의 꿈을 꾸는 것이었다.

그러던 중 답십리 고미술 상가를 돌 일이 있어서 슬렁슬렁 둘러보다가 안경집 몇 개가 눈에 들어왔다. 한복 입고 다닐 때 옛날 애체

(앞서도 설명했지만, 안경)를 쓰고 다니는데 안경집이 없어서 항상 보관하기가 애매하다고 생각하던 차에 눈에 딱 들어온 것이다. 운이 좋네 하고 집었다 놨다 하며 사장님하고 흥정한 끝에 나무에 십장생 조각이 들어간 것으로 일단 집어두고 뭐 더 없나 하니, 사장님이 갓이 새로 들어온 게 있으니 보여주시겠

선반의 골동품들 사이에서 눈에 번쩍 들어온 후령통.

노라며 안쪽으로 들어갔다. 뭐가 나오려나 하고 좀 기다리는데 진열장에 덩그러니 놓인 작은 금속 통에 눈이 갔다. 저거 어디서 많이 본 모양인데? 저 호롱등 비스맹키로 생겨서 금속으로 만든… 몸통에 빨간 글씨 있고… 엥? 저, 저저거! 후령통喉鈴筒 아녀!

불교에서는 불상을 만들고 나면 그냥 조각상인 채로 두는 것이 아니라 복장과 점안이라는 의식을 거쳐 불상을 단순한 조형물이 아닌 예배의 대상으로 변화시킨다. 가톨릭에서 사제의 축복을 받기 전의 성물이 예배의 대상이 아닌 단순한 조각상으로 취급되는 것과 마찬가지다. 그러고 보면 두 종교 모두 조각상을 통해 실제의 진리에 대해 공경을 표하는 건 똑같다. 결코 그 조각상, 심지어 복장과

점안을 마쳤거나, 사제의 축복을 받은 그 조형물에 어떠한 영적인 힘이나 능력이 있다고 믿는 게 아니다.

  이 복장과 점안 중에서 복장이란 불상 내부에 구멍을 파고 거기에 불경이나 약재, 향, 보석 등을 넣어서 봉인하는 의식을 말한다. 복장의식은 불상이 등장하던 시기부터 보이는 것으로 인도는 물론 동남아나 티베트, 중국, 한국, 일본 등에 그 사례가 보인다. 하지만 현존하는 복장의식으로 경전을 바탕으로 한 의례 절차가 확립되어 있는 것은 한국과 티베트 불교뿐이다. 이 중 한국 불교의 복장의식에서 가장 핵심이 되는 물건이 바로 후령통이다.

  후령통은 뚜껑에 위아래가 뚫린 대롱이 달린 원통을 말한다. 보통 금속을 이용해 만드는데 간혹 타원형으로 만들거나 종이를 이용해 성냥갑 같은 작은 상자 형태로 만드는 경우도 있다. 하지만 대롱이 달린 뚜껑은 거의 필수적이다. 후령이란 바로 이 대롱을 말하는 것으로, 부처님의 가르침이 퍼져 나오는 통로를 상징한다.

  이 후령을 뚜껑으로 삼는 통에는 5곡, 5약, 5보 등 다양한 물품이 각각 오방색 천에 싸여서 다섯 방향에 맞춰 들어간다. 이 모든 것은 부처님의 지혜와 자비, 광명 등의 공덕을 상징한다. 즉 후령통이 최종적으로 완성된 모습은 후령통 안에 들어있는 물품들이 상징하는 부처님의 힘이 후령을 통해 밖으로 퍼지는 모습이다. 그렇기에 한국의 복장의식에서 후령통은 자주 불상의 심장에 비유된다.

  이 후령통은 또 타임캡슐이라고도 불리는데, 작은 통 안에 백 가지가 넘는 물품이 들어가고, 또 경우에 따라서는 불상을 조성하게 된 계기나 만든 이, 후원하거나 동참한 이들의 명단, 봉안한 장소, 제작 시기 등이 쓰인 발원문이 함께 나오는 경우도 있기에 역사적으로도 중요한 자료로 꼽힌다. 하지만 한 번 불상 안에 봉인된 후령통이 밖으로 나오는 경우는 둘 중 하나다. 사찰 측에서 여러 가지 이유로 잠깐 봉인을 열거나, 후령통 안의 유물들을 노리고 불상을 파괴하는 양상군자梁上君子님들 덕분이다.

전자는 보통 불상을 수리하거나 더 이상 모시지 못하는 경우 등으로, 이때 나온 후령통은 잘 수습되어서 다시 봉인되거나 다른 불상에 들어가기도 하고, 잘못 이용되는 것을 막기 위해 매립되거나 소각된다. 실제 도난당한 후령통을 다시 찾게 되면 원래의 불상에 재봉인하거나 다른 불상에서 나온 후령통을 새로 만든 불상에 넣어 재활용하는 경우도 종종 보이는데, 그도 그럴 것이 이 후령통 하나를 법도에 맞춰서 완성시키려면 최소한 스님 다섯 분이 거의 반나절을 꼬박 앉아서 기도를 해야 하기 때문이다.

여하간! 그 후령통이 정말 눈 돌리자마자 보인 것이다. 먼지가 껴서 흐릿했지만 몸체엔 붉은색으로 'raṃ'이라고 하는 고대 인도 문자인 범자梵字가 쓰여있었다. 'raṃ'은 불교에서 불을 상징하며 청정하게 정화한다는 의미를 가지고 있는 글자다. 사실 그냥 보아선 금속 호롱등이라 치부하고 넘어갈 수 있을 정도로 작고 조악한 형태였지만 이 글자가 쓰여있단 것은 볼 것 없이 후령통이란 뜻이었다.

일단 얼른 집어서 조심스레 열어보니… 아뿔싸. 원래 있어야 하는 오방색의 다섯 꾸러미가 없다. 후령통 안에는 오방에 맞춰 오방색으로 만든 작은 꾸러미인 보병 다섯 개가 있어야 하는데 동쪽을 상징하는 파란색 청보병만 덜렁 남아있었다. 사실 색깔이 파란색이라 청보병이라 추측한 것이지 실제 보병이 맞는지도 알 수 없었다. 고새 안쪽에서 작은 갓을 하나 들고 나온 사장님이 그건 또 언제 봤냐고 하신다.

"아, 맞다. 박 선생 불교유물 좋아하지? 근데 그거 뭔지 알아?"
"알죠. 이거 후….."
"맞아~ 호롱등이야!"
"후…흐오롱! 그, 그쵸오! 호롱이죠오~! 이야~ 신주[황동] 호롱 이쁘네에~!"
"그거 강원도 어디 탑에서 나온 거라고 며칠 전에 나카마[仲間, 골동집들을 돌며 물건을 사고파는 행상인 혹은 전문 중개인이나 매매업자를 이르는 은어]가 가져온 건데… 암만 봐도 그 영감, 옛날에 호리꾼[掘り-, 도굴꾼을 뜻하는 은에이었던 것 같아."
"아, 그래요?"

적당히 장단 맞춰가면서 속으론 얼씨구나 하고 쾌재를 불렀다. 후령통인 걸 사장님이 알면 가격은 어쩌나 생각했는데, 호롱? 호오

로옹? 어이구, 이게 뭔지 모르시는구나. 좋다, 열심히 깎아보자 하고 속으로 시동을 걸었다.

"아무튼… 그 호롱이랑 같이 나온 유리구슬도 있는데 혹시 볼텨?"
"구슬요? 좋죠!"
"어, 좀 있어봐. 그거 안에 따로 넣어뒀어."

그러곤 다시 안쪽으로 가시기에 일단 좀 전에 갖고 온 갓을 집어 들고 살피는데… 아니, 이거 진사립眞絲笠인데? 갓 중에서 제일 고급으로 머리카락보다 얇은 명주실을 한 가닥씩 올려서 짠 진사립이 반파된 상태로 나왔다. 갓이 고급이면 뭐 하나, 반파돼서 써먹질 못하는 걸. 아! 아쉽다 하고 입맛만 쩝쩝 다시는데 사장님이 지퍼백에 담아둔 구슬들을 가져와서 보여주었다. 슥 봐도 출토된 옛날 유리구슬들인데 딱히 흥미가 가진 않았다. 아니, 난 구슬이라길래 혹시 뭐 사리라도 있을까 했지….

"사장님, 아무튼 이 '호롱' 얼마예요?"
"그거? 왜, 가져가서 불 켜게? 안에 보니까 다 닳은 심지도 있더만."
"그쵸오~ 심지 새로 하고 불 켜면 안 이쁘겠어요?"
"음… 이 구슬이랑 호롱 같이 할 거야? 아님 따로 사 갈 거야?"
"아, 구슬은 필요 없어서 '호롱'만 사 가게요."

"응~ 그럼 안경집만큼은 내가 받아야 해."

앗, 생각보다 싸다. 이미 안경집도 값을 깎아서 사기로 한 거라 더 이상 호롱이라 호소하는 이 후령통의 값을 흥정하긴 글렀다. 둘 중에 하나만 살 수 있는 돈만 남아서 그렇지…. 이렇게 되면 당연히 후령통 아니겠는가.

"호롱 뭐 세상 흔한 건데 그 안경집 가져가, 그냥. 조각한 거 잘 없어~."
"그, 렇긴 한데 그… 명색이 불자가…! 불교 걸! 어? 모셔가야 도리에 맞는 거 아닙니까!"
"그래? 그럼 그렇게 혀~. 안경집 어디 안 팔 테니 다음에 가져 가고."

골동은! 깎을 땐 현금 박치기! 현금으로 돈을 내고 냉큼 가지고 나왔다. 이제 내 것이니 좀 자세하게 살펴보자 하고 찬찬히 뜯어 본다.
처음엔 높게 잡아야 일제강점기쯤의 근대 후령통이겠거니 생각 했다. 표면에 갈린 자국이 마치 그라인더 같은 것으로 갈아낸 듯하 고, 또 깎인 부분들이 그리 오래돼 보이지 않았기 때문이다. 여하간 귀한 걸 구했으니 자랑이나 하자 하곤 금속공예 하는 분들에게 좀 보였더니 다들 반응이 "무슨 소리예요? 최고 19세기겠는데? 그라인더가 아니고 거친 끌로 민 자국이에요, 저거" 하며 연대를 더 높게 본다. 이렇게 된 거 심지로 위장한 청보병을 열어봐야 짐작이 갈 것 같다.

길쭉하게 돌돌 말린 꾸러미의 실을 풀고 조심스레 열자 순간 나지막하게 탄성이 나왔다. 틀림없이 법식에 맞게 만들어진 보병이다. 오랜 세월 단단하게 뭉쳐있었기에 마구 뒤섞여 있는 것을 핀셋과 바늘로 하나씩 살살 분리해서 나누어 보니 그 작은 꾸러미 안에서 열두 종의 복장물들이 나왔다. 곧 혹시 빠지거나 잘못 들어간 것이 있나 논문과 책들을 찾아봤는데 경전에서 설명하는 대로 모두 들어가 있었다.

불상의 복장과 점안에 대해 설명하는 경전인 《조상경造像經》에 따르면 후령통 안 동쪽에 놓이는 청보병에는 모두 청색으로 만들었거나 청색 또는 동쪽과 관련된 물품들이 들어간다. 이 중 생금生金, 즉 순금이 청보병 안에 들어간다고 되어있어 정말인가 하고 찬찬히 살펴보니 뭔가 노랗게 반짝이는 게 병아리 눈곱만큼 들어있었는데 색이 금이라 하기엔 탁하고, 또 금속보다는 유리결정 같은 느낌도 들어서 기억을 더듬어 보니 황철석黃鐵石인가 싶었다. 예나 지금이나 금은 귀한 것이고, 또 오래전 한창 복장에 관심이 있어서 여기저기 묻고 다닐 때 어느 노스님께서 "옛날엔 금이 귀하니 산에서 누런 산골山骨을 캐 와서 금 대신으로 넣었다"라고 했던 게 기억이 났다.

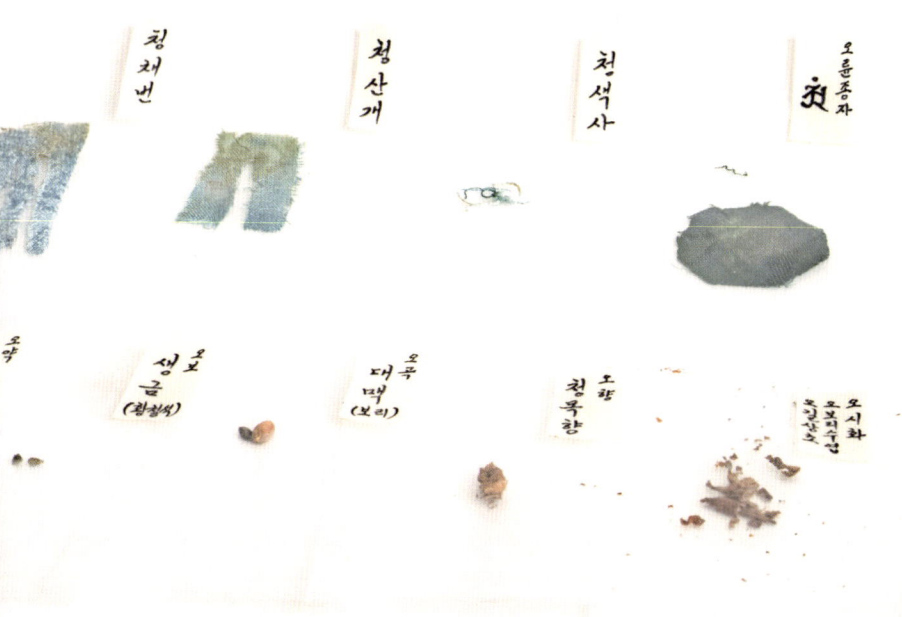

후령통에서 나온 복장물들. ⓒ 김정준

자료를 좀 더 찾아보고 여기저기 물어보니 복장물 가운데 비단으로 만든 금강저와 산개繖蓋 등이 예산 수덕사 복장유물에서 나온 것과 비슷한 형태이기도 하고, 또 비단들이 모두 당시 유물들 가운데 보이는 직조들이라 진짜 조선 후령통이라고 확신하게 됐다. 거참 얼떨결에 정말 귀한 걸 구했다. 안경집같이 소소한 것이나 사고 돌아가려다가 큰 게 얻어 걸린 것이다. 그래도 골동 모은다고 이렇게 살살 변죽을 울리다 보면 이렇게 쥐 뒷걸음에 소를 잡나 보다.

#불교유물 #복장터지는소리 #불복장 #후령통 #횡재했네

2. 골동썰 풀고 갑니다

기분 좋은, 하지만 씁쓸한
담양죽렴과 스러져 가는 전통

후령통을 구한 것처럼 횡재하는 경우는 아무래도 골동을 하다 보면 한 번씩 복권 당첨되듯 생기는 일이며 또 골동 수집의 매력이기도 하다. 후령통을 얻은 즈음에 또 그와 비슷한 일이 있었는데 이건 마냥 기쁘기보단 조금은 씁쓸한 기억으로 남은 일이다.

골동이야 어디에나 있고 어디에도 없는 그런 것이라 발품을 정말 잘 팔아야 한다. 실제 뛰어다니며 찾기도 하지만 세상 좋아졌다고 폰 하나로 온갖 중고장터를 다 볼 수 있으니 또 거기서 골동을 건져 내는 재미도 있다. 그렇다 보니 그냥 아침저녁 중고 사이트나 앱들을 슥 훑어보는 게 마치 루틴이나 소일거리처럼 굳어져 버렸다.

하루는 중고장터 앱에 '충무발'이란 글이 올라왔다. '충무발이 뭐지?' 하고 읽어보니 대나무발이었다. 충무라고 하면 통영을 말하는 것이니 통영에서 만드는 죽렴竹簾, 즉 대나무발인 모양이었다. 대나무발이라, 흠 구미가 당기는데…. 하필 또 그즈음 아는 선생님 댁에 갔는데 일본에서 만든 대나무발을 창문에 예쁘게 걸어두신 걸 보고 감탄하던 참이었다. 심지어 반죽斑竹으로 만들어서 대나무 문양이 아롱지는 것이 보기에 좋았다. 대나무 마디나 문양의 결을 하나하나 맞춰서 만든 발이라니, 어휴 변태 같은 일본 장인들, 하며 지인들과도 이야기했던 참이기에 좀 더 관심이 갔다.

일단 설명에 쓰인 크기를 보고 줄자를 가져와 여기저기 대보니 내 방 창문과도 문과도 크기가 맞질 않다. 어쩌지 하고 잠깐 고민했다. 나의 골동 대전제! "실생활에 쓰지 못하는 것은 가급적 들이지 않는다." 비교적 부피가 작은 도자나 그림 같은 소품들이야 자료용으로 들인다 해도, 아무래도 발은 돌돌 말아서 상자에 넣어두면 부피를 좀 차지하니 또 애매하다. 역시 그냥 넘길까 하다가도, 그간의 골동 생활에서 저렇게 멀쩡한, 그것도 한국에서 만든 대나무발이 나온 건 또 처음이라 잠시 생각하다 문득 친한 지인이 해준 말이 기억났다.

"앗 하면 놓치고, 놓치면 프리미엄! 그리고 프리미엄은 비싸다!"

그래, 만고천지 불변의 진리다. 프리미엄은 비싸다! 에라 모르것다, 하고 판매자에게 연락해서 구매 의사를 밝혔다. 판매자 말론 원래 보관하던 상자까지 있는데 좀 낡았으니 필요하면 넣어주고, 아니면 그냥 버리겠다 하기에 상자까지 달라고 요청했다. 배송받을 주소를 불렀더니 마침 같은 시내이고, 또 대나무발이 약해서 배송 중에 파손될 수도 있어서 그냥 직접 배달해 주시겠다고 했다.

발이 오길 기다리는 동안 '그래서, 이게 어떤 발이지?' 하고 이래저래 찾아보는데 자료가 영 나오질 않는다. 끽해야 나오는 게 대나무로 유명한 담양죽렴과, 판매자의 설명처럼 통영에서 만드는 통영대발, 이 둘뿐이다. 담양죽렴은 전라남도 무형문화재로, 통영대발은 국가무형문화재로 등록돼 있다는 것과 각 장인분들의 인터뷰 정도뿐, 내가 원하는 제작 시기별 차이나 두 발 사이의 특징적 차이 같은 정보는 나오질 않았다.

그나마 인터넷에서 검색 가능한 사진들을 이리저리 보면서 비교해 보니 아무래도 내가 사기로 한 발은 충무발이 아니라 담양에서 만들어진 것 같았다. 통영대발은 발 위로 술 장식이 이어지고 발을 벽에 거는 고리도 천을 재봉한 끈인데, 이 발은 술 장식도 없고 벽에 거는 고리도 금속으로 되어있었다. 혹시나 하고 판매자분에게 제작자나 제작처를 아시느냐, 상자에 쓰여있진 않느냐 하고 문의했지만 상자에 쓰여있는 것은 없고, 그분도 오래전에 샀는데 그때도 충무발이라고만 들었지 자세한 건 모르겠단 신통찮은 답이 돌아왔다.

며칠 뒤 직접 배송 받은 발은, 예상은 했지만 생각보다 더 큼지막했다. 어찌어찌 벽 한쪽에 걸어두고 찬찬히 살펴보니 한국 대나무 발의 특징이라 할 수 있는 얇은 죽사竹絲, 즉 대나무 살과 거북 등처럼 생긴 육각형 귀갑문龜甲紋이 뚜렷했다. 일본 대나무발 살 굵기의 3분의 1쯤 될까? 고리를 다는 장석裝錫이 조금 녹슬고, 발을 묶은 실은 색이 바랜 것을 보고 오래되긴 했구나 하고 감탄하면서 살펴보았다. 또 볕이 들어오는 쪽에선 안이 전혀 보이지 않고 역광인 쪽에서만 밖이 보이는데 그것도 은은하게 비쳐 보일 뿐이었다. 왜 옛날 조선시대에 수렴청정을 하거나 남녀의 공간을 구별할 때 발을 쳤는지 대번에 이해가 갔다.

발의 상태를 확인하면서 보니 발의 테두리를 마무리하는 파란색 비단은 다행히 바래거나 찢어진 부분이 없었는데… 응? 벌레를 먹었네? 벌레? 천에 벌레? 이거 나일론 아니었어? 마침 벌레 먹은 부분에서 올이 풀려 나

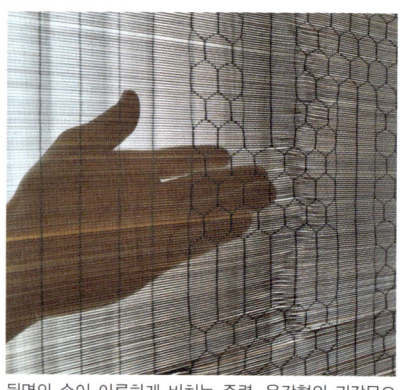

뒷면의 손이 아른하게 비치는 죽렴. 육각형의 귀갑문으로 엮여있다.

온 실이 있어서 살짝 뽑아다 라이터로 태워보니 바로 오징어 타는 냄새가 난다. 아이고, 이거 나일론이 아니라 찐 명주다. 아니 세상에, 으레 보급되는 물건들처럼 나일론으로 마감했겠거니 하고 예사

로 봤는데 생각보다 고급 물건인가 보았다.

발을 묶고 있는 귀갑문들이 이리저리 연결되고 끊어지면서 글자를 만들어 냈는데 한 장에는 '충신은 효자의 가문에서 찾아라'라는 뜻의 '忠臣求於孝門(충신구어효문)'이, 다른 한 장에는 '萬壽無疆(만수무강)'이라는 글자가 나타났다. 그래도 '충신구어효문'은 상자 위에 붓글씨로 쓰여있어 바로 읽을 수 있었는데 만수무강은 상자에도 쓰여있지 않고 귀갑문의 색도 바랜 탓에 한참 앞뒤를 뒤집어 보고서야 읽어낼 수 있었다.

그제야 발이 담겨있던 상자들도 좀 살펴보니 뒤틀리고 갈라진 건 기본이요, 원래 경첩에 박혀있던 못이 빠져 나사랑 철사로 대충 둘둘 감아둔 게 '판매자가 버리려 하실 만했네' 하고 납득이 갔다. 그래도 제 상자라니 어떻게든 좀 고쳐보자 하고 먼지를 닦아내는데 상자 뒷면에 뭔가 도장이 찍혀있는 게 보였다. 상자가 워낙 때를 타서 읽기가 어려운 걸 물티슈로 살살 닦다가… 실수로 도장이 번졌다. 스읍, 이러면 나가린데 하곤 급하게 헤어드라이기로 말려서 다시 보니 그래도 다행히 글씨는 거의 온전히 남아

상자 뒷면에 찍혀있는 도장.

있었다.

社團法人 全南竹細□□技術協會硏究所 金斗玉

어라? 전남? 즈언나암? 그럼 이거 담양 거네? 일단 □□는 '공예'일 거고, '김두옥'은 제작자 이름이겠네? 아, 뭐야, 역시 내 생각이 맞았구먼? 곧바로 인터넷으로 연구소 이름과 작가 이름을 검색해 보니 일단 연구소는 나오지 않고, 김두옥이라는 이름은 금방 검색이 됐다. 다만 1982년도에 작고하셨으며, 생전에 이승만 대통령의 생일선물로 들어간 발을 짠 장인으로 유명했다는 기사가 하나 더 나왔다. 혹시나 하고 좀 더 검색해 보니 1970년에 김두옥 장인을 직접 인터뷰한 기사가 하나 나왔다. 이미 당시에도 육십대 후반의 노인이었다.

인터뷰 기사에 따르면 김두옥 장인은 한국전쟁 직후 현존하던 죽렴 기술자 가운데서는 가장 뛰어난 장인으로 이름 높았고, 발에 글자나 무늬를 더 다양하게 놓을 수 있게 된 것도 김두옥 장인이 새로 개발한 발에서 비롯된 일이란 내용이 있었다. 또 이승만 대통령에게 들어간 발은 당시 5,000원가량 하던 것을 3만여 원이나 받을 정도의 명품으로 이승만의 호를 따 '우남발'이라는 별명이 있으며, 5·16 직후엔 박정희 대통령에게 발을 짜주었다는 등의 내용이 실려있었다. '감투발'이라고 불리며 예로부터 특권층의 선물용 물품으로 날개 돋친 듯 나갔다는 기술도 있으니 당시 담양죽렴은 고위층들이 사랑하던 기물이었던 것 같다.

다만 안타까운 내용도 함께 실려있었는데 1970년 당시에도 담양죽렴의 전통이 약해지고 있었단 것이었다. 인터뷰가 진행된 시점에서는 김두옥 장인도 일손을 놓은 지 5년째이고, 만드는 사람이나 물건이 나가는 일도 점점 줄고 있어 "150년의 전통을 10년도 못 가 깡그리 잃겠다"는 김두옥 장인의 한탄도 실려있었다.

기사에는 또한 당시 담양죽렴을 제치고 비닐로 만든 비닐발이 판을 치고 있다는 내용이 있었다. "이곳의 발은 30년이나 쓸 수 있다. 그래도 값싸고 만들기 쉬운 비닐발이 더 잘 팔리지 않나?" 하며 더 이상 죽렴을 짜지 않겠다면서 죽렴 만들어 봤자 공사장 품삯만도 못하다는 한 장인의 푸념도 담겨있었다. 당시 죽렴은 한 장에 4,700원, 비닐발은 450원이었단다.

기사를 찾고 나니 더 궁금해져서 이리저리 찾아보는데 이 두 기사 말곤 어른의 사진 같은 건 찾아볼 수가 없었다. 일단 담양죽렴인 건 확실해졌기에 '담양죽렴'을 키워드로 찾아보니 또 몇 가지 정보가 더 나왔다. 먼저 담양죽렴은 대체로 크기가 정해져 있었다. 높이 여섯 자(181cm)에 폭 석 자(90cm) 혹은 넉 자 반(136cm)이 정식 크기라는데, 폭 석 자짜리는 외창, 넉 자 반짜리는 쌍창에 거는 것이라고 했다. 내가 구한 죽렴은 높이가 다섯 자 반(165cm) 정도라 정식 규격은 아니었다.

하지만 이렇게까지 꼼꼼하게 뜯어보는데도 자료는 별로 없고, 결국 답은 현재 담양에 계신 죽렴장 박성춘 선생님을 찾아뵙고 얻는 수밖에 없겠다 싶었다. 대한민국이 참 좁은 사회라고, 대략 두세 다리 건너 수소문해서 선생님의 연락처를 얻을 수 있었다. 괜히 젊은 사람이 전화해서 이것저것 물으면 싫어하시진 않을까 싶어 잔뜩 긴장을 하고 전화를 걸었다.

다행히 밝게 전화를 받아주신 박성춘 선생님은 김두옥이란 이름을 듣자마자 "누구? 김두옥 씨? 어따, 그 양반 우리 동네 사람인디. 그 사람 발이면 오래된 겁니다"라고 하셨다. 그러면서 전화로만 얘기해서는 모르겠으니 일단 가지고 와보라시기에 단박에 날짜를 잡았다.

서울에서 발 두 장을 이고 지고 광주로 내려가 1박 하고, 마침 친하게 지내는 소리꾼 서의철 선생님이 전라도 쪽에서 공연이 있었다고 해서 그 차를 얻어 타고 담양으로 향했다. 구불구불 길을 돌아 죽렴장 선생님이 계신 송산마을을 찾았다. 가는 길 여기저기 대밭이 보이고, 문을 닫긴 했지만 대발을 짠다는 공장도 마을 어귀에 하나 있어 역시 담양 하면 대나무, 대나무 하면 담양이구나 했다.

처음엔 주소를 보고도 찾질 못해 조금 헤매다가 겨우 좁은 길을 돌아 죽렴장 선생님 댁을 찾았다. 너른 마당이 있는 시골집 문을 들어서니 마당 한쪽에 죽렴장에 대한 안내 간판이 서있고 대나무 살들이 가지런히 마루 아래 있어서 제대로 찾아왔다 싶었다.

죽렴장 박성춘 선생님은 담양 송산마을서 4대째 죽렴을 만들고 있는 장인. 현재 한국에서 죽렴을 짜는 인간문화재는 담양의 박성춘 선생님과 통영의 조대용 선생님 두 분뿐이다.

인기척에 사람이 온 걸 알고 문을 열어주시는 선생님께 인사를 드리고 마루로 올라선 순간, 오래되고 오래되어 너덜너덜해진 죽렴 상자를 보자마자 단박에 "이거 옛날 오동 상잔디. 80년은 넘었을 것이여. 그땐 다 저리 상자를 혔제" 하며 알아보신다. 그러고는 대체 어디서 이런 걸 찾았냐며 허허 웃으셨다. 절을 드리고 발을 펼쳐 보이자 돋보기안경을 끼곤 발을 한번 스윽 쓸어내리시더니,

"이거 진품이네. 김두옥 씨 짜던 발 맞어잉. 가[테두리도 그때 공단이고, 실도 옛날 명주실이구먼. 인자는 이리 짜라 해도 짤 수도 읎고, 짜는 사람도 읎어야."

하며 발 여기저기를 짚어가며 설명을 해주신다.

"여그 보믄 이게 대나무 마디라. 이것이 처음 조름질[대나무를 얇게 쪼개어 발을 이루는 살을 만드는 작업 과정] 헐 때 그, 대나무가 둥글잖여? 그라믄 동서남북을 딱 맞춰서 살을 표실 해두면 이 발을 짜도 마디가 안 끊기고 파도치듯이 한나로 연결이 되는디, 김두옥 씨는 그렇게까진 안 혔제."

"여그 보믄 요 명주실로 구갑문[귀갑문] 안 혔능가. 이게 이때는 발 조각하고[발에 무늬를 올리는 걸 조각한다고 표현한다] 요 실을 그 솜에다가잉 유성물감을 묻혀서 찍어다가 물을 들였제. 근디 이게 물감 조절 잘못 하거나 잘못 찍으면 이제 발 하나 버리는 거라. 그라다 난중에 마카[유성펜] 나오면서 편해졌제."

"여그 가에 두른 이게 공단이라. 비단 중에 제일 비싼 놈인디 두꺼우면서 부드러운게 잘 뜯기지도 안 하고 이짝까지 버티제."

한창 발을 보시더니 대체 어디서 얼마를 주고 구했느냐 하시기에 골동집서 얼마 주고 구했다고 솔직히 말씀을 드렸다.

"아따… 참말 주웠구마잉. 이거 잘 간수해 뒀다가 누가 팔아라 하믄 장당 얼마 이하로는 팔지 마잉. 인자는 이거 구하도 못혀."

그러고도 한참 발을 이리저리 보시던 선생님이 말했다.

"그라믄 내 발도 함 볼랑가?"

죽렴을 손으로 짚어가며 설명하는 박성춘 선생님.

2. 골동썰 풀고 갑니다

그러곤 안방에서 작품들을 꺼내어 보여주시는데 하나같이 명품이었다. 그중 가장 멋진 것은 가보로 물려주겠노라며 가지고 계신 죽렴으로 지금까지 만든 죽렴 중 가장 잘 만든 것이라고 했다. 귀갑문으로 만수무강을 조각한 죽렴은 1984년 대한민국 전승공예대전에서 상을 받은 작품이었다. 하지만 당시 심사위원들이 발을 거꾸로 걸어두고 심사하는 걸 보곤 실망해서 다시는 출품을 하지 않으셨다는 이야기가 있는 발이기도 하다.

선생님은 이제 눈도 어둡고 해서 이런 발을 짜기가 어렵지만 그래도 재료나 도구는 아직 다 가지고 있다며 조름질을 마친 대나무 살들을 보여주셨다. 앞서 설명하신 대로 둥근 대나무의 마디를 동서남북으로 표시해서 갈무리해 둔 게 보였다.

그 외에도 종묘 신실과 고궁들에 걸린 주렴朱簾을 만들던 시절의 작품들도 보여주셨다. 주렴은 조선시대 왕실에서 사용하던 죽렴으로, 대나무 살을 약간 굵게 하고 붉은 칠을 해서 만들어 일반 죽렴과는 달리 위엄을 강조한 발이다.

"요 살은 담양서 뽑고, 옻칠은 서울서 하고, 실은 진주서 뽑아가지고 염색은 또 서울서 혔제. 인잔 이런 명주실이 없어서도 만들질 못혀. 나가 발을 짜서 바꾸니께 130년 만에 새로 발을 한 것이라더만."

연신 쾌활하게 죽렴을 설명하시면서도, 눈이 어둡고 손이 둔해

박성춘 선생님이 만든 '만수무강 죽렴'.

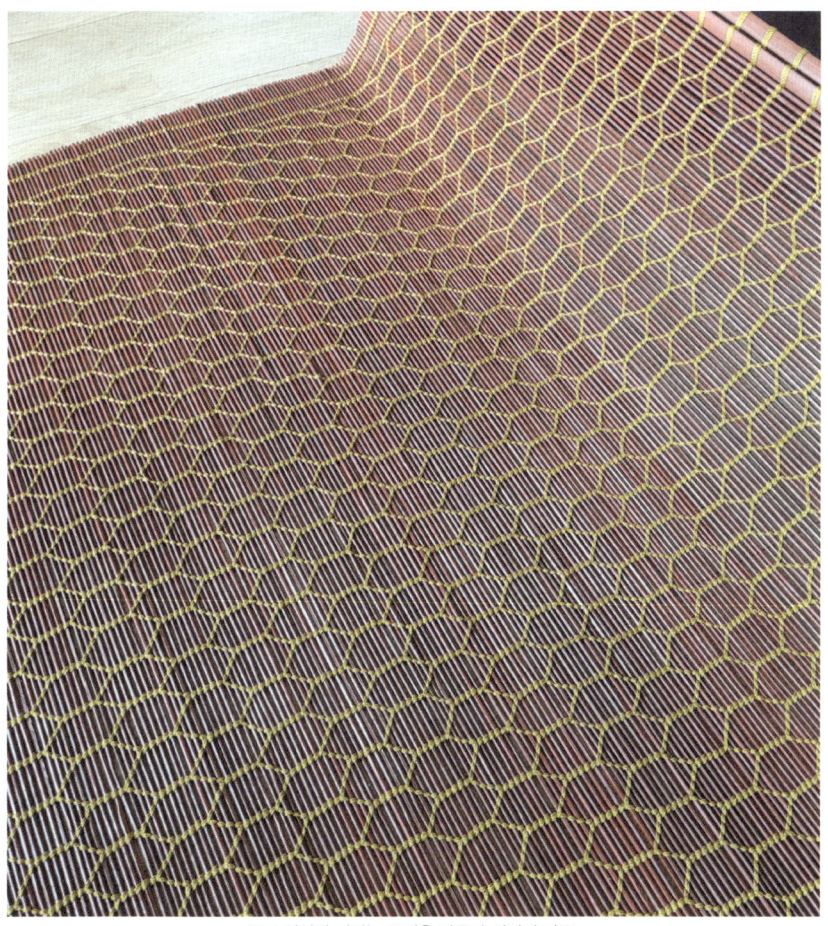
종묘 신실에 걸리는 주렴을 만들던 시절의 작품.

진 데다 일을 도우시던 사모님이 요양병원에 가신 뒤론 이제 옛날 같은 발을 짜지 못한다며 쓸쓸한 얼굴을 하셨다. 선생님이 발을 짜면 테두리의 비단 띠나 실을 물들이는 작업은 사모님이 하셨다고 한다. 그래도 소소한 수입거리로 죽렴 짜는 기술로 김밥발을 만들고 있다면서 작업하시던 발을 보여주었다. 김밥발치곤 대나무가 살짝 굵은 느낌이 들었지만, 굵은 무명실로 귀갑문을 만들어 엮으시는 걸 보니 영락없는 죽렴이었다.

"나가 밤이면 잠도 잘 안 오고 그러는디. 그래도 이걸 하면 정신도 집중이 되고 좋아. 종일 하면 그래도 한 녁 장 만들어."

탄탄하게 짜인 발들을 보고 있노라니 김밥보다는 테이블매트나 찻자리 깔개로 쓰기에 더 알맞아 보였다. 혹은 조금만 크기를 키워서 요즘 집들의 문이나 창문발로 써도 정말 좋겠단 생각이 들었다. 그래도 선생님은 일단 김밥발이라 생각하고 만드셨다며 부침개나 전 받침으로도 쓸 수 있다면서 며칠간 짠 발들을 보여주셨다.

"선생님, 그래도 전 올리는 발로는 너무 아깝고 예쁜데요?"

내 말에, 한참을 밝게 이야기하시던 선생님은 그제야 살짝 슬프게 웃으셨다.

박성춘 선생님이 만드는, 귀갑문이 들어간 김밥발.

"…실지 김밥도 아깝제."

선생님도 계속 작업을 하셔야 해서 일단 물러나기로 했다. 그런데 너덜거리는 상자를 보시곤 당신이 쓰려고 짜둔 죽렴 상자 중에 남는 게 있으니 필요하면 가져가라 하시면서도, 옛날 상자에 기록이 남아있으니 막 버리지는 말라고 당부하셨다.

    대나무로 유명한 담양에서 이제 손으로 죽렴을 짜는 사람은 박성춘 선생님뿐. 따로 뒤를 잇겠다고 나서는 사람도 없다며 이제 당신이 떠나고 나면 담양엔 발 짜는 사람이 없다는 말씀을 하셨다. 이렇게 우리 무형문화재가 또 하나 스러져 가는 걸 보니 슬프긴 했지만, 또 이리 남아서 그 작품들을 직접 볼 수 있었다는 게 참 감사하고 행복한 시간이었다.

덧붙임

지금 이 원고를 쓰는 동안 작은 일이 있었다. SNS(트위터)에 전통문화와 무형문화재들이 잊혀간단 글이 있기에 이를 인용해서 박성춘 죽렴장님의 김밥발 이야기와 함께 인터넷으로 구매 가능한 링크를 올렸더니 하룻밤 새에 선생님의 김밥발이 전량 품절됐을 뿐만 아니라 구매를 위해 사람들이 기다리고 있단 것이었다. 그리고 내가 생각한 것처럼 김밥발보단 테이블매트로 알맞다는 반응도 많았다. 나도 좀 필요해서 사려 했는데, 기다리는 줄이 너무 길어 자칫 담양에 내려가서 졸라야 할지도 모르겠다. 그래도 내심으로 '선생님께 도움이 좀 됐으려나?' 하고 기분이 좋았다.

    담양 쪽에 계신 죽공예가 한 분이 선생님을 찾아가서 죽렴 기술을 배우고 있다는 얘기도 들었다. 선생님은 처음엔 사양하시다가

삼고초려 끝에 조금씩 전하고 있다 하니 참 기쁜 일이다. 우리의 전통이, 무형의 손길이 다양한 분야에서 계속 이어지길 바랄 뿐이다.

#담양대나무 #죽공예 #죽렴 #대나무발 #무형문화재 #그래도_전통은_이어진다

3.

날 나 골동골동한

골동을 곁에 두고 사는 삶

골동을 곁에 두고 산다는 건,
골동골동한 나날을 보낸다는 건,
단순히 옛 물건들을 진열해 두고 바라보는 것만은 아니다.
기물들이 현대의 일상 속에 사용되며
나와 같이 호흡하는 시간들을 두고
나는 골동골동한 나날이라 부른다.

함께하는 사람들 / 골동과 전통에 살리라

옛글 등을 보면 나이와 상관없이 서로 뜻이 맞는 이들끼리 뭉쳐 벗으로 지내고 계회契會를 맺었다는 이야기가 전한다. 사실 나도 마음이 맞는다면야 나이나 성별 같은 건 잘 안 따지는 편이지만 골동 하는 사람이… 너무 적어! 일단 골동 인구가 너무 드물어!

그렇다 보니 사용하는 창구가 SNS다. 그리고 아무래도 SNS를 타고 들어가면 좀 더 취향이나 성향이 맞는 사람들을 만나기도 쉽고, 대화하기도 편하고, 또 주변에선 보기 어려운 동년배의 지인들을 찾기도 쉽다. 그렇게 트친(트위터 친구)이나 인친(인스타그램 친구)이 실친(현실 친구)가 되는 경우가 많다.

원래 본진이 인스타그램이라, 인친들을 한 분 두 분 만나던 중에 한 팔로워분과 이야길 하게 됐다. 그분 가족들이 가지고 있는 기물들에 대해서 대화를 나누던 중 기왕이면 찻자릴 한번 가져보자는 이야기가 나왔다. 본업 대학원생, 부업 사진작가인 그 인친분은 찻자리를 갖는다면 또 다른 지인을 소개하고 싶다고 했는데 그 지인은 또 판소리를 하는 분이었다. 이것도 인연이겠거니 해서 셋이서 찻자리를 갖게 된 것이 시작이었다. 저녁 6시에 모여서 세 시간 정도 가볍게 차 마시고 들어갑시다~ 하던 게 세 시간은 무슨, 새벽 3시가 돼서야 자리를 파했다. 너무나 재밌고 풍성한 시간이었다.

　이때 만난 사진작가분이 바로 이 책에 실린 몇몇 근사한 사진을 찍어주신 김정준 선생님이다. 그리고 다음 날 새벽 일정이 있음에도 함께 밤을 샌 또 다른 한 분은 소리꾼 서의철 선생님이다. 셋 다 워낙 공사다망하다 보니 서로의 옆 동네에 살면서도 분기별로 모여서 철야 다회를 가질 수밖에 없었고, 그래서 처음엔 '계절 다회'라고 하면서 모였다.

　또 다른 만남은 트위터에서 이루어졌는데, 한복 관련해서 만난 지인이 만든 한복 모임이었다. 거기서 고려시대 복식 가운데 여말선초 시기에 입었던 요선철릭과 와릉모瓦楞帽라는 모자를 재현해 보자며 또 작게 모여서 이야길 나누게 됐다.

　요선철릭은 조선 초기 철릭 형태에 허리에 가로줄로 주름을 잡은 띠 장식을 넣은 것으로, 보기 드문 옷인데 어째 또 만들 줄 아는 분들이 몇 있었다. 들어보니 KBS 드라마 〈용의 눈물〉 촬영 때 만드셨단다(대체 언젯적이야…).

와릉모는 방립^{方笠}이라고도 불리는 사각뿔대 모양의 모자로, MBC 드라마 〈신돈〉에 잠깐 나오고 다른 매체에는 나온 적이 없어서 조금 어려움이 있었다. 그러다 대구에 계신 어느 공예가 선생님이 한번 만들어 보겠노라 팔 걷고 나섰고 내가 와릉모 꼭대기에 올라가는 구슬 장식을 구하게 됐다. 그러면서 또 공예 하시는 분과 친해졌는데 재료 쓰는 게 보통 비범한 일이 아니었다.

대모? 대모라고요? 그 거북이 등껍질 대모? 아니, 그걸 어떻게 구하시는 거예요? 아니, 공작우^{孔雀羽}(무관들이 쓰는 모자인 전립^{戰笠}을 장식하는 수술)에 쓰이는 공작깃은 공작을 직접 키워서 얻는다고요? 이 공예가분이 뒤에 만들어진 모임의 만능 제작가 이준혁 선생님이다.

솔직히 대모를 다룬다는 사실이 제일 놀라웠다. 대모거북이라 불리는 매부리바다거북은 세계적인 멸종위기종으로 수렵이 엄격하게 금지돼 있기에 소재를 구하기가 지극히 어려웠다. 어떻게 구하나 했더니, 오래전에 박제로 만든 것들을 구해다가 뜯어내기에 법적인 문제가 없다고 한다. 요즘 한국의 문화재 재현이나 복원에 쓰이는 대모 소재들은 보통 이렇게 구한다고 했다.

하여간에, 이야기가 어찌 시작됐는지 기억이 좀 가물가물한데, 아무튼 서의철 선생님이 가지고 있는 거문고 중 국산 오동나무로 만든 거문고에 진짜 대모를 올려서 장식해 보자는, 그런 소소한 일이 시작이었다(소소?).

    거문고를 연주할 때 술대(현을 튕기는 채)가 상판을 치지 않도록 덧대는 가죽 장식을 '대모'라고 하는데, 이는 옛날에 실제로 거북 등에서 떼어낸 대모를 올린 것이 가죽으로 대체되면서 이름만 남은 것이다. 만공스님이 의친왕에게 선물받았다고 전하는 거문고(수덕사 성보박물관 소장)에 실제 대모가 올려져 있는 것으로 알려졌는데, 솔직히 대모를 실제로 본 사람들이 보기엔 진짜 대모가 아니라 셀룰로이드로 만든 대체품이 아닌가 생각이 드는 형태다. 그렇기에 이왕 거문고 가진 사람, 대모 다루는 사람, 그사이에 중개할 사람이

그렇게 탄생한 진짜 대모를 올린 거문고. 현과 부딪히는 음이 생각보다 둔탁하게 들려 왜 가죽으로 대체됐는지 조금 이해가 갔다.

모인 김에 진짜 대모를 올린 거문고를 한번 만들어 보자! 뭐 이런 소박한 프로젝트였다(소박?). 그래서 만든 단톡방 이름도 '대모 붙이기'였다.

또 그때 한창 한복 중 학창의鶴氅衣라는 옷에 꽂혀서 관련 자료들을 찾다가 복식 고증에 맞춰서 옷을 입는 인친분과 이야기를 나누게 됐는데, 구하기 힘든 관이나 모자를 삼베와 종이로 직접 만들어서 사용하는 분이었다. 초상화나 유물 등에 보이는 상투관이나 동파관東坡冠은 물론 자료가 남지 않은 충정관沖正冠까지 만들어 쓰는 걸 보곤 '아니, 저걸 어떻게 만들었지?' 싶은 게 많았다. 이분이 송민근 선생님이다.

이 외에도 비파 연주가 마롱 선생님, 역시 한복에 진심인 이우춘 선생님, 고려불화와 전통건축에 꽂힌 김도경 선생님, 전각과 한학에 열중인 민찬우 선생님, 말총으로 망건 짜는 엄대정 선생님, 한국무용을 배우는 박준하 선생님, 한복계의 아이돌 김사다함 님… 마음 맞고 이야기 통하는 사람들을 만나는 족족 덥석덥석 주워 모았더니(?) 그럭저럭 인원이 되는 모임이 만들어졌다(사실 책에서는 '선생님'을 남발하지만 서로 그냥 ○○쌤~ 혹은 아호로 부르는 사이다).

보통 '이렇게 남자들끼리 우르르 모이면 무슨 이야기를 할까?' 싶지만 듣고 보면 죄다 어디 박물관 전시회 소식, 해외 유물 발견된 소식, 어딘가에 싸게 나온 좋은 골동품 정보, 옛날 흑백사진이나 노인들 인터뷰에서 찾아낸 복식 관련 정보, 이런 것들이다. 때론 집에서 굴러다니는 물건들 나눔을 하곤 하는데 그것도 대부분 안 쓰는 관자라든가 갓끈, 원석 구슬, 원단 자투리 같은 것들이다. 이런 얘기만 잔뜩 하고 있으니 정말 건전하다 못해 간혹 신기할 때도 있다.

한번은 북촌에 취죽당翠竹堂이라는 한옥 별채를 가지고 계신 신순자 선생님의 후의로 이 사람들을 죄다 불러다가 한복 모임을 한 적이 있다. 드레스 코드는 철릭으로 하고, 각자 갖고 있는 소품들 가져다가 사진이나 찍고 놀아보자는 모임이었다. 다들 웃고 떠들고 정신 하나 없는 모임이었는데, 모두가 가져온 소품을 늘어놓고 보니 이건 뭐 박물관 하나 세우겠다 싶었다. 말총 갓, 탕건, 망건에 대모로 만든 관자, 풍잠(망건 앞쪽에 달아 갓이 넘어가지 않게 잡아주는 장식품), 어피魚皮(가오리 가죽)로 싼 안경집, 손바느질로 지은 철릭, 소뿔로 만든 갓끈, 대모와 옥으로 장식한 환도 등등… 다들 전통공예와 옛 우리 것에 대한 사랑으로 뭉친 분들이라 가능한 일이었을 것이다.

하지만 아직도 모임 이름을 특별히 정하진 않았는데, 대모공예로 시작해서 만난 분들이니 편의상 '대모계'라고 부르고 있다.

모두 우리 것을 좋아하는 사람들이라 한 번씩 골동을 구하러 다 함께 답십리나 인사동을 돌거나, 또 각자 동네 중고시장에 골동이나 그 비슷한 게 나오면 서로 공유하곤 한다. 다들 한복을 입고 다니다 보니 아무래도 복식 관련 유물 정보를 자주 공유하는데, 어느 가게에 갔더니 손으로 짠 무명 혹은 명주가 한 필에 얼마더라, 어느 동

취죽당에서 모인 대모계 사람들. 이것도 사실 모두 모인 사진이 아니다. ⓒ 김정준

네 갔더니 할아버지 쓰시던 거라며 탕건이 나왔는데 얼마라더라 하는 얘기가 많다.

또는 이런저런 걸 찾는데 구하기가 어렵다, 뭐 이런 얘기가 나오면 '자료는 있죠? 그럼 그냥 만들어 버립시다!' 하고 달려들어 뚝딱 만들어 내니 '이거… 내가 깔긴 했는데 판이 너무 커졌나?' 할 때도 있다. 당장 이 모임에서 내수용(?)으로 만들어진 것만 해도 '이거 팔자!' 하는 이야기가 나올 정도로 퀄리티가 높은 것들이 많다. 실제로 몇몇은 SNS를 통해 소량 판매하기도 했는데 반응이 생각보다 괜찮아서 '어라? 이게 먹히네?' 하고 놀란 적도 있다.

이 외에도 도자기나 불교유물을 좋아해 서로 자주 이야기하고 정보나 자료를 공유하는 분들도 있는데 대부분 스님들이거나 손윗분

내수용으로 만들기 시작했던 기물들. 대모로 만든 살쩍밀이(조선시대 남자들이 머리 정돈할 때 쓴 물건), 풍잠, 관자, 뒤꽂이.

들이어서 아무래도 여기에 이름을 열거하기가 조심스럽다. 다만 대모계엔 "님들 이름 제 책에 영구박제 해드림" 하고 못 박아둔 상태다(사양하지 마세요, 좋아하는 거 다 알아요).

그래도 하나둘 찾아내서 만난 인연들이 계속 함께하는 인연들이 되니 즐겁고 기쁠 따름이다. 친한 지인이 이걸 보곤 "한 톨 덕후를 한 줌의 덕후로 만들어 가는 재미!"라고 하던데 이런 '덕후'들이 한 줌을 넘어 한 떼가 됐으면 참 좋겠다.

자질구레하게 물건을 모으고 또 보려면 아무래도 상인분들과도 말을 트고 친해져야 하는데, 주로 만나서 이야기하고 노는 분은 인사동 호박갤러리의 염철훈 사장님이다. 진품 중국 도자기를 취급하는데 진지한 마음을 갖고 하루 종일 옛 중국 도편들과 자료들을 찾으며 연구하시는 모습이 참 존경스럽다. 중국 도자기를 중심으로 모으는 나로서는 언제든 함께 이야기하고 또 배울 수도 있어 고마운 인연이다. 게다가 종종 필요한 물건이나 찾는 자료가 있으면 물심양면 찾아주시거나 중개해 주시곤 하니 참으로 감사하다.

그 건너편 호갤러리의 조정호 사장님도 고마운 분이다. 정작 물건을 이것저것 산 적이 없어 죄송하지만, 좋은 차도구들을 우리 것 중심으로 잘 갈무리해 두셔서 인사드리러 갈 때마다 눈이 즐겁다. 그래서 종종 지인들이 우리 것으로 좋은 물건을 보고 싶다 하면 꼭 일러주는 가게다.

여원갤러리도 빼놓을 수 없다. 인사동 쪽에서 차를 한다는 분들은 이제 거의 다 아는 가게인데 일본 차도구 전문으로 현대 것부터 골동까지, 차와 관련된 전반적인 기물들을 다루는 곳이다. 한때 일본에 거주하셨던 현지수 사장님이 인사동 안쪽 골목에서 가게를 시작한 지 얼마 안 됐을 때 소개받아 갔다가 그길로 단골이 돼버렸다. 덕분에 일본 쪽 차나 차도구를 구할 때 도움을 많이 받고 있다.

또 근래 인사동에 자리 잡은 글마재도 종종 인사하러 가는 곳이다. 보통 갓이나 탕건 같은 복식 유물이 있는데 사장님이 좋은 것들만 꼼꼼하게 찾아두시니 따로 손질하지 않아도 바로 사용할 수 있다. 이 외에 본가가 있는 부산에도 종종 한 번씩 스윽 얼굴 비추는 곳들이 있는데, 일품당이나 보장원, 류갤러리, 갤러리 춘 등등의 가게도 모두 고마운 곳들이다. 이리 쓰고 보니 가게 광고하는 것 같은데 이 책의 내용은 모두 이런 가게들의 협찬 없이 '내돈내산' 후기에서 비롯된 것임을 밝힌다.

 이렇게 옛것 사랑으로 모인 분들이나 가게 사장님들과 이야기를 나누다 보면 기본적으로 "내가 좋아서 하는 것"이란 말이 꼭 나온다. 하긴 뭐든 한 가지 푹 빠지는 벽癖이 있어야 하는 법이고, 또 알면 더 사랑하게 되는 법이다.

#골동골동한나날들 #한줌덕후단 #좋으니까하는거지

시간이 살살 녹는 골동 찾기 / **다 함께 골동 한 바퀴 돌자**

"어디서 골동품을 살 수 있죠?"
"골동품은 어디 가면 많이 볼 수 있나요?"

정말 많이 듣는 질문이다. 흔히 이런 질문에 대한민국 최고의 현자들이 모인 '네○버 지식人'은 아마 인사동이니 어디 전문숍이니 하고 답을 하지 싶다. 하지만 골동은 어디에나 있고 어디에도 없는 법! 알고 보니 '이게 골동이었어?' 하는 것도 너무 많고, 또 정작 찾으려니 다 어디론가 쏙 들어가서 보이지 않는 것도 골동계에서는 흔한 이야기다.

만약 거주지가 서울이나 수도권이라면, 또 한국에서 골동품 하면 아무래도 인사동을 먼저 꼽을 수 있다. 하지만 인사동이 관광지

인사동에서 운현궁으로 빠지는 길인 종로구 인사동10길. 중심 거리에서 살짝 벗어나 조용하면서 오래된 가게들이 여기저기 모여있어 개인적으로 좋아하는 길이다.

로 급부상하면서 오랫동안 자리를 지키던 가게들이 사라지거나 이전하는 경우가 많아졌고, 중심 거리에선 골동품보다는 기념품으로 팔기 쉬운 현대 작가들의 작품이나 이른바 '섭치'라고 하는 골동 재현작 혹은 가치가 떨어지는 기물들이 더 많이 눈에 띄게 됐다. 물론 오래전부터 뿌리 깊게 자리를 지키고 있는 곳들도 있지만 아무래도

부산에 있는 단골 골동집 일품당. 옛날에 다방이었던 곳을 비워 가게로 쓰는 듯한데, 레트로한 공간에서 내 안목으로 하나둘 물건을 찾는 재미가 있는 곳이다.

꽤 많은 가게들이 이런저런 사정으로 중심 거리보단 갈래갈래 뻗어나간 골목들 안에 자리 잡고 있다.

인사동 외에 답십리와 장안평에도 고미술상가가 있다. 사실 개인적으론 인사동보단 이쪽을 더 선호한다. 이곳의 분위기는 뭐랄까… 마치 골동계의 동대문? 정말 골동상가들만 모여있는 곳이라

인사동처럼 북적이고 활기찬 느낌은 없지만, 정말 알차게 물건들을 보고 고르는 재미가 있다. 다만 인사동만큼 기물의 회전률이 빠르진 않아서 방문 시기에 살짝 텀을 두고 한 바퀴 둘러보기에 좋다. 빈티지의 성지로 불리는 동묘에도 골동을 파는 곳들이 조금 있긴 하지만 인사동과 답십리에 비하면 물건의 양이나 질이 좋은 편은 아니다.

 서울을 빼고서 내가 다녀봤거나 이름을 들어본 곳으로는 대구 이천동, 진주 인사동, 부산 원도심의 몇몇 동네와 망미동, 전라도 광주, 부여 등등이 있다. 특히 경상도 쪽은 아직도 한복을 입고 생활하는 어른들이 계셔서인지 갓이나 탕건 같은 물건들이 곧잘 나온다.

 아무래도 처음 골동에 입문하려는 사람이 무턱대고 이런 가게에 들어가기엔 좀 겁이 나는 게 사실이다. 하지만, 우리 장르 정상 영업합니다…. 일단 들어가서 물어보자. 그냥 다짜고짜 '골동품에 관심은 많은데 처음'이라고 이야기하는 것도 좋다. 어지간한 가게에선 보통 반갑게 맞아줄 거…라고 말하고 싶지만 솔직히 무시당하는 일도 꽤 있을 것이다. 좀 슬픈 일이지만, 젊은 사람이 골동에 관심 갖는 일이 드물고, 막말로 돈 되는 거래가 성사되는 일이 거의 없어서 손님으로 관심을 두지 않는 것이다.

 실제로 이런 경험 때문에, 골동품을 시작해 보려다가 첫인상이 좋지 않아 그냥 관두는 분들도 많다. 나만 해도 어디서 소개받아 가는 경우가 아니고 그냥 워크인으로 들어갔더니 가게 사장님이 나를 위아래로 훑어보곤 거의 대꾸를 안 하시기에 괜히 뻘쭘해져서 나온 경험이 꽤 있다. 때로 사장님들이 이 친구가 정말 골동 좀 하는 사람인지 그냥 구경꾼인지 시험해 보는 경우도 있다(솔직히 무시하는 것보다 이게 더 기분 나쁨).

어쨌든 이런 인간관계적인 부분 말고, 정말 골동품이 좋고, 정말 좋은 것까지는 아니더라도 소품 같은 걸 가지고 싶다면 인사동이나 답십리에 있는 실제 가게들이 아니라 인터넷이나 앱을 이용하는 방법도 나쁘진 않다. 다만 이런 온라인 구매는 전적으로 스스로의 안목에 기대야 해서 '가짜나 잘못된 물건을 사더라도 어쩔 수 없다' & '그냥 재미 삼아 사본다'라는 마인드로 접근해야 한다. 판매자분들이 흔히 '진품 보증! 진품이 아니면 전액 환불!' 같은 문구를 써두긴 하지만, 지금까지 온라인에서 뭔가를 잘못 사서 전액 환불을 받아본 경험은 없기에(…) 그런 점도 감안해야 한단 얘기다.

온라인으로 골동을 찾아보려는 경우 제일 자주 보게 되는 웹사이트는 '코베이'다. 온라인으로 진행되는 고미술-빈티지 경매로는 일단 가장 큰 사이트고 물건도 많이 올라온다. 물론 워낙 물건이 많이 올라오는 데다가 경매의 특성상 아차 하다 물건을 놓치기도 쉽고 꼼꼼히 보기 힘들다는 단점이 있긴 하지만, 그래도 일단 매일 뭔가가 올라오니 자주 들여다보게 된다. 실제 문화재급 물건들이 나오기도 하는데 이 경우에는 입찰 경쟁이 치열해서 몇만 원에 시작된 것이 몇백만 원까지 가는 경우도 왕왕 있다. 흔히 뉴스에서 '인터넷 경매에 문화재급 어쩌고저쩌고하는 유물이 나와 화제' 운운하는 기사가 뜨면 코베이에서 이뤄진 경매인 경우가 99퍼센트다.

또 달리 많이 보는 곳은 '번개장터'나 '당근마켓' 같은 중고마켓 앱이다. 골동은 당근보다 번개장터에 더 많은 것 같은데, 실제 전문 업자분들도 제법 이용하기 때문에 생각보다 괜찮은 물건들이 많다. 하지만 아무래도 중고마켓이다 보니 물건들이 좀 더디 올라오고 검색이 어려운 경우가 있다.

골동 썰로 풀기엔 너무 황당하게 끝난 일화들이라 여기에 쓰진 않았지만 조선시대 목불木佛이 단돈 몇십만 원에 나온 적도 있고, 여기서 팔린 탱화가 나중에 어디 경매나 전시회에 몇 배나 더 붙어서 나온 경우도 있으니 은근히 복마전이다. 참고로 불상은 다행히 어디로 가셨는지 알아냈지만 이송 중에 일부 훼손이 간 걸 확인했고, 탱화는 왜인지 일부 고의적인 훼손을 가한 뒤 전시회에 내놓은 걸 보고 화가 나서 마침 알고 지내던 관계자분께 분통을 터뜨린 적이 있다. 탱화의 정보가 쓰인 화기畫記를 칼인지 사포로 다 긁어놨더라…. 내가 신자라서 그럴 수도 있겠지만, 종교적인 물건을 돈으로만 보고 움직였다가 끝이 좋은 꼴은 본 적이 없는 것 같다.

당근마켓의 경우 지역 제한이 있는 게 좀 아쉽지만, 정말로 집 안에 굴러다니던 골동품이 툭 튀어나오는 경우가 많다. 집안 어른들이 썼거나 수집한 걸 처분하려고 내놓는 일이 많아 상태가 좋은 물건을 대체로 싸게 구할 수 있는데, 반대로 '골동품이니까 비싸겠

화기가 모두 긁힌 채 전시에 나온 산신탱. 발견 당시 내가 확인했을 땐 1920년에 제작됐다는 연대와 모셔졌던 사찰, 그림을 그린 스님의 법명 등이 쓰여있었다.

지?' 하고 터무니없이 비싸게 부르는 경우도 간혹 있어서 가격은 정말 흥정하고 이야기하기 나름이다. 중고나라 앱이나 카페에도 종종 물건들이 올라오는데 접근성이나 기물의 퀄리티 등은 번개장터와 당근마켓에 비하면 들쑥날쑥하다.

  한국이 아닌 해외로 눈을 돌리면 일본의 야후옥션이나 메루카리メルカリ, 미국의 이베이ebay가 유명하고, 엣시Etsy 같은 사이트도 은근히 볼 게 많다. 사실 야후옥션이 물건의 퀄리티나 양에서 가장 확실하지만 일본 내 결제 수단이 없으면 구입이나 배송이 어려운 점이 많아 보통 구매대행업체를 이용하거나 일본에 사는 지인에게 부탁하곤 한다. 그렇게 이것저것 떼고 보면 한국에서 구하는 가격과 거의 비슷하게 나오는 경우가 종종 있는 게 조금 흠이긴 하다. 하지만 그만큼 좋은 물건이 많은 것도 사실이다. 우리나라 물건도 꽤 있다.

  한번은 조선 후기 불석 불상이 한 구 나와서 우리 돈으로 약

3,000만 원 선에서 경매가 끝난 적이 있다. 당시 경매를 지켜보던 골동 지인들과 학계 지인들 모두 분명히 한국 사람이 샀을 것으로 예상했는데 아니나 다를까 몇 달 뒤 국내 어느 전시회에 나왔다. 자료를 찾아보니 전라도 어느 사찰에 모셔져 있던 불상이었는데 어떡하다 일본으로 넘어간 모양이었다. 해당 사찰 측에서 재구입을 시도한다고 건너건너 들었는데 어찌 됐는지는 모르겠다.

일본 옥션에 올라온 당시의 불석 불상. 왼손이 깨져서 다시 붙인 것 외엔 매우 양호한 상태다.

　이베이와 엣시에서는 우리 물건을 보기가 좀 어려운데, 보통 있더라도 근현대 것인 경우가 많고 정말 오래된 골동품이 나오는 일은 드물다. 보통 나전칠기 제품이나 사진엽서 같은 관광기념품이 많다. 그래서 난 주로 유럽 쪽에 수출됐던 중국 도자기나 일본 도자기들을 주요 타깃 삼아 찾는다. 한번은 엣시에서 청대 강희 시기의 수출용 청화백자 다관을 발견하고 손잡이와 주둥이에 상처가 있는 걸 흠으로 잡아서 흥정한 끝에 꽤 괜찮은 가격에 구한 적이 있다. 어디에서 오나 하고 봤더니 네덜란드였다.

　그래도 가끔 정말 오래된 한국 골동품이 나오기도 한다. 해외 쪽 경매를 자주 보는 지인에게서 들은 이야기인데, 언젠가 이런 영미권 중소 옥션에 신라시대 금관과 같은 모양의 유물이 나왔단다. 처음엔 가짜인가 하고 다들 거들떠보지도 않았는데 자세히 살펴보니 진품 가야 금관이었고, 박물관 등에서 서둘러 입찰에 나섰으나 자금과 시간문제로 결국 놓쳤다고 한다.

이렇듯 골동은 생각보다 많은 곳에, 온오프라인을 막론하고 흩어져 있다. 그래서 골동 보자고 한 바퀴 돌다 보면 하루가 그냥 녹아버린다. 오프라인에서는 수집하는 분들과 같이 날 잡아서 답십리로 시작해 동묘 찍고 인사동 돌아보는 코스를 잡고서 나서곤 한다. 젊은 사람 서넛이 우르르 와서 우르르 보고 갔더니 나중에 따로 혼자 가서 물건을 봤을 때도 사장님들이 기억을 잘 해주셔서 좋다.

골동품을 모으다 보면 '기물은 인연 따라 왔다 간다'란 말을 흔하게 듣게 된다. 생각지도 못한 곳에서 찾던 것을 발견하기도 하고, 정말 탐내던 것을 허망하게 놓치기도 한다. 하지만 이렇게 발품 팔고 돌아다니다 보면 그런 기회와 인연이 좀 더 많이 찾아온다. 그래서 심심할 때마다 이렇게 도나 보다. 그러니까, 다 함께 돌자~ 골동 한 바퀴~.

#골동찾아삼만리 #골동은_어디에도_있고_어디에도_없죠 #물건이없냐_돈이없지

진품인가 가품인가 그것이 문제로다

/ 개 꼬리 3년 묵혀도 황모는 못 된다

　골동 찾아 삼만린지 삼천린지 일단 찾는 것도 좋지만, 물건이 진품인지 가품인지를 구별하는 게 사실은 가장 중요한 일이다. 골동을 찾고 다니면 가장 자주 듣는 질문 중 하나가 바로 이거다.

　"이게 진짠지 가짠지 어떻게 알아요?"

　사실 이는 비단 골동뿐만 아니라, 수집과 관련된 모든 취미 장르에 해당되는 말일 것이다. 앞에서도 이야기했지만, 이러한 진가 시비를 피하기 위해서 부단히 자료를 찾아보고 물건을 만져본다.
　한번은 아는 분께 사진을 보여드리면서 약심배若深杯라는 잔에 대해 꽤나 귀찮게 이것저것 물어본 적이 있었다. 약심배는 중국 남부의 다예茶藝인 공부차工夫茶에서 귀하게 쓰이는 찻잔으로, 잔굽 안쪽에 '약심진장若深珍藏'이라고 쓰인 데서 그렇게 불린다. 그때 들었던 말이 "다 필요 없고, 진품을 많이 만져본 사람이 장땡이다"였다. 사실 이 말이 가장 정답이라고 본다. 인사동의 어느 사장님도 "진짜든 가짜든 일단 한 장르의 물건을 한 돈 천만 원어치 사고팔아 보면 싫어도 진가를 가리는 안목이 생겨요"라고 하시니 일단 많이 보고 만지는 게 중요한 건 당연한 일이다. 조금 신빙성은 없지만 진품은 그냥 '손에 딱! 잡으면 착! 감긴다'라면서 진가를 구별하는 분도 있다니, 진품의 세계란 정말 알기 어렵다.

이 진가 문제로 자주 듣는 얘기가 "사장이 진짜라고 해서 철석같이 믿고 샀더니 알고 보니까 가짜더라! 사장에게 따졌더니 절대 가짜가 아니라고 바득바득 우기더라!"는 것이다. 그래서 양쪽 얘길 다 들어보면, 판매한 쪽은 사기를 치려거나 하는 의도 없이 100퍼센트 진심으로 그 물건을 진품으로 알고 있고, 구매자도 나름 연구를 한 사람으로서 자기 기준에서는 살짝 헷갈리긴 하지만 진품이 맞겠지 하고 생각한 게 맞물리면서 그런 문제가 생기는 경우가 많다.

또 자주 듣는 말 중 하나는 "속아서 사면 피해자라도 되지, 몰라서 사면 그건 바보다"라는 것이다. 나 같은 경우 수집품을 모두 실사용하는 것을 가장 우선순위에 두기 때문에, 일단 진품이면 좋지만 그렇지 않다면 잘 만든 가짜(재현품)도 괜찮다. 그게 가짜라는 것을 내가 제대로 알고 있다면 이러한들 어떠하리 저러한들 어떠하리, 쓰기만 좋으면 그만인 것을!

사실 이런 가짜의 역사는 정말 뿌리가 깊다. 당장 《열하일기》만 봐도, 연암이 심양에서 만난 골동품 상인인 전사가는 연암과의 필담에서 당시에 어떻게 가짜 청동기를 만드는지 자세히 설명해 준다.

> 빛깔을 잘 내기 위해서 대체로는 주조 후에 칼로 무늬를 새기고 관지를 새겨 넣은 다음, 땅에 구덩이를 파서 소금물 여러 동이를 붓고서 마르기를 기다려 청동기를 그 속에 묻어둡니다. 그것을 몇 해가 지나 꺼내 보면 꽤나 오래된 느낌이 있지만, 이는 하품이며 조잡한 방법입니다.
>
> 교묘한 방법은, 붕사鵬砂・한수석寒水石・망사䃃砂・담반膽礬・금사반金砂礬을 가루로 만들고 소금물에 타서 붓으로 골고루 그릇에 발라 말린 뒤에 씻어냅니다. 씻고 또 붓질하기를 하루에 서너 번 한 뒤에 땅을 깊게 파서 그 속에 숯불을 피웁니다. 구덩이를 화로처럼 달군 뒤에 진한 초醋를 그 안에 뿌리면 펄펄 끓으면서 곧 말라버립니다. 그다음 그릇을 그 속에 넣고 초 찌꺼기로 두껍게 감싼 뒤 다시금 흙을 두껍게 덮어 빈틈이 없게 합니다. 3~5일 지난 뒤에 꺼내 보면 여러 가지 오래된 느낌이 나는 얼룩들이 생겨있습니다. 거기

에 다시 댓잎을 태워 그 연기를 쏘여서 더 짙은 푸른빛이 돌게 하고 납으로 문지르는데 수은을 쐰 것 같은 빛을 내려면 쇠바늘을 가루로 만들어 문지르고서, 다시 백랍白蠟으로 문질러 닦아내면 옛날의 빛깔이 납니다.

혹은 이러고도 일부러 한쪽 귀를 떼기도 하고, 또는 몸에 흠집을 내기도 해서, 상商·주周·진秦·한漢대의 유물이라고 속이니, 더욱 얄미운 짓입니다.

─박지원, 《열하일기》, 〈속재필담(粟齋筆談)〉 중에서

어찌 보면 전사가가 당시 업계의 극비 사항을 알려준 것인데 그 옛날에도 정말 지극정성으로 가짜를 만들었구나 싶다. 실제로 청동기와 목기의 경우 예나 지금이나 가짜 만들기가 가장 쉬운 축에 들어서, 요즘엔 아예 청동기를 산성 약품에 담그거나, 목기를 흰개미 사육장에 넣는 식으로 만든다고 들은 적 있다.

중국을 자주 왔다 갔다 하는 한 지인이 한번은 가짜 골동품 만드는 공장에 가본 적이 있는데, 도자기의 자연스러운 유약 깨짐과 흠집을 만들기 위해 도자기를 물레에 올려두고 돌려가며 고무망치로 하루 종일 퉁퉁 치는 걸 봤다면서 혀를 내두르기도 했다. 이렇게 신작을 옛것처럼 보이게 만드는 걸 골동계에선 '지다이時代를 냈다', 혹은 '작구作舊 처리를 했다'고 말한다. 좋은 건지 나쁜 건지, 어쩌다 보

니 어깨너머로 도자기에 지다이 내는 법을 알게 됐는데 굳이 밝히고 싶진 않다.

이렇다 보니 진가를 가리는 가장 좋은 방법은 가마터에서 나오거나 다 깨져서 팔기 어려운 도자기 파편(도편)들과 대조해 보는 것이다. 유약이나 태토, 안료의 발색 등을 하나하나 따져보는 것인데, 기가 막힌 건 요즘 기술이 발전하면서 이 유약이나 태토까지 똑같이 따라 한 가짜 도편들이 나온다는 것이다. 실제 도자 전공을 하는 지인이 중국에 갔을 때 원명 시대의 유약을 성분 분석해서 똑같은 유약을 개발해 재료상에 팔고 있다고 알려준 적이 있다.

동일한 도안으로 그려진 명대 청화 도편과 명대 청화백자 찻잔. 도편과 잔 모두 진품이다.

내 주 수집 장르인 도자기도 가짜가 너무나 많아서 가끔은 진짜가 가짜 같고 가짜가 진짜 같을 때가 한두 번이 아니다. 실제 도자를 많이 모으는 분들도 "공부를 위해 가짜를 많이 보다 보면 한 번씩 진품도 가짜로 착각한다"고 하니 참 어렵기 그지없다.

예를 들어 고려청자의 경우, 일제강점기에 일본에서 고려청자가 유행하면서 다양한 재현품이나 가짜 고려청자가 조선이나 일본에서 만들어졌다. 이때 일본으로 건너갔던 것들이 최근 다시 한국에 들어오면서 감쪽같이 진품 고려청자로 둔갑하는 경우가 허다하다. 사실 가짜라 해도 100년이 다 된 것들이라 골동은 골동이지만 고려 것이라며 팔리고 있으니 문제가 되는 것이다.

중국에 있는 박물관용 재현품 제작업체 등에 주문을 넣어서 가짜를 만들어 오기도 하고, 북한에서 외화벌이용으로 만든 가짜 고려청자 같은 것이 중국이나 일본을 거쳐 들어오면서 진품으로 둔갑하기도 하니 그야말로 대환장 파티가 아닐 수 없다. 심지어 도록에 실려있는 기물이면 뭐가 됐든 만들어 낼 수 있다는 말까지 도는 지경이다.

하지만 수많은 골동 선배들이 말하듯, 일단 가만히 두고 계속해서 보다 보면 어느 순간 그 기물이 스스로에 대해 이야기하고 또 보여줄 때가 있다. 그제야 진가 여부가 내 내면에서 명확해지고, 안목도 또 한 차례 성장한다. 나도 여러 번 속아 넘어간 적이 있고, 반대로 가짜인 걸 알면서도 쓰기 좋아 보여 들인 것도 있다. 그땐 기분이 별로 좋지 않았지만 지금은 그냥 통례적인 수업비를 냈다고 생각할 따름이다.

하지만 개 꼬리는 3년 묵혀도 황모 못 된다고, 가품만 잔뜩 모으고 만져봐야 그런 순간은 찾아오지 않는다. 일단 진품을 많이 봐야 하고, 가능하다면 또 만져봐야 한다. 그래서 틈만 나면 박물관이나 도록을 뒤적이고 진품들을 만지거나 사용해 보는 게 좋다.

가짜 고려청자 잔(사진 앞쪽). 가짜인 것을 알지만 쓰기에 좋아 사용하고 있다.

　물론 가짜 골동품이 좋은 점도 있다. 가장 큰 장점은 '막 굴리기 좋다'는 것이다. 어렵게 구한 기물일수록 아무래도 아껴두고 잘 꺼내지 않게 되는 법이다. 심지어 대체할 것이 없는 진품이라면 더욱 그렇다. 그때 꿩 대신 닭으로 사용하는 게 재현품, 혹은 가짜 골동 되시겠다. 그렇다고 이것들이 싼 건 또 아닌데, 그래도 나름 작품이라 부를만한 정교한 것들도 많기 때문이다. 특히 내 주머니 사정에 감히 구하기 어려운 기물들은 이런 정교한 재현품을 들여서 사용하곤

송대 자기 중 하나인 가요자기(哥窯瓷器)를 흉내 내어 만든 청나라 시기의 가요자기 향로.

하는데, 이 물건들을 바라보고 있으면 옛사람들도 이런 마음이었기에 그리 가짜를 만들어 냈을까 하는 생각이 들 때도 있다.

또 하나 좋은 점은 진가를 가리는 자료가 된다는 것이다. 한 번은 인터넷 옥션으로 청나라 중기에 만들어진 것으로 추정되는 청화백자 찻잔을 샀는데, 배송을 받고 보니 아뿔싸! 가품이었다. 유약을 흉내 낸 것은 물론, 가장 중요한 굽까지 물을 들여놔서 얼핏 보기엔 진품인 것 같아 들여온 게 잘못이었다. 큰돈을 들인 것은 아니지만 그래도 한동안 그 잔을 볼 때마다 영 기분이 안 좋았다. 그래도 그 덕에 청화백자에 대한 정보 하나가 머리에 들어왔기에 그냥 막 쓰자 하고 사용하다가, 나중에 지인이 옛날 느낌이 나는 찻잔이 필요하다기에 잘 만든 가짜임을 밝히곤 선물로 건네줬다.

이렇게 진품과 가품을 섞어서 쓰다 보면 아무래도 끝내 진품에 손이 더 많이 가게 되고, 조금 상태가 안 좋거나 모양이 좋지 않더라도 진품을 모으는 데 집중하게 된다. 이걸 두고 중국의 수장가들은 "진품이 갖는 고운古韻과 영기靈氣는 제아무리 솜씨 좋은 사람이라도 억지로 끌어낼 수 없다"고 말한다. 고운이란 예로부터 담겨져 온 울림, 영기는 그 기물이 갖는 기운이다. 뭔가 뜬구름 잡는 소리 같고 과학적인 판단이라고도 할 수 없지만, 이 말만큼 진품이 당기는 이유를 말해주는 표현을 아직은 못 찾았다. 막말로 되팔 때도 진품이 더 가치 있다는 점도 있겠다(개 꼬리 3년…).

그래도 지금 만들어진 가짜나 재현품들이 몇백 년이 지나 그 나름의 골동품으로 대접받을 날이 분명 있을 것이다. 그때 과연 저 기물들은 어떻게 불릴까? 그런 궁금증과 흥미에 대한 답은 아마 그 시대의 골동러들이 골똘히 생각할 것이다.

#진실게임을시작하지 #그거뒤집어봐_진짜냐그거 #사쿠라네_사쿠라여

/ 여행길에서 찾은 것들

여행 중에도 골동은 끝이 없다

뭐 눈엔 뭐만 보인다 하지 않던가. 골동러의 눈에는 골동이 먼저 보이는 법이다. 여행을 가서도 일단 그 동네에 골동품 가게가 어디 있는지, 혹은 관련 시장이 열리는지부터 확인한다. 한번은 동생하고 스페인과 포르투갈을 여행하기로 했는데 '어디 가고 싶은 곳 없느냐?' 하고 묻길래 일정 짜기가 몹시 귀찮았던 나는 어차피 유럽에 가면 죄다 성당이나 성을 갈 텐데 그런 곳은 애초에 좋아하는 유적들이니 '아묻따' 넘어가고 두 곳을 고집해서 이야기했다.

1. 어디든 좋으니 역사가 서린 종교 성지 가야 함!
2. 골동시장 꼭 가야 함!

1번은 마침 스페인 몬세라트 수도원이 있어 그곳으로 쉽게 정해졌고, 2번은 바르셀로나 엔칸츠 마켓Mercat dels Encants과 리스본 도둑시장 중 한 곳으로 범위를 좁혔는데 각 시장의 분위기를 찾아보고 일정을 맞춰보니 도둑시장 물건이 좀 더 볼만할 것 같았다. 그래도 서유럽에선 역사와 규모가 제법 있는 시장이라는 리뷰들과 안내글에 꽤 기대를 하고 여행을 시작했다. 스페인이든 포르투갈이든 한때 끝빨 날리던 나라고, 중국이나 일본에서 도자를 많이 수입한 기록과 유물이 남아있으니 뭐라도 하나 걸려라! 하는 마음이었다.

세비야를 여행하던 어느 날, 밤늦게 숙소에 도착한 다음 날 아침에 나가보니 숙소 코앞에서 노천 골동시장이 열리고 있었다. 이건… 사전 정보에 없던 건데? 조금 놀랐지만 선물 같은 풍경에 일행에게 양해를 구한 뒤 한 바퀴 스윽 도는데 확실히 한국의 골동시장과는 느낌이 달랐다. 흥미로운 것은 우리나라에서 자잘한 도자기들이 주로 골동으로 인식되는 것처럼, 이곳에서는 집 벽면을 장식하는 채색 타일을 기본적인 골동으

깜짝 선물처럼 만난 골동시장. 하필 이날 또 한복을 입고 돌았더랬다.

3. 골동골동한 나날

로 인식하는 듯했다.

종이에 대충 몇 세기, 얼마라고 쓰고 카테고리가 나뉘어 있었는데 가장 오래된 게 15세기 것이었다. 15세기면, 명나라 영락제에서 선덕제 어간이고 우리로 치면 세종대왕 즈음인데… 흥미가 가서 한두 개 뒤적여 보는데 '청화로 그린 타일인데 정말 15세기일까?' 하는 의문을 떨치기 쉽지 않았다. 중국 것이라면 그래도 그동안 봐온 짬밥이 있으니 연대가 있다 없다 정도는 대충 감이 오는데 유럽은… 음, 진짜 모르겠군, 이러고 내려놓을 수밖에 없었다.

이 외에 상아나 대모, 산호, 은 등으로 만든 작은 공예품들이 생각보다 많았는데 역시나 대항해시대의 재력인가 하는 생각이 들었다. 당시 상아는 필리핀, 은은 멕시코 식민지에서 가져왔으니 그만한 재력이 있을 것이다. 개중에 은으로 만든 회중시계와 산호로 만든 목걸이가 눈에 들어왔는데 일정이 있다 보니 흥정 같은 건 하지 못하고 상인분께 가게 주소를 받았지만 끝내 가보진 못했다.

이런 걸 세비야에서 봤으니 리스본 도둑시장에 대한 기대가 더욱 커질 수밖에. 심지어 상설시장도 아니고 매주 화요일과 토요일에만 열리는 도둑시장이고 일정을 또 그때에 맞춰 조정했으니 기대도 호기심도 컸다.

역사가 13세기까지 올라가는 도둑시장은 원래 도둑들이 훔친 물건들을 슬쩍 팔아치우는 장물시장이었다고 한다. 그래서 '도둑시장'이라는 이름이 붙었다. 물론 지금은 장물이 아니라 온갖 빈티지

리스본의 도둑시장. 기대가 크면 실망도 큰 법이었다.

와 앤티크 제품을 파는 노점들이 서는 시장이 됐다. 장이 서는 광장 옆 성당 이름을 딴 '산타클라라 시장Mercado de Santa Clara'이라는 정식 명칭이 있지만 여전히 도둑시장으로 불린다.

여행 오기 전 아는 분들이 유럽 골동시장에 종종 상태가 좋고 아시아에선 보기 드문 기물들이 나오기도 한다며, 뭐가 있을지는 모르겠지만 제법 규모가 큰 시장이라고 했기에 나름 비상금도 챙겨갔다. 그런데 소문난 잔치에 먹을 것 없다는 말이 딱 맞는지, 생각보다 구미에 당기는 것들이 없었다. 오히려 세비야에서 갑작스레 마주친 앤티크 시장이 취향엔 더 맞았다.

이게 맞는 거야? 진짜야? 그래도 뭔가 있을 것 같은데? 이러면서 여러 바퀴 돌아보는데 골동품보다는 구제 옷이나 가전제품, 책, LP판이 더 많아서 꼭 우리나라 동묘 같은 느낌이었다. 보이는 물건 중에 그나마 흥미가 가는 건 청말 민국 시기에 유럽 수출용으로 만들었던 광채자기廣彩瓷器들. 유럽 쪽에서 '로즈 메달리온Rose medallion'이라 불리는 화려한 도안의 다구들과, 역시 민국에서 문화혁명 시기까지 만들어 수출하던 청화 영롱자玲瓏瓷 그릇들 정도였다. 건륭 시기인 18세기에 유럽에 수출하기 위해 만들던 청화 자기 접시도 보였지만 말 그대로 작살나서 수리비가 더 들겠다 싶을 정도로 별 의미가 없었다.

에잉~ 텃네 텃어~ 하고 그냥 휘휘 돌아보는데 마침 어떤 중국인 아저씨가 포르투갈어로 영롱자 그릇들을 흥정하기에 옆에서 슬쩍 구경했다.

영롱자란 얇게 만든 그릇에 쌀알 모양으로 구멍을 끓고 유약을 두껍게 올려 구운 것을 말하는데, 유약이 녹으면서 이 구멍을 막아 진주처럼 영롱하고 투명한 무늬가 생긴다. 여기에 빛을 비추면 꼭 반딧불같이 아른거리는 빛이 보인다 해서 일본에선 '반딧불그릇螢手'이라고 하며 한국에선 흔히 '밥풀잔'이라고 부른다. 예나 지금이

영롱자 접시. 빛에 비추면 밥풀, 혹은 반딧불 모양이 나타난다.

나 중국에서 많이 만들고 또 많이 쓰는 생활자기 같은 것이지만, 사실은 꽤 고급 기술이 들어간 도자기다.

대체 어떤 물건이기에 저리 흥정을 하나 하고 보니 크기별 사발에 접시와 숟가락까지 대가족이 쓸 수 있을 정도로 많은 식기들이 제법 멀쩡했다. 나도 괜히 한두 개 들어서 만지작거리고 있으려니 중국인 아저씨가 흥정을 멈추고 빤히 보는 게 눈치 보여서 그냥 지나갔다. 아니, 나 경쟁자 아니라고요…. 잠시 후 다른 좌판들을 보고 있는데 그 아저씨가 지나가다 날 알아보고는 부르더니 구매한 그릇들을 보여줬다.

"너 중국인이야? 어디서 왔어?"
"아뇨, 한국인이에요!"
"그래? 너도 이런 거 좋아하니? 도자기 사러 왔어?"
"네, 근데 물건이 없네요. …이건 민국 때 거죠?"
"그건 정확하지 않지만 그래도 좀 오래된 건 맞지. 그래도 얘넨 바닥에 '완옥玩玉'이라고 써있잖아."

'완옥'이란 민국 시기 수출 자기에 흔히 보이는 표시. 당시 수출되던 자기에 전통적인 한자나 그림을 그려 넣거나 우리에게 익숙한 'Made in China'를 넣기 시작했는데 수집하는 사람들은 아무래도 한자로 쓴 것을 더 선호한다. 그게 또 좀 더 오래된 것이기도 하다.

아저씨가 든 봉투 크기를 보니 그 노점에 있던 걸 죄다 쓸어 담은 모양이었다.

"그릇 전부 다 사신 거예요?"
"그럼그럼. 있을 때 사야지. 너도 좋은 거 사 가렴~."

발걸음은 가볍게, 손은 무겁게, 입엔 담배 한 개비 물고 가는 아저씨를 본 다음 '아, 진짜 뭐 없나?' 하고 시장을 한 세 바퀴 돌았을까? 에라, 모르겠다 하고 좌판이 아닌 광장 여기저기 있는 가게들에 들어가 봤다. 아무래도 노점보단 가게가 좀 더 비싼 편인데 그래도 시장이 서는 날이라고 'n% 할인!' 같은 포스터가 붙어있었다.

하지만 가게들에도 생각보다 뭐가 없었고, 그나마 한 집에 중국 도자가 조금 있었지만 대부분 신작이었다. 오히려 뜬금없이 어디서 많이 본 나전칠기 화병이 있어서 슬쩍 들어다 바닥을 보니 아름다운 그 문장, 'Made in Korea'. 네가 어쩌다 여기 있니?

그렇게 한창 구경하다 진짜 마지막이다 하고 들어선 집이 있었다. 역시 뭐든지 마지막까지 봐야 하나 보다.

벽면 한쪽에 중국 덕화요 백자로 빚은 관음상이 두 점 있고, 건륭 시기 수출 자기들이 쫙 있는 걸 보곤 '여기다! 여기에 뭔가 있다!' 하는 감이 왔다. 일단 관음상부터 살펴봤는데 가까이에서 보니 여기저기 깨지고 떨어진 부분도 있거니와, 본드로 대충 붙여둔 게 티가

났다. 그래도 상호며 색이 참 좋아 얼마냐고 주인 할아버지에게 물어보니 뭐라뭐라 하시는데 포르투갈어…. 어… 어… 네? 이러고 있으려니 밖에서 누군갈 부른다. 직원인 듯한 젊은 분이 들어와서 영어로 통역을 해준다. 가격을 듣고 보니 못 살 만큼은 아니라서 고민이 됐다. 일단 좀 더 둘러보는데 유리 장식장 안에 너무나 아담한 크기의 광채 다관이 보였다.

보통 유럽에 수출된 중국 다기들은 유럽식 차 문화에 맞춰 크게 만들어진 경우가 많다. 주로 티파티 등에 쓰이고, 또 그릇 자체가 장식으로도 사용됐기 때문이다. 그런데 이 다관은 크기가 자그마해서 쓰기 딱 좋아 보였다. 가격은… 네? 뭐라고요? 이거 한국에서 사면 훨씬 비쌀 텐데? 이베이에서도 이 가격보다 비싼데? 순간 말 그대로 눈이 돌아가 버렸다. 심지어 그 밑엔 에스프레소잔 크기의 같은 광채자기 컵 두 개가 설탕 단지와 함께 놓여있었다. 설탕 단지야 우리네는 찻잎통으로도 쓰니까… 이건 얼마죠? 아, 그 가격? 아, 다관이랑 같이 하면 약간 디스카운트? 오케이.

이제 선택과 집중의 시간이다. 관음님 한 분만 안고 갈 것이냐, 다다익선으로 저 다구 세트를 들고 갈 것이냐. 그래도 좀 의견을 들어보려고 사진을 찍어서 한국에 있는 골동 지인들에게 투표를 붙여보려 했더니 사진은 절대 안 된다며 할아버지가 얼굴을 찡그린다. 다시금 관음상 앞에 가서 한참을 바라보다가 마음속으로 손을 모으곤 기도했다.

끝끝내 발견한 광채 다관 세트.

'보살님… 아직은 불법이 퍼지지 않은 이 포도아(포르투갈)에서 중생 교화를 좀 더 하셔야 않겠으예.'

그렇게 광채 다구 세트만 사기로 하고 흥정을 해보는데 처음 부른 할인가에서 더 이상은 안 된단다. 현금으로 지불할 테니 조금만 뺍시다 했더니 "우리 집은 원래 현금만 받아. 카드 안 되는데?"라며 단칼에 차단…. 아니 문에 'VISA' 표시 붙은 건 뭔데? 사기 치나…. 그래도 손해 보는 가격은 아니니, 조금은 아쉽지만 고대로 사 들고 와선 한국에서 종종 사용하고 있다.

또 한번은 일본 교토로 답사여행을 갔을 때다. 골동 좀 보자 하고 아예 작정하고 숙소도 골동 거리 근처로 잡고, 아예 골동시장이 서는 날을 일정에 잡아뒀다. 숙소 좌우전후로 죄다 골동집이라 밖에서 기웃거리는데 생각보다 내 맘에 드는 것들이 안 보였다. 그러다 숙소에서 살짝 떨어진 한 가게에 이것저것 많아 보여서 스윽 들어갔는데 아무도 없나 싶을 정도로 인기척이 없다. 몇 번을 부르니 그제야 안에서 할머니 한 분이 나오시는데 딱 봐도 만사 귀찮은 표정이다.

작은 가게에 물건이 꽤 쌓여 있어 하나둘 들었다 놨다 했다. 예쁘면 가격이 흉악하고, 좀 특이하다 싶으면 가짜고, 오오 귀한 건데 하고 잡아보면 어딘가 파손된 것이 대부분이었다. 이 집도 튼 건가 싶던 찰나, 문가 유리장에 다관 하나가 보였다. 뽀얀 노란빛이 예쁘네 하고 백자 다관인가 하며 잡아보니 웬걸, 옥으로 만든 다관이었다. 바로 옆엔 같은 옥으로 만든 잔 다섯 개와 차를 나눌 때 쓰는 공도배公道杯도 있었다.

세상에! 옥다기라니! 중국에서 옥으로 만든 다기라며 종종 물건들이 나오는데 대부분 연옥이 아닌 사문석(서펜틴)이나 마노(아게이트) 혹은 대리석을 깎아 만든 것들이었다. 그런데 이건 돌의 결을 보아선 실제 옥에 속하는 연옥처럼 보였다. 아니나 다를까, 가격은 조금 비쌌는데 이게 또 무리하면 살만한 가격이었다.

혹시나 하고 다관이나 잔만 따로 파나 했더니 절대로 안 된다며 무조선 세트로 다 사 가야 한단다. 얼마까지 해줄 수 있다 하는데 정말 내가 생각한 최대 예산에 간당간당해서 또 고민이 됐다. 한참을 손에 들고 이리저리 보다가, 찬장 너머로 우리나라 것 같은 산수화가 하나 보여서 잔을 내려놓고 그림 좀 보면서 결정하자 마음먹는데 주인 할머니가 툭 하고 말을 건넨다.

"이제 괜찮으신가요?"
"네?"
"이제 괜찮으시지요?"

아… 이거 그거다. 교토 사람 특유의 돌려 말하기. 입은 웃고 있는데 눈이 전혀 웃고 있지 않은… '안 사고 보기만 할 거면 싸게싸게 나가라~ ^^' 하는 저 영애 화법! 적잖이 당황해서 일단은 그냥 인사하고 나왔는데 내가 가게를 나서고 몇 발짝 떼자마자 문을 닫고 불을 꺼버리는 게 보였다. 에이, 아무리 날이 덥고 장사가 안 된다 해도 그렇지 너무하시네. 피이….

그래도 옥다기가 계속 아른거려서 얼굴에 철판 깔고 다시 보러 가려 했더니 가게가 열리질 않았다. 숙소 주인 아저씨하고 수다를 떠는데 내 이야길 듣더니, 안 그래도 그 집 할머니 성격 깐깐하다며 아저씨도 고개를 절레절레 내젓는다.

옥다기는 그렇게 보고만 왔지만 골동시장이 남았다! 이러면서 기대를 걸었다. 매월 21일에는 교토 남쪽에 있는 토지東寺라는 절에서 규모가 꽤 큰 벼룩시장이 열린다. 그중 큰 비중을 차지하는 것이 골동품이나 빈티지 제품. 교토 특산품인 채소장아찌도 일반 가게보다 이 시장 게 더 맛있다고 하는데 나의 1순위는 일단 골동! 하지만 가는 날이 장날이라고, 비가 오는 바람에 골동시장에 좌판이 별로 서질 않아 딱히 볼만한 건 없었다.

이번 여행은 진짜 골동하고 인연이 없나 보다 하면서 그냥 괜히 휘휘 둘러보던 중 한 좌판에 대나무로 만든 다하茶荷가 눈에 들어왔다. 다하는 다관에 찻잎을 넣는 도구인데, 오래된 대나무로 만든 것을 좋은 것으로 친다. 크기도 큼직하고 새겨진 산수문도 마음에 들어서 가격을 약간 흥정해서 구입했다.

대나무가 집 천장이나 화로, 아궁이같이 연기가 닿는 곳에 오래 노출되면 자연스럽게 검은 그을음이 고루 먹으면서 대나무 안의 기름 성분이 검붉은색으로 변한다. 이걸 일본에선 '스스다케煤竹'라고 부르는데 오랜 세월 은근한 열에 건조된 것이라 뒤틀림이나 터짐이 없고 색이 아름다워 고급 차도구에 많이 쓰인다.

다하를 팔던 할아버지도 스스다케로 된 것이라며 몇 번이나 강조했는데, 내가 보기엔 스스다케는 맞지만 그래도 옻을 살짝 먹인 게 아닐까 싶은 광택이 났다. 요즘은 일본에서도 불을 때는 곳이 드물어 스스다케 소재를 구하기 어려워서 이런 기물들의 값이 많이 올

토지 골동시장서 찾은 비각.

랐다. 같이 시장을 돌던 선생님도 보기 좋은 걸 잘 샀다 해서 또 기분이 좋았다.

   숙소에 와서 좋은 다하를 샀다며 아는 스님께 사진을 보내드렸더니 껄껄 웃으시면서 이건 다하가 아니고 비각臂閣이라고 알려주셨다.

3. 골동골동한 나날

"그래, 요즘엔 다하로 많이들 쓰지. 근데 실제 다도에서 쓰는 다하는 크기가 훨씬 작아서 한 손에 쏙 들어온다. 네가 사 온 것에 찻잎 올려서 한번 써봐라, 다관 구멍보다 그 대나무가 더 클걸?"

다하와 함께 찍은 비각.

바로 숙소에 있던 다관에 대보니 그 말대로 대나무가 더 컸다. 엥? 하고 예전에 샀던 다른 스스다케 다하와 비교해 보니 실제로 크기 차가 엄청났다.

"비각은 완침腕枕. 그러니까 팔베개라고도 하는데, 옛날 선비들이 휘호 같은 큰 글씨를 쓸 때 소매나 팔뚝에 먹이 안 묻게 받치던 기물이야. 중국에선 입식으로 글을 쓰니 꼭 필요한 건데, 우리나라에서는 휘호를 쓸 때 아예 방바닥에 놓고 엎드려 쓰니 거의 안 썼지. 또 옛날처럼 소매가 긴 옷을 입질 않으니 요즘 사람들은 잘 모르는 기물이야. 그래도 잘 샀다. 각이 참 좋네."

이후 자료를 좀 더 찾아봤는데 이렇게 큰 다하도 있긴 하지만 더 얇게 해서 차도구로 쓰기 좀 더 적합하게 만드는 경우가 많았다. 다

하로 생각하고 샀는데 오히려 보기 드문 비각을 하나 사게 된 것이다. 물론 한국으로 가져와선 다하로 사용하고 있긴 하다.

    이렇듯 여행 중에도 골동 찾기는 마치 습관처럼 끝이 없다. 비단 해외가 아닌 국내를 여행하는 중에도 골동집이 보이면 스윽 들어가서 또 재밌는 것들을 발견하곤 한다. 한번은 전주에 여행을 갔다가 대모로 된 갓끈과 겹으로 짜인 특상급 말총 탕건을 찾은 적이 있고, 광주에서는 옛날 절에서 쓰던 마지기(사찰에서 불공을 드릴 때 부처님께 올리는 밥을 담는 그릇으로 마지불기摩旨佛器, 혹은 밥불기라고도 한다)를 찾아서 친한 스님께 전달한 적도 있다.

    여행 중에 뭔가 마음에 드는 것들을 찾아내면 이것 자체가 특별한 추억이 되기도 하니 의미가 깊다. 어느 선생님 말씀으론 예전엔 해외여행 중에 이런 좋은 골동 한두 점을 싸게 구해다가 한국에서 되팔아 전체 여행 경비를 뽑아내기도 했다는데, 요즘은 그때처럼 골동이 금방금방 팔리는 시절이 아니니 언감생심일 따름이다.

    #일거양득 #간김에_골동까지 #교토화법_처음당해봄 #언젠간_되팔기 #여행의_추억

수리가 만들어 내는 아름다움

배보다 배꼽이지만 우짜겠노…

"하… 이거 수리비가 더 들겠는데….."

맘에 드는데 뭔가 문제가 있는 골동을 찾게 되면 항상 먼저 나오는 말이다. 하지만 수리비가 더 들 것 같더라도 소장하고픈, 혹은 필요한 골동품을 찾게 되면 일단은 들이고 나서 천천히 수리를 생각하는 경우가 많다. 그도 그럴 것이 이렇게 수리가 필요한 상태로 나오는 경우엔 대부분 헐값으로 구매할 수 있다 보니 더 그렇다.

사실 수리를 가한 기물에 대한 평가는 크게 둘로 나뉜다. 하나는 수리를 통해서 물건의 제 모습을 찾아줄 수 있기에 좋다는 것이고 다른 하나는 오히려 그 가치를 떨어뜨린다는 것인데, 사실 고고학이나 미술사적인 입장에선 유물이 발견된 당시의 모습이 중요하다 보니 수리 등의 인위적인 작업은 어찌 됐든 가치를 떨어뜨리는 일로 여겨진다.

골동 쪽에서도 수리를 통해 멀끔하고 깨끗한 모습으로 복원할 경우 오히려 골동의 옛 느낌이 사라져서 '물건 망쳐놨다'는 소리를 듣는 일이 있다. 한 예로 오래전 일본의 한 골동집에 갔다가, 넉살좋은 주인 할아버지에게 붙잡혀 세 시간 정도 수다를 떨다 그냥 나오긴 좀 그래서 작은 향로를 산 적이 있다. 아무리 봐도 황동으로 만든 요즘 것인데 관리를 잘못해 녹이 파랗게 슨 걸 보곤 "옛날 것도 아닌데 좀 닦지 그러십니까" 했더니 "아 거참! 우린 깨끗하면 안 팔려!" 하시던 게 기억난다(그리고 나는 그날 밤새 숙소에서 치약으로 녹 제거를 했다…).

하지만 사실 나처럼 실사용에 좀 더 집중하는 사람들에겐 일단 물건이 멀쩡하고 깨끗해야 보기 좋은 법이다. 그래서 위생적인 방법으로 때를 빼거나, 식기 등으로 실사용해도 문제가 없는 안전한 소재로 수리하는 등 다양한 방법을 모색한다.

내가 소장한 기물들은 도자류가 많기에 대개 킨츠기로 수리를 한다. 앞에서도 설명했듯, 일본에서 유래한 수리 기법인 킨츠기는 옻에 흙이나 나무로 만든 가루, 혹은 밀가루를 섞어 반죽을 해서 이가 나가거나 없어진 살들을 메꾸고 위에 금은분이나 다른 옻칠기법으로 마감하여 장식하는 수리법이다. 우리나라에는 일제강점기에 들어왔다고 전해오지만 대중에겐 잘 알려지지 않았던 것 같다. 그래

밤새 잘 닦아서 가져온 향로. 이렇게 세 발이 달리고 3층으로 된 향로를 화사향로(火舍香爐)라고 한다.

도 요즘에는 원데이 클래스 등으로 많이 알려지고, 특히 코로나 시기를 거치면서 집에서 할 수 있는 공예 중 하나로도 유명해진 수리법인데 내가 처음 골동을 모으기 시작할 때만 해도 한국에서 킨츠기를 하는 분들은 손에 꼽을 정도였다.

도자기를 수리한다고 하면 에폭시수지로 살을 만들어 붙이고, 아크릴물감 같은 것으로 색을 맞춰 칠하고, 바니시를 발라 마무리

킨츠기로 수리한 명말 시기 청화백자 찻잔. 내게 킨츠기를 가르쳐 준 김슬기 선생님이 수리한 것이다. 최대한 잔 표면과 수리 표면의 단차가 없게 하기 위해 시간을 두고 집중하셨다는 후문이다.

하는 '색 맞춤 수리'가 한국 골동계에선 주류다. 아무래도 원래 모습에 가까워진다는 장점이 있고 킨츠기에 비해 수리비도 덜 든다. 간혹 킨츠기를 따라 한다고 색 맞춤을 할 때 채색 대신 금색 물감을 칠해서 수리를 하는 경우도 본 적이 있다.

석고 수리라는 수리법도 있다. 흔히 박물관에서 보이는, 빈 살 부분을 하얀 석고로 채워서 수리하는 것으로 자료용에 해당하는 기물들에 많이 쓰이는 방법이다.

하지만 두 방법 모두 실사용에는, 특히 뜨거운 차를 담아 마시기에는 부적절한 방법이다. 에폭시수지나 바니시 모두 뜨거운 물에 닿으면 페인트 냄새 같은 것이 올라오거니와, 과연 환경호르몬 문제에선 괜찮은지 걱정이 될 수밖에 없다. 석고 수리를 할 경우 아예 몇 번 이리저리 쓰다 보면 다 바스라진다. 그래서 결국 직접 사용에 문제가 없는 천연재료를 사용하는 킨츠기 수리를 찾게 된다.

예전에 어느 나이 지긋한 사장님께 깨진 다완을 사서 옻으로 붙이고 금분을 올려 사용한다는 말을 했더니 이해가 안 된다는 반응을 보인 적이 있다. "그, 깨진 그릇에 금칠해서 어디다 쓰려고? 그렇게까지 깨진 걸 고쳐서 뭐 하러 쓴담. 그냥 멀쩡한 거 사서 쓰지." 그나마 일본 쪽에서 물건을 구한 경험이 있는 상인분들은 킨츠기를 알면서도 "그거 우리 미감엔 좀 안 맞지 않나" 하고 꺼리곤 했다. 아무래도 우리나라에선 깨진 그릇을 쓰는 것 자체를 좋지 않게 보았고, 또 그릇을 수리한다는 개념이 널리 알려지지 않은 것이 골동계에도 그대로 적용된 것 같았다.

그런데 언제부턴가 이 킨츠기가 대중적으로도 선호되기 시작하고, 또 금은분으로 마감한 것이 고급스러워 보여서인지 요즘엔 어느 가게를 가도 킨츠기가 돼있거나 킨츠기를 흉내 낸 색 맞춤 수리를 한 기물들이 곧잘 보인다.

하지만 사실 찾아보면 사실 우리 선조들도 깨진 그릇을 수리해서 쓴 옛 기록이나 유물들이 남아있다. 옻을 천에 발라 테이프처럼 만들어서 깨진 조각들을 보수하기도 하고, 작은 구멍을 뚫어 금이나 은사로 엮어 꿰매는 것은 물론, 벼루나 질그릇이 깨지면 밀가루와 생옻을 섞어 발라 붙이라는 설명 같은 것도 기록으로 남아있는데 마지막 방법은 킨츠기에서 여전히 사용되는 방법이다.

킨츠기 말고도 거멀못을 박아 도자기를 수리하는 방법도 있다. 거멀못 수리는 'ㄷ' 자 형태의 꺽쇠를 박아 고정하는 것인데 국정鋦釘, 거정鉅釘, 카스가이鎹 등으로도 불리며 중국에서 많이 이용된 수리법이다. 킨츠기에 비하면 조금은 투박하게도 보이는 방법인데, 대신 아주 튼튼하게 고정되기에 다관 손잡이나 머그컵 손잡이같이 무게를 많이 버텨야 하는 기물을 수리하는 데 주로 사용된다. 아예 킨츠기와 함께 사용되는 경우도 많다.

또 하나의 드문 기법으로 중국의 '시부錫補'라는 수리법도 있다. 주석을 녹여 붓거나 땜질을 해서 살을 채워 넣는 방법으로 간혹 중국 골동자기에서 종종 보이는 수리법이다. 요즘엔 중국에서 기술을

킨츠기와 국정법으로 같이 수리된 건륭 시기 유럽 수출용 에스프레소 잔. 킨츠기 작가로 열심히 활동 중인 이은비 선생님의 작업이다. 나비의 날개를 피해 직접 만든 은제 거멀못을 박은 센스가 돋보인다.

배워 와서 수리를 하는 분들이 한국에도 몇 있는 걸로 안다.

앞서도 잠깐 이야기했지만, 내가 처음 골동을 모을 때만 해도 킨츠기는 한국에 잘 알려진 수리법이 아니었다. 일본서 유학한 도자 작가나 다도 관련 선생님들 가운데 간혹 하는 분들이 있었지만 개인 의뢰는 잘 받지 않는 경우가 많았다. 그렇다 보니 정말 아끼는 그릇을 킨츠기 수리 하려고 아예 일본으로 보내는 분들도 꽤 됐다.

그래도 SNS 등으로 수리 의뢰를 받는 분들을 찾아서 여기저기 맡겨봤는데 처음 몇 번은 뒤통수를 맞기도 했다. 분명히 실사용할 거라고 여러 번 말했는데, 사용하다 보니 옻이 아닌 순간접착제로 붙였다거나 순금분이 아니라 황동분을 뿌렸다는 걸 알게 된 것이다. 물론 이런 집과는 거래를 끊었지만, 여하간 일단 되는대로 여기저기 다 맡겨봤다. 그러다 맘에 들게 해주는 몇 분께 거의 고정적으로 부탁하게 됐고, 결국엔 직접 배워서 한두 점 고쳐보고 있지만 결론은… 전문가 만만세! 전문가분께 부탁하는 게 제일 속 편하다.

그렇다면 도자만 수리하느냐? 무슨 말씀을! 목기도 수리하고, 금속 기물도 수리한다, 심지어 말총으로 만든 갓도 수리해서 쓰고 다닌다. 목기 수리는 그나마 나도 살짝은 한다. 그냥 막 쓰는 물건이야 목공용 퍼티를 쓰거나 풀에 나무 가루를 섞어 메우고 위에 옻칠을 살짝 하는 정도지만, 그래도 좀 신경 써야 하는 것은 순 옻으로만 메워서 칠해야 하는데… 역시나 뭐다? 전문가 만만세다.

이렇다 보니 금속공예 하는 분, 목공예 하는 분 등등 공예가 인맥 풀이 넓어지고, 또 그 인맥을 다른 사람들에게 소개하고 그러다 보면 그분들이 수리를 맡기거나 새로 제작하는 공예품들이 하나둘 탄생하는 것을 지켜보는 것도 새로운 재미다.

문제는… 이렇게 덮어놓고 수리를 맡기다 보면 거지꼴을 못 면한다고, 수리비가 물건을 구한 값보다 더 나오면 나왔지 덜 나오는 경우는 좀처럼 드물다는 것이다. 포 떼고 차 떼보면 구입비+수리비가 같은 장르의 멀쩡한 골동 하나 값이 되는 경우도 있다. 그러면 또 '아, 이럴 바엔 그냥 멀쩡한 거 살 걸 그랬나?' 하고 살짝 후회하기도 하지만 그렇다고 그 멀쩡한 게 내 눈에 차느냐 하면, 그건 또 아니다. 비록 망가지고 깨지긴 했어도 이 기물이 가진 본래의 가치가 더 크게 다가오기에 수리됐을 때의 모습들을 떠올리면서 수리에 나서는 것이다.

이런 점에서 수리를 마치고 다시 바라보게 되는 기물들은 참 각별하다. 수리를 통해 온전한 모습을 찾는 것을 보면 기물에 새로운 힘이 생기는 느낌이 든다. 어떤 사람들은 불완전한 것은 불완전한 대로의 맛이 있으니 그냥 두어도 좋지 않나 하지만, 그래도 수리를 마치고 돌아온 기물들을 보면 마치 그것들이 나에게 "나는 이제 준비됐어! 이제 다시 가보자!" 하고 말을 거는 것 같다. 본래의 옛 모습과 새롭게 수리된 부분이 어우러지는 조화의 미가 또 새로운 작품으로 다가오는 것이다. 이 수리된 부분들이 각자의 자리에서 사용되면서 다시금 세월의 흔적을 남겨가는 모습이 기대될 따름이다.

#골동수리 #킨츠기 #세월의멋 #고쳐쓰기

자나 깨나 / 말총 조심
말총갓과 탕건

자나 깨나 말총 조심.

한동안 대모계 단톡방 공지로 걸려있던 문구다. 사실 한복을 입고 다닌 지는 꽤 됐는데 머리에 뭘 쓸 생각을 한 것은 그리 오래되지 않았다. '시대가 어느 땐데… 단발령 내린 지도 100년은 지났다' 하면서 한복을 입더라도 머리가 허전하면 헌팅캡을 쓰고 다니는 정도였다. 그러다 점점 개량보다는 전통 한복 쪽을 더 자주 입게 됐고, 또 구색을 맞추려다 보니 갓이 필요했다.

흔히 국악사갓, 혹은 (철)망갓이라고 불리는 갓들이 있다. 보통 국악공연 용품을 파는 가게(국악사)에서 파는 갓을 말한다. 요즘 한복을 자주 입는 분들이나 한복 대여업체는 물론 주요 방송 사극 등에서도 이 갓들을 쓴다. 보통 이런 갓들은 갓의 챙에 해당하는 양태(양테)를 방충망 등에 사용하는 철망으로 만들고, 원기둥형의 모자인 대우는 천으로 둘러서 만들어 붙인 것이다. 이 양태의 망이나 대우의 천을 몇 겹으로 하느냐에 따라 이중갓 삼중갓이라고도 부르는데, 아무래도 여러 겹인 것이 좀 더 튼튼하고 보기에도 나쁘지 않다.

나도 이런 갓을 써볼까 하고 좀 찾아봤는데 가격대는 다 고만고만했지만 모양은 그리 마음에 들지 않았다. 그러다 아는 분이 남는 망갓이 있다며 하나 주셔서 써봤는데 양태가 살짝 망가지는 바람에 또 손이 가지 않아 한동안 옷장 안에 처박아 두고 살았다.

그러다 한번은 대모계 찻자리에서 서의철 선생님이 본인이 갖고 있는 말총갓들을 꺼내서 갓 고르는 법과 말총갓 관리하는 방법 등을 알려줬는데 그 순간 말총갓의 매력에 푹 빠져버렸다. 그때부터

전통 갓의 세부 명칭. 지역이나 장인들에 따라 부르는 명칭이 조금씩 다르니 주의할 것. 갓은 크게 원통형으로 올라오는 '모자'와 둥근 챙인 '양태'로 나뉜다. 모자와 양태가 좋아도 양태의 둥근 곡선인 '트집'이 뒤틀려 있으면 나중에 문제가 생기기에 반드시 확인해야 한다.

'말총갓 어디서 못 구하나~' 하고 조금씩 찾아다니기 시작했다. 또 마침 그즈음에 같이 한복을 입고 다니는 송민근 선생님과 한복 스냅촬영을 했다. 그때 선생님이 갖고 있는 말총갓과 말총탕건을 빌려 쓰고 사진을 찍었는데 이른바 옷태가 남달랐다. 여옥시~! 조선 사람은! 전통적인 말총갓을 써야지!

그때부터 골동집에 갈 적마다 '갓 없습니까~' 하고 물어보고 다녔다. 그런데 찾으면 또 없다고, 이상하게도 갓이 안 보였다. 분명 몇 년 전만 해도 갓이 많았는데, 이상하다? 이왕 이리 된 거 큰맘 먹고 무형문화재 선생님께 하나 주문해 볼까? 생각했다가 갓 값을 듣고 그대로 뒷걸음질해 버렸다. 장인들이 대나무를 사람 머리카락 정도 굵기로 쪼개어 엮고 수없는 손길로 말총과 비단을 올려 먹과 옻을 칠해 완성하는 공을 따지면 그만한 가격이 나오는 게 당연했지만, 실제 사용에 좀 더 집중하는 내 입장에선 그렇게 귀하고 비싼 갓을 막 쓰고 다니기보단 분명히 고이 모셔둘 것 같았다.

사실 갓을 처음 찾아 돌아다니던 때나 지금이나, 골동집에서 구하는 갓 값이 무형문화재 선생님들이 만드는 것보다 월등히 싸다. 하지만 문제는 멀쩡한 물건이 별로 없다는 것이다. 골동집에 있는 갓들은 보통 양태와 대우가 분리되기 직전이라거나, 양태가 철태에서 떨어져 나갔다거나, 대우가 찌그러졌거나, 다양한 문제가 있는 경우가 많다. 그래도 제법 괜찮은 갓들도 나오기에 '뭐 이 정도야~' 하고 쓰고 다닐 수 있는 것들도 있긴 하다.

골동집에 전시된 말총갓.

그런데 이상하게 그 '쓰고 다닐 수 있는 것들'의 값이 갑자기 폭등했다. 막말로 '떡상'했다. 주변에 말총갓 쓰고 다니는 분들의 조언으론 조금 손봐서 쓰고 다닐만한 갓이든 정말 바로 쓰고 나갈 수 있을 정도의 A급 갓이든 그렇게 비싸지 않았는데? 이상하다? 그리고 그 의문은 갓을 찾아다닌 지 얼마 지나지 않아 풀렸다.

"사장님~ 혹시 옛날 갓 있습니까?"

"응? 거 며칠 전에도 젊은 사람 여럿이 갓 찾아다니던데. 친구야?"

"네? 지인들이 갓 찾긴 하는데… 요즘 시장 돈단 소린 못 들었는데요?"

"아 그래? 아니, 요즘 전국에서 웬 젊은 사람들이 갓을 쓴다면서 망가진 것까지 싹 쓸어가."

"엥? 그럼 혹시 요즘 갓 값이 미친 듯이 뛴 게…."

"어어, 아마 그 친구들이 사재기해서 그럴 거야."

나중에 알고 보니 그렇게 망가진 갓이나 상태가 좀 괜찮은 갓을 사다 수리해서 국악인을 비롯한 전통예능에 종사하는 분들에게 되파는 사업을 하는 팀이었다. 취지는 좋으나 그 덕에 실제 생활용 갓을 구하기가 꽤나 어려워졌다. 결국 어딘가 좀 망가진 갓을 찾아다가 수리해서 써야 하는 상황이 되었다.

아주 심하게 망가진 것이 아닌 이상 말총과 아교를 구해다가 떨어진 부분을 채우고 그 위에 옻칠을 올려서 갓을 살려낸다. 원래는 무형문화재 선생님들이 할법한 일이지만, 이가 없으면 잇몸으로 때운다! 궁하면 곧 통한다! 위에 옻칠을 올리면 티가 잘 안 나기 때문에 그냥 얼핏 보았을 때 문제가 없을 정도로 살려내는 것이다.

내가 결국 갖게 된 첫 말총갓은 송민근 선생님이 답십리서 조금 망가진 갓을 사다가 수리해서 선물로 준 것이다. 그러다 이후에 인

대모계의 만능 공예가 이준혁 선생님이 직접 수리해서 옻칠 중인 갓들.

사동에서 정말 상태가 좋은 갓을 하나 구하면서 두 개가 됐고, 나중엔 우연히 부산의 아는 골동집서 모자에 구멍이 난 걸 또 하나 찾아서는 수리를 해서 쓰고 다녔다. 정신 차리고 보니 말총갓만 세 개가 된 것이다.

보통 이렇게 골동집에 도는 갓들의 연대를 상인분들에게 물어보면 열에 일곱은 '조선시대'라 하고, 한 분은 '구한말(대한제국)', 또 한 분은 '왜정(일제강점기)', 마지막 한 분은 1960~1970년대라고 하는데 과연 어느 분이 맞을까? 답은 마지막 분이다. 갓 하면 조선시대의 모자라 여기므로 편의상 조선시대라고 하는데 사실 갓은 양태의 너비와 모자의 높이 등으로 대략적인 시대를 알 수 있다.

조선시대에 해당하는 18~19세기의 갓은 흔히 골동집서 '대갓'이라 부르는, 양태가 크고 총모자의 너비가 좁은 갓인데 사실상 이런 갓들은 이미 다 박물관에 들어가 있다. 대한제국 시기 것은 오히려 중절모처럼 양태가 좁은 데 비해 모자의 너비가 넓고 높이가 낮다. 흔히 골동집에서 크기가 작다고 '소갓' 혹은 어린애가 쓰던 갓이라고 '동자갓'이라고 부르는 게 바로 이 갓이다.

일제 시기엔 대한제국 때보단 양태가 좀 넓어지지만 모자의 비례를 보면 그래도 모자가 좀 더 큰 느낌이 있다. 그러다 해방 후 1960~1970년대가 되면 양태의 지름이 대략 32~35센티미터 사이로 대우와의 비율도 안정감 있게 나온다. 이것이 가장 흔하게 보이는 갓인데 흔히 '중갓'이라고 불린다. 물론 갓을 연구하는 분들은 대갓이니 중갓이니 하는 분류를 썩 좋아하지 않는다. 그냥 시대에 따른 유행과 변화일 뿐인데, 현존하는 유물들 간의 차이가 크다 보니 그렇게 불리는 것이다.

다만 종종 인터넷 등에서 "신분이 낮은 이는 작은 갓을 쓰고, 신분이 높은 양반들은 큰 갓을 썼다"라는 설명이 보이는데 이는 명백히 잘못된 것이다. 혜원 신윤복이나 단원 김홍도의 풍속화에 보이는 양반이나 서인들 모두 갓의 크기가 거의 동일하고, 앞서 말했듯이 양태의 너비나 대우의 높낮이는 시대별 유행 또는 당시 나라가 정한 의복 규정에 따라 달라졌기 때문이다.

골동집에서 흔히 보이는 갓은 음양립陰陽笠과 음양사립陰陽絲笠인데, 음양립은 양태에만 얇은 비단을 씌운 반면 음양사립은 모자에도 비단을 씌워 만든다. 음양립은 바람이 센 바닷가 쪽에서 많이 썼다고 하고, 음양사립은 그래도 멋을 부리던 한량들이 쓰던 갓이라고 한다. 다만 이런 분류는 조선시대보다는 해방 이후에나 생긴 것이다. 무엇보다, 옛날 것일수록 양태의 짜임새가 촘촘하고 아름다워 무아레moiré(간섭무늬) 현상이 보이는 경우가 많다.

또 갓을 뒤집어 보았을 때 양태에 엮인 죽사와 말총의 방향이 마치 회오리치듯 나선형으로 된 것은 꽤나 신경 써서 만든 고급 갓이고, 모자와 양태에 씌운 비단의 두께나 짜임새 등에 따라서도 종류가 나뉜다. 물론 엄밀히 말해 비단을 씌우지 않고 오직 말총으로만 촘촘히 짠 것이 고급 갓이지 천을 씌운 것은 모두 포립布笠이라는 저품질의 갓이라고 하는 분들도 있다.

여하간 내가 처음 선물받은 갓과 부산에서 구한 갓은 음양립, 인사동서 산 갓은 음양사립이었다. 갓 중에서 제일 비싸고 귀한 것이 앞서도 나왔던 진사립인데, 말총과 명주실을 올려 만든 것으로 촘

(왼쪽부터) 음양립, 음양사립, 진사립.

촘한 정도나 광택이 그냥 딱 봐도 '이건 고급이다!' 하는 느낌이 온다. 명주실이 워낙 가늘고 질기다 보니, 상인들 가운데는 인모로 만든 인모갓이라고 말하는 분들도 종종 있다. 물론 실제로 머리카락을 쓴 게 아닐까 싶을 정도로 얇고 곱게 짜인 갓도 있다.

  그런데 이렇게 갓을 쓰다 보면 갓이 생각보다 미끄러워서 머리에서 빙글빙글 돌곤 한다. 이걸 잡아주면서, 옛날로 치면 맨상투를 가려주는 모자가 바로 탕건이다. 당연히 탕건도 말총으로 만드는데 역시 갓처럼 짜임새나 형태에 따라 다양하게 분류된다. 일단 얼마나 촘촘하게 짜느냐 따라 상탕, 중탕, 하탕으로 나뉘고, 짜는 형태에 따라 홑탕건이나 겹탕건 등으로 나뉜다. 보통 골동집들에서 볼 수 있는 탕건은 홑탕건에 중탕급이 많다.

  갓에 비하면 그래도 수량이 많아서 찾기는 쉽지만, 멀쩡한 걸 찾기는 더 어려운 게 바로 탕건이다. 그도 그럴 것이 갓이야 머리에 푹 눌러 쓰는 게 아니라 살짝 얹는 것이니 일단 어떻게든 쓸 수 있는데 탕건은 머리에 직접적으로 눌러 쓰고, 또 갓의 땀테에 닿기 때문에 손상이 쉽게 갈 수밖에 없다. 그래서 골동 탕건으로 나온 걸 보면 말총 올이 터진 것은 양반이고 찢긴 것은 기본이다.

  요즘이야 망사천이나 한복 원단으로 탕건을 만든 것이 국악사 등에서도 보이지만, 아무래도 말총탕건을 썼을 때 아른거리는 그 실루엣이 참 아름답다. 그래서 골동집서 기를 쓰고 말총탕건을 찾는데, 문제는 좀 써볼까 하면 너무 작아서 머리에 들어가질 않는다는

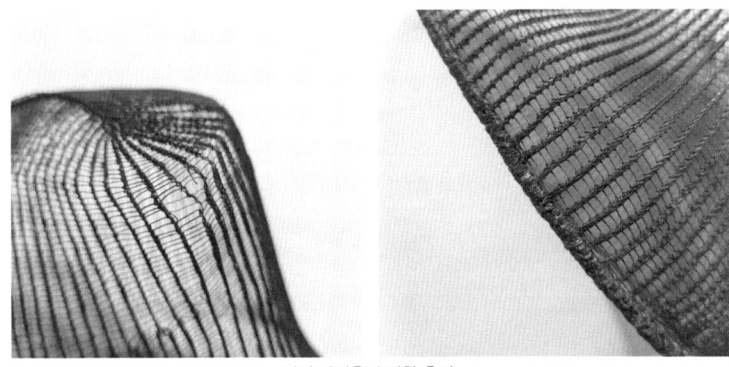

터진 탕건을 수리한 흔적.

것. 아니, 조상님들은 머리가 왜 이렇게 작으셨대? 그때는 대두용 모자, 이런 개념이 없었나? 그래서 골동집에 갔을 때 탕건이 보이면 일단 머리에 써본다. 옛날 어른들은 실제로 갓을 사기 전에 머리 둘레와 상투에 맞는 탕건을 골라 쓰고, 그제야 갓집에 가서 탕건 높이에 맞는 갓을 샀다고 하니 그때도 머리에 맞는 탕건 찾기가 꽤 어려웠나 보다.

물론 탕건도 푹 눌러쓰는 게 아니라 이마가 반쯤 가려지게 살짝 얹어 쓰기만 해도 되는데 그조차도 안 들어가는 게 태반이다. 한번은 어느 골동집에 탕건 열댓 개가 있길래 그래도 하나쯤은 맞는 게 있겠지 하고 하나씩 다 써봤지만 결국 맞는 게 하나도 없었던 적이 있다. 그런데 머리에 맞는 탕건이 있다고요? 심지어 상태도 괜찮다고요? 선택받으셨군요! 당장 사야 합니다!

갓이야 골동집에서 샀어도 붓으로 좀 털고 옻칠 새로 올리면 멀쩡해지지만, 탕건은 참 어렵다. 실제로 이마나 머리카락이 닿는 부분들이 많다 보니 자세히 보면 정말 문자 그대로 때가 잔뜩 껴있다. 이걸 미온수에 담가 불리고 샴푸와 컨디셔너로 정말 머리 감듯 빨아줘야 쓸 수 있는 상태가 된다. 그러고도 머리에 좀 더 맞춰보겠다고, 막 세탁해서 흐늘거리는 망건을 머리에 쓴 채로 말리기도 한다.

 이렇게 구색을 갖춰서 쓰고 다니다 보니 또 다른 문제가 하나 생겼는데, 망갓을 도저히 쓰고 싶지 않다는 것이다. 물론 멀리 여행 갈 때 쓰려고 망갓을 갖춰두긴 했지만, 특별한 경우를 제외하면 머리가 무거워서 쓰기가 힘들다. 그도 그럴 것이 금속으로 된 망을 머리에 얹고 다니는 것 아닌가. 그리고 상중에 쓰는 백립은 골동을 사자니 너무 비싼 데다 검은 흑립보다 수량도 적어서 국악사를 통해 망갓으로 하나 맞췄는데, 나중에 흑립으로 백립을 대신할 방법을 찾은 뒤론 그대로 옷장 안에서 잠자고 있다.

 고종 황제의 국상 당시를 기억하는 어르신의 인터뷰나 실제 국상 행렬을 찍은 사진들, 좀 더 올라가서 《매천야록梅泉野錄》의 기록 등을 보면 당시 백립을 구하지 못한 이들은 흑립에 흰 종이를 붙이거나, 갓의 머리인 모정 부분에 백지를 둥글게 오려 붙여 상중임을 나타냈다고 한다. 물론 옛날 백립도 탐나긴 하지만 '없으니 어쩌겠는가＋옛날 어른들도 대충 융통성 있게 쓰셨다'가 되어 이후 애도할 일이 있을 때 갓을 써야 하면 모정에 흰 종이를 붙이고 역시 흰 종이를 꼬아 총모자의 둘레를 두르는 가선을 만들어 달고 다닌다.

백립이 없을 경우 흑립으로 백립을 대신하는 방법: 갓의 모정에 백지를 붙여 상중임을 나타낸다.

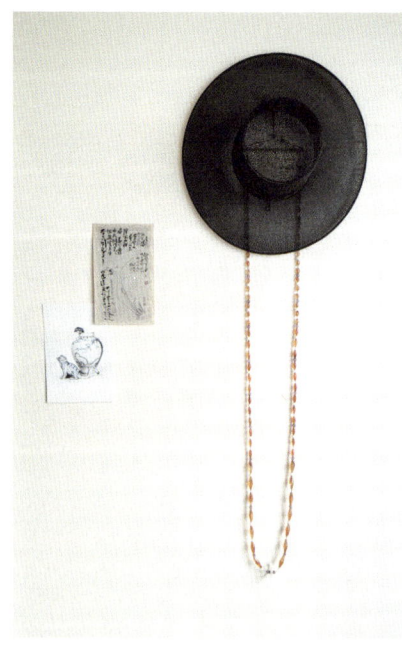

그렇다고 내가 365일 매일같이 한복을 입는 건 아니라, 갓을 쓰지 않을 땐 벽에 걸어서 보관한다. 갓집이 있으면 좋겠단 생각을 오래전부터 했지만 꼭 필요한 것도 아니고, 골동은 비싸고, 또 부피가 좀 있는 물건이다 보니 집에 들이는 데엔 아직도 조금 망설임이 있다. 대신 구슬로 만든 입영과 함께 벽에 걸어두었는데 이게 또 생각보다 괜찮은 인테리어 소품이 된다. 괜히 내 방이 현대를 사는 선비의 방 같은 느낌이 들어 또 마음에 드는 장식이다.

#자나깨나_말총조심 #get_a_GOT #양태큰갓좀나와라

다완과 벼루 / 질리지 않는 아름다움

　　　　　　아무리 골동이 좋아도 매일같이 보다 보면 어느 순간 조금은 질릴 때가 있다(아아… 배부른 소리). 그런 순간이 오면 기물의 처지는 둘 중 하나가 된다. 다시 보고플 때까지 저 안에 처박히든지, 아니면 다른 곳으로 후딱 팔려가는 것이다.

　질렸다, 라는 말은 사전을 찾아보면 '계속 접하여 싫증이 났다'는 뜻도 있고, 또 '놀라거나 두려워서 기가 막히거나 풀이 꺾인다'는 뜻도 있다. 아마 전자의 뜻에서 안에 처박아 두고, 후자의 뜻에서 팔아버리는 것이라고 생각된다. 다만 골동에서는 '놀라거나 두렵다'라는 말보단 그 기물과 자신의 합이 맞지 않는 경우가 '질린다'는 말로 표현되는 것 같다. 그래서일까? 골동을 오래 하신 분들마저 흔히 하는 말이 있다. 어느 순간 소장하고 있던 기물이 이상하리만치 질려서 밉게 보이는 때가 온다고, 그때가 바로 그 기물을 놓아야 할 때라는 것이다.

한번은 당근마켓에서 인간문화재 불화장 석정스님이 그린 채색 달마도를 한 폭 구한 적 있다. 판매자는 그냥 달마도라고 올렸고 액자도 동양화에는 맞지 않는 저급 액자로 되어있었던 것을 보아선 가치를 모르는 듯했다. 불화를 제외하고 석정스님의 그림 가운데 채색된 것은 가품이 많은데 드물게도 진품이, 그것도 당근에 나왔기에 냅다 구매해선 그 길로 인사동으로 가져가 돈을 꽤 주고 그림의 격에 맞는 액자로 다시 꾸몄다. 석정스님의 채색화는 오래전부터 하나쯤 소장하고 싶었기에 수소문하고 있었는데 어쩌다 얻어 걸려서 너무나 기뻤다.

그런데 액자를 완성해서 집에 딱 걸어두고 보니 이상하게 어색하고 미워 보였다. 그렇게 원했던 작품인데 이상하다? 하지만 일단 걸어두고 보다 보면 정이 들겠거니 하고, 화제를 해석한 사

불화장 석정스님의 달마도. 그림에는 "빗속에서 밝은 달을 바라보고, 불속에서 맑은 샘을 길어 올려라"라고 쓰여있다. 얼핏 보면 모순되는 선문답의 재미다.

진을 인스타그램에 올렸다.

그러고 나서 며칠 후 향 수업을 하다가 수강생 한 분이 인스타그램에서 봤다며, 혹시 그 그림을 팔 생각이 없느냐고 물어왔다. 정말로 그림을 집에 건 지 일주일도 안 됐을 때의 일이다. 조금 당황했는데 액자를 꾸민 값과 그림 값만 생각해서 일단 가격을 불렀다. 사실 좀 비싼 것 아닌가 하고 걱정했는데 흔쾌히 구매하겠다 해서 그다음 수업 시간에 가져다드린 적이 있다.

지금 생각해 보면 첫째로 내가 그 그림에 질린 것이고, 둘째로는 그 그림과 나의 인연이 다한 것이기에 그런 결과가 나온 듯하다. 그렇기에 질리지 않고 계속 바라보고 아낄 수 있는 기물을 구한다는 것은 어떤 의미에선 천생연분을 만나는 것과 같다.

한창 말차에 빠져서 다완을 하나둘 모으던 시기에 도천 천한봉 선생님의 다완을 소장하고픈 마음이 생겼다. 당시 국내외에서 조선다완의 1인자로 유명한 분이다 보니 선생님이 만든 다완의 값은 상당했고, 게다가 맘에 드는 걸 찾는 건 더욱 어려운 일이었다. 다만 어느 지인이 천한봉 선생님의 다완은 일본에 더 좋은 게 많다고 귀띔해 줘서, 일본 차도구를 다루는 여원갤러리 사장님께 천한봉 선생님의 다완을 구해달라고 여러 번 부탁을 드렸다. 사장님은 요즘 일본서도 천한봉 선생님 다완이 꽤 비싸졌고 잘 나오지도 않는다며, 그래도 찾아보겠노라 말씀하셨다. 그러고 몇 달이 지나 일본에서 천한봉 선생님 다완이 몇 점 들어왔다고 연락이 왔다.

오후 조금 늦게 나갔더니 사장님이 좋은 다완은 진작에 다른 분들이 와서 선점해 가고 석 점이 남았는데 그중에서 고르는 수밖에 없다며 왜 이리 늦게 왔느냐 한 소릴 하셨다. 다완 석 점을 꺼내어 보니 두 점은 토토야다완斗斗屋茶碗이고 한 점은 미시마다완三島茶碗이었다.

  토토야다완은 일본 다도의 완성자라 불리는 센노리큐가 사카이堺의 생선가게에서 찾았다는 것으로 적갈색의 흙에 옅은 황색의 유약, 점점이 푸른빛이 도는 얼룩이 특징적이다. 미시마다완은 우리나라의 분청사기에 속하는 다완인데 백토로 여러 문양을 상감하듯이 만든 것이다. 둘 다 조선에서 건너간 그릇이지만 일본에서 분류되어 이름이 붙은 이래로 일본식 이름으로 불린다. 조선의 그릇이기에 우리 식으로 '두두옥', '삼도'라고 불러야 한다는 분들도 종종 있지만 개인적으론 그 미의 가치를 일본에서 발견하여 이름 붙였기에 일본식 이름 그대로 불러야 한다고 생각하는 편이다. 그리고 이 토토야다완은 이도다완과 함께 천한봉 선생님이 가장 잘 만드는 다완으로 유명한 것이었다.

  미시마다완도 매력적이었지만, 그래도 '천한봉 선생님 하면 토토야지!' 하곤 두 점의 토토야다완 중에서 고민을 시작했다. 하나는 안쪽에 말차와 같이 푸른 기가 진한 아이였고, 다른 하나는 반대로 바깥에 푸른 기가 도는 아이였다. 내심 차가 담긴 느낌이 좋아 안쪽이 푸른 다완에 마음이 가서 만지작거리는데 사장님이 한마디

던지신다.

"그거보단 옆에 것으로 하지 그래? 그 파란 건 아마 계속 보다 보면 질릴 거야."

순간, 질린다는 말에 정신이 퍼뜩 들었다. 내 딴에는 차가 담긴 것 같은 모습이라 질리지 않고 볼 수 있을 거라 생각했는데, 실제 차를 담아 마실 것을 생각해 보니 확실히 계속 쓰기엔 푸른빛이 조금 과할 수 있겠다 싶었다.

사장님 말씀을 듣고 곧 다른 다완을 데려와선 집에서 말차를 담아보았다. 차의 푸른빛이 다완의 붉은빛과 대비되어 완벽한 모습으로 다가왔다. 이후로도 이 다완을 쓸 때마다 질리지 않고 늘 새롭게 보이는 아름다움에 작게 감탄하며 차를 마시고 있다. 이날의 선택을 기점으로, 기물을 들일 땐 계속 보아도 질리지 않을만한 물건을 주로 찾고 있다.

질리지 않고 볼 수 있다는 건 정말 한 끗 차이다. 기물이 가진 선 하나, 각 하나 차이로 그 기준이 갈리기 때문이다. 아무리 잘 만들었어도 며칠 사이로 질리는 게 있고, 아무리 투박하게 만들었어도 볼수록 매력적인 것들이 있기 때문이다.

한번은 벼루를 찾아 돌았던 적이 있다. 요즘엔 워낙 먹물이 잘 나오니 먹을 갈아 글을 쓰는 건 잘 하지 않고, 또 다인들 사이에서 차

도천 천한봉 선생님의 토토야다완. 선생님의 작품에는 '鳳(봉)' 자 도장이 찍혀있다. ⓒ 김정준

마실 때 다관을 올려두는 받침인 호승으로 옛날 벼루나 전돌을 쓰는 것이 유행이었기에 한번 그래볼 요량이었다. 마침 종종 거래하는 골동집에 벼루가 조금 있던 게 기억나서 슬슬 나가보니 다행히 팔리지 않고 다 남아있었다.

벼루란 게 구조는 대동소이하다. 먹을 가는 부분인 연당硯堂이 있고, 먹물이 고이는 연지硯池가 있고, 그 주변을 다양한 형태로 조각하는데 조각의 정교함이나 벼루를 깎은 돌의 재질 등에 따라서 좋고 나쁘거나 비싸고 싼 것이 갈리는 것이다. 정확히는 돌의 재질이 값의 7~8할을 먹고 들어간다.

중국 단계석端溪石으로 만든 단계연端溪硯이 좋다고 예로부터 전해오는데, 우리나라는 충남 보령에서 나는 남포석藍浦石으로 만든 남포연과 지금은 북한인 평안북도 위원 지역에서 나는 위원석渭原石 벼루가 유명하고 충청북도 진천이나 단양에서 나는 자석紫石으로 만든 벼루도 유명하다. 하지만 돌만은 하지 않는 나로선 돌은 잘 모르겠고 조각의 형태나 조형적인 균형을 중점으로 보고 고를 생각이었다.

골동집에 있는 모양을 보니 대충 중국에서 만든 것과 한국에서 만든 게 섞여있는 것처럼 보였고, 시대도 근현대 정도로 추정됐다. 호승으로 쓸 것이라 그래도 최소한 손바닥보단 큰 크기로 추려보니 넉 점 정도 됐는데 가격은 다 비슷비슷하기에 어느 걸 골라볼까 하면서 들었다 놨다를 반복했다.

한동안 호승으로 쓰던 벼루. 중국 송화석으로 만든 것이다.

    그중 하나는 테두리에 매화가지에 앉은 새가 아름답게 새겨져 있었고 나무로 된 벼루집도 딸려있었다. 벼루로는 꽤 고급으로 보였는데 아니나 다를까 사장님이 단계연이라고 했다. 그다음으론 검붉은색의 돌로 만든 벼루였는데 연지와 연당이 꼭 복주머니 모양으로 조각됐고 귀퉁이엔 매화가 새겨져 있었다. 하지만 여기저기 긁힌 상처가 가득했다. 사장님은 연대는 붉은 것이 조금 더 올라가지만

복주머니 같은 모양을 품고 있는 붉은 벼루. ⓒ 김정준

귀하고 예쁘긴 단계가 좋으니 그게 어떻겠냐고 권했다.

    호승으로 두고 쓸 벼루기에 내가 앉는 책상 위에 항상 올라와 있을 물건. 그렇다면 과연 어떤 벼루가 질리지 않을까? 한참을 고민하다 결국 검붉은 아이를 골랐다. 단계에 비하면 투박하고 상태도 썩 좋진 않았지만, 벼루에 새겨진 매화가 꼭 우리 민화에 보이는 매화와 같은 도안인 게 마음에 들었다.

집에 벼루를 가져와서 켜켜이 낀 먹 때를 지워내고, 긁힌 상처와 낙서들을 가볍게 사포로 갈아 대충이나마 치석[17]을 해보니 꽤나 모양이 멀끔해졌다. 낙서들을 보니 이전에 사용하던 사람들이 이름이나 주소를 적은 것 같았는데 일본식 이름이 새겨진 걸 보아선 일제강점기 때 벼루 아닌가 싶었다. 나중에 전각을 하는 분께 보여드리니 "일제강점기에 단양에서 만들던 자석벼루 같다"는 의견을 내놓으셨다. 안 그래도 치석 할 때 창씨개명한 이름을 봤다고 말하니 그러면 더더욱 단양 자석일 거라며, 자석으로 만든 벼루인 자석연이 남포연과 함께 조선 벼루의 대표 주자라고 했다.

"아마 지금 단양 자석벼루 만드는 집안도 일제강점기에 시작했을 거야. 그때 만든 벼루야. 뭐, 조선 장인이 조선 기술로 만들었으니 당연히 조선 벼루 모양일 수밖에! 그때 벼루가 좋아서 특산품으로 일본에 많이 수출된 걸로 아는데, 해방 후에도 한창 서예가 기본 교양이던 시절엔 이 단양 자석연이 대통령 증정품으로 청와대에 들어갔었어."

자료를 좀 더 찾아보니 단양 자석연은 일제강점기 이후에 만들어진 벼루로, 그 이전인 조선시대엔 단양 위쪽인 평창에서 자석연을

---

17 치석(治石). 낙관을 새기는 돌 등의 표면을 다듬는 작업을 말한다. 보통 사포 등으로 가볍게 갈고, 밀랍 등을 발라 문질러서 광을 낸다.

만들었다는 기록이 나왔다. 또 자석은 돌이 고우면서도 단단해 먹이 고루 갈리고 먹물이 오래 마르지 않는다는 소개도 있었다. 지인의 말처럼 청와대에 납품된 역사도 있고, 현재 한국에서 대를 이어 자석연을 만드는 곳은 단양뿐이란 기사도 있었다.

이렇게 일제강점기 때의 단양 자석벼루로 알고 한동안 호승으로 잘 쓰고 있었는데, 어쩌다 벼루만 20년 정도 모으셨다는 분을 만나게 되어 '이런 벼루를 가지고 있습니다' 하곤 사진을 보여드렸더니 단양 자석도 아니고 일제강점기 것도 아니라고 했다.

"우리나라서 자석이 나오는 곳은 안동, 진천, 단양인데 단양이 역사가 제일 짧고 안동하고 진천이 역사가 깊어요. 진천은 옛날에 상산이라 불려서 상산 자석이라 하는데… 지금 박 선생 가지고 있는 건 상산 자석이고 시대도 최소 구한말, 높게 잡으면 조선 말기는 될 겁니다. 단양 자석은 자석이래도 점점이 하얀 반점이 있고, 안동은 마간석馬肝石이라고 말의 간처럼 검붉게 반들거린다고 하는데 사진으로만 봐도 반점이 없고 반들거림이 없는 걸 보니 상산 자석벼루예요."

그러면서 도안이나 새긴 조각의 기법 등에 따라 한중일의 벼루가 다 다른데 조각한 기법과 형태를 보니 조선 말기에 보이는 양식이고, 일본에 수출용으로 만들어지던 벼루는 또 도안이나 조각 기법이 다르다고 짚어주셨다.

　이런 스토리들이 뽕뽕 튀어나오니 저 투박했던 작은 벼루가 오히려 더욱 예쁘게 보였다. 지금도 여전히 내 책상 위에서 호승으로 쓰이고 있는 벼루지만, 언젠가 좋은 먹을 구하면 한 번쯤 갈아서 사용해 보고 싶다. 서걱서걱하고 먹이 갈려 짙푸른 먹물이 생기는 장면을 상상하려니 이 벼루는 아무리 보아도 질리지 않는다. 새로운 모습이 어떻게 보일지 기대된다. 내심 '그때 단계 집었어 봐라, 이런 재미는 없었겠지!' 하고 스스로 뿌듯해하기도 한다.

#봐도봐도_안_질려 #끊임없는즐거움 #문방사우 #벼루 #조선물건

다시 빛나는 불빛
/ 와룡촛대와 옥등잔

여러 번 말하지만, 나는 실사용을 위해 골동을 모은다. 그렇게 '골동골동한 나날'을 평범하게 보내고 있는데, 이런 생활 속에서도 가장 많이 쓰이는 것은 아무래도 차도구와 향도구, 그리고 조명도구들이다. 조명도구라고 하면 기름을 부어서 불을 밝히는 유등油燈이나 촛대 같은 기물들을 말한다.

어릴 때부터 불꽃을 참 좋아했다. 불이 주는 따뜻함과 부드러운 그 느낌이 마음에 들었다. 그래서 초나 등잔 같은 걸 자주 갖고 놀았고, 좋은 장난감(?)이 많은 절은 최고의 놀이터였다. 그렇다 보니 '그걸 대체 어떻게 아냐?'고 사람들이 묻는 것들을 그때 스님들이나 보살님들께 혼나거나 옆에서 알짱거리면서 배우게 됐다. 예를 들어 한지나 솜을 꼬아서 등잔 심지를 만드는 일이나, 어떤 기름을 써야 그을음이 덜한가 같은 것들이다. 지금도 종종 밤이 되면 초나 등잔을 켜고 '불멍'을 때리곤 한다. 또 기도하거나 명상할 때도 불을 자주 켜서 조명도구에도 관심이 많은 편이다.

하지만 불이란 게 위험하기도 하고, 불이 클수록 밝기가 밝은 조명도구의 특성상 큰 기물들이 많아서 그리 많이 들이지는 못하고 그냥 작은 촛대나 호롱, 유등용 접시 같은 자잘한 것들만 하나둘 모아다 쓸 뿐이다. 그래도 오래전부터 가지고픈 조명도구가 있었는데 바로 옥등잔과 와룡臥龍촛대였다.

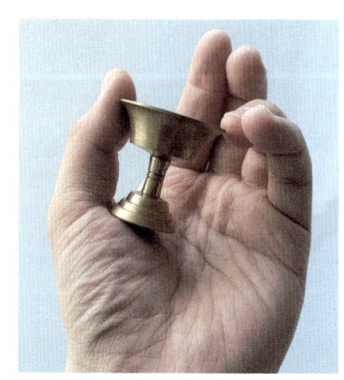

엄지손가락만 한 크기의 유등. 인도에 성지순례 갔다가 영축산 바위틈에 버려져 있던 것을 주워 왔다.

옥등잔이라고 하면 이름 그대로 옥을 깎아 만든 등잔인데, 말이 옥이지 사실은 흰 대리석 혹은 남양옥南陽玉이라 불리는 돌을 깎아 만든 돌 등잔이다. 남양옥은 특히 '궁중옥宮中玉'이라고도 하며 국악기 가운데 편경을 깎는 돌이다. 옛날엔 예쁘고 귀한 돌을 모두 옥이라는 이름으로 불렀으니 옥등잔은 쉽게 말해서 등잔 중에서 꽤나 고급 등잔을 말하는 것이다.

그렇기에 이 옥등잔은 일반 민가에서는 쉽게 쓰지 못하고 지체 높은 양반가나 관청, 사찰에서 사용했는데, 특히 사찰에서는 본존불을 모시는 불단인 상단上壇 앞에 불을 밝히는 등잔으로 쓰였다. 절에서 쓰이는 옥등잔은 따로 '선등禪燈'이라고도 불리는데, 절에서 옥등잔을 사용한 것은 높게는 고려시대까지도 역사가 올라가는 듯하다. 실제 강화도의 유명한 고찰인 전등사는 고려시대에 왕비가 옥등잔을 불전에 공양 올린 것을 계기로 절 이름이 전등사로 바뀌었다는 설화가 전하고, 중국의 여러 문헌에도 고려의 선등에 대해서 언급하고 있다.

와룡촛대 또한 기원이 꽤 올라가는 촛대다. 기본적으로 궁이나 사찰, 종묘와 같은 격이 높은 당堂 등에서 사용되는 것으로 위엄과 종교적인 의미를 담고 있다. 실제로 종묘에서는 지금도 제례에 이 와룡촛대를 사용하고 있다. 와룡촛대에 '와룡'이라는 이름이 붙은 이유는 사실 좀 불명확한데, 누워있던 용이 기둥을 감고 올라가는 모습을 추상화했다는 설, 궁중에서 임금의 침실, 그러니까 용이 누워 자는 곳에 사용한다 해서 와룡촛대라는 설 등이 있으며, 염주알을 꿰어둔 모양이라 해서 '염주알촛대'라고 부르기도 한다.

유물 차원에서는 삼국~고려 시대에 쓰이던 광명대光明臺라는 조명기구에서 기원한 것이다. 광명대 유물을 보면 기둥은 와룡촛대와 같이 둥근 구슬들이 이어지는 모습을 하고 있고 등잔을 올릴 수 있는 접시나 초를 꽃을 수 있는 꽂을대가 있는데, 사찰 터에서 주로 출토되는 걸 보면 옥등잔처럼 불전에 올리던 기물이었을 것이다.

서설이 길었지만 아마 지금까지 주욱 읽어본 분들은 대충 짐작하실 것이다. 그렇다! 옥등잔과 와룡촛대는 불을 좋아하는 나에겐 불

종묘제례에 사용되는 와룡촛대. 국립고궁박물관 소장.

명+골동+불교유물이라는 세 가지를 한 번에 안고 들어가는 최고의 기물인 것이다. 하지만 둘 다 골동집에서는 꽤 보기 어려운 기물이다. 와룡촛대는 그래도 조금은 돌아다니고, 소량이지만 요즘도 만들어지는지라 열심히 발품을 파는 수밖에 없었다.

　재밌는 건 골동집에서도 와룡촛대에 대해 자세히 아는 분들이 몇 없었다는 사실이다. 와룡촛대라는 이름은 알지만 이것이 절이나 궁중에서만 쓰였다는 내력까진 잘 모르고 그냥 '촛대 중에서 고급 촛대' 정도로만 아는 분들이 대부분이었다. 한번은 형태가 정말 좋은 와룡촛대 한 쌍을 발견해서 물어봤더니 고려 때 사찰에서 쓰던 물건이라며 터무니없이 높은 가격을 부르는 곳이 있었다. 모르는 척 이런 촛대는 여기저기서 본 적 있는데 이건 어째서 고려 때 것이냐고 물었더니 참으로 납득이 안 가는 답이 돌아왔다.

　"아, 다른 집에 있는 것들은 신쭈[황동]고, 이건 청동이에요. 여기 전체에 녹 올라온 거 보면 딱 고려 거지! 이건 절에서 쓰던 거라 더 귀한 겁니다."

어… 백번 양보해서 청동이란 재질과 녹이 올라온 형태가 고려 것이라고 하자. 하지만 기형이 고려 게 아니었다. 서긍의《고려도경》에 사찰에서 쓰는 기물 가운데 등불과 촛불을 받치는 도구로 광명대에 대한 설명이 있는데, 촛대 아래 받침에 세 발이 달려있고 그 위에 대나무같이 생긴 기둥이 있다고 묘사된다. 실제 출토된 유물들도 아래 받침에 모두 세 발이 달려있다. 여하간 부르는 가격도 가격이고 설명도 합리적이질 않아 '이 집은 연구를 깊게 하지 않는구나' 하곤 그냥 나와버린 기억이 있다.

고려시대에 만들어진 청동 광명대. 《고려도경》에는 상단의 접시에 필요에 따라 초와 등잔을 바꾸어 가며 쓸 수 있다고 쓰여있다. 국립중앙박물관 소장.

그러다 인사동에 놀러 갔다가 우연찮게 괜찮은 와룡촛대를 발견했다. 처음 가보는 가게였는데 사장님이 촛대만 잔뜩 모아다가 정리해 둔 칸 한쪽에 와룡촛대 한 쌍이 있었던 것이다. 슬쩍 물어보니 괜찮은 가격이었고 사장님은 그게 어떤 촛댄지 모르는 눈치였다. 하지만 조금 비싸게 부르시는 느낌이라 가게를 나와서 수소문한 끝에 그 집 사장님과 친한 분이 있길래 살짝 물어봐 달라고 부탁했다. 아니나 다를까, 내가 들은 값에서 조금 더 다운된 가격이었다. 가격을 듣자마자 부탁해서 얼른 사버렸다.

  그렇게 입수한 와룡촛대는 옛날 촛대답게 촛농 받침 접시는 탈착식이었고, 아래 받침과 기둥은 나사가 아닌 망치로 두드려 고정한 것이었다. 흔히 옛날 금속 그릇들의 연대를 가늠하는 방법 중 하나로 녹이나 주조 방식을 보는 것도 있지만, 이렇게 접합부를 나사를 이용해서 조였는지, 아니면 망치나 정으로 쪼아 물려서 고정한 것인지를 보는 것도 있다. 나사야 조선 후기부터는 우리 전통 기술에도 사용되었는데 주로 화승총과 같은 특수한 기물에 쓰였고, 촛대나 그릇과 같은 생활 기구에 사용된 것은 훨씬 후대의 일이다.

  여하간 그렇게 저렇게 괜찮은 와룡촛대를 구하게 됐다. 연대는 그래도 최소한 일제강점기 초기 그 이하로는 내려가지 않을 것 같다. 하지만 실제 사찰에서 쓰던 것이었는지 크기가 좀 큰 감이 있어 아무래도 매일 꺼내어 두진 못하고 중요한 날이다 싶을 때 종종 꺼내서 쓰고 있다. 한번은 친한 스님 절에서 수륙재水陸齋(세상을 떠도는 모든 영혼을 위로하고 극락왕생하도록 불보살에게 공양하는 재)를 지내는데 조선시대 탱화에 나온 식으로 도구들을 마련한다고 해서 빌려드린 적도 있다.

  적어도 몇십 년은 원래의 용도를 다하지 못했을 촛대에 다시 초를 꽂고 불을 밝히는 모습은 볼 때마다 퍽 감동적이다. 옛 물건이 원래의 모습으로 다시금 사용되는 것을 볼 때마다 새로운 감동으로 가슴이 벅차다.

와룡촛대 입수 직후 촬영한 사진.

나사를 사용한 촛대(왼쪽)와 쪼아서 고정한 촛대(오른쪽).

와룡촛대를 구했으니 이번엔 옥등잔이다! 그런데 옥등잔은 물건이 정말 없었다. 자료를 찾아봐도 오래전에 경매에 올라왔던 기록만 한두 개 나올 뿐 물건 자체가 없다. 심지어 골동집 사장님들마저도 그런 게 있냐는 반응이다. 오래 장사하신 사장님들 중 한두 분 정도 "흰 곱돌로 만든 등잔종지를 옛날에 한두 개 팔아봤다"고 하시는데 자세히 물어보면 말 그대로 돌로 만든 등잔일 뿐 형태나 크기가 절에서 쓰는 옥등잔은 아니었다. 스님들께 물어봐도 옥등잔은 큰절에서나 쓰던 것이라 잘 안 보일 거라고 했다.

민간에서 사용하던 백색 돌 등잔.

　결국 골동을 구하는 건 포기해야 하나 싶어, 유물을 본떠서 똑같이 만들어 볼까 고민하기 시작했다. 마침 아는 옥공예 작가분이 남양옥을 다룰 수 있다고 해서 한번 맡겨볼까 하고 옛 기록이나 현존하는 유물 등의 자료를 찾기 시작했다. 그러던 중 중국의 기록에서 재미난 글을 찾았다. 명대에 쓰인 《준생팔전》 속 '선등禪燈'이라는 항목에서 바로 이 옥등잔을 설명하고 있었다.

선등. 고려의 돌로 된 것이 아름다운데, 뿔로 된 것으로는 결코 쓸 수 없다. 해와 달 두 종류의 돌이 있는데 헤아려 보면 월등月燈은 종종 있으나 일등日燈은 백에 하나둘뿐이다. 월등은 기름으로 불을 켜며 그 빛이 희고 영롱하니 꼭 달이 막 바다에서 나온 듯하다. 일등은 그 안에 불을 넣어 밝히면 방 하나가 모두 붉어지니 새벽해가 동쪽에서 뜨는 것과 같아 지나치는 것이 아니다. 작은 것이 더욱 예쁘며 값 또한 배는 비싸다.

옥등잔은 흰 대리석이나 남양옥으로 만든 작은 그릇의 구연부(아가리)에 구멍을 뚫고 고리를 달아 천장에 매달 수 있도록 되어 있다. 돌이 흰색이고, 또 대리석이나 남양옥은 반투명하게 빛이 투과되는 성질이 있어서 안에 심지를 넣고 불을 밝히면 등 전체가 은은하게 밝아지는데 이때 빛을 두고 일등이나 월등이라 부르는 듯하다.

옛날에 초나 등잔만을 켜고 예불을 모셨던 스님들 말씀으론 작은 촛불로 법당 안의 불상을 비추고 바라보면 불상의 엄숙하고 단정한, 달리는 조금은 엄격하고 무서운 상호가 수행자의 경계가 되었다고 하니 옥등잔 빛에 어슴푸레 비치는 불상과 법당의 정취가 상상이 갔다. 이래저래 자료를 찾고 끙끙대던 중에 친한 선생님에게서 사진 몇 장과 함께 연락이 왔다. 아는 골동집에 돌로 된 등잔이 몇 개 있는데 혹시 찾는 옥등잔이란 게 이거 아니냐는 것이었다.

그냥 돌 등잔인가 하고 심드렁하게 확인하는데… 뭐여, 진짜 옥등잔이네? 조금 작긴 하지만 흰 대리석, 구연부에 뚫린 세 개의 구멍. 영락없는 옥등잔이었다. 들어 보니 가격도 괜찮았다. 바로 가게에 찾아가서 물으니 사장님도 옥

제보 덕분에 찾게 된 옥등잔.

등잔인가 하고 오래 가지고 계셨다는데, 그분 생각엔 그냥 대리석 등잔이지 옥등잔은 아닌 것 같다고 했다.

가장 큰 이유는 크기. 실제 박물관 같은 데 있는 옥등잔 유물들은 크기가 제법 큰 것들이 많기 때문이다. 하지만 개인적으로 작은 옥등잔 유물도 본 적이 있고, 결정적으로 구연부에 고리를 달 수 있게 만든 부분이 있는 데서 나는 옥등잔이라고 확신했다. 나중에 옥등잔을 아는 스님들께 묻자, 구멍이 뚫린 걸 보니 사찰에서 쓰던 게 맞을 테고 크기상 불전 중앙에 올리는 등이 아닌 개인이 보시하거나 불공을 올릴 때 켜는 인등引燈이었을 거라고 했다.

흔히 절에 가면 법당에 걸려있거나 부처님오신날에 길거리나 절 마당에 걸리는 연등은 잘 알려져 있지만 인등은 모르는 경우가 많다. 인등이란 1년 24시간 내내 법당 안을 밝히는 등불을 말한다. 전기가 없던 시절에는 작은 등잔 여러 개를 불전에 놓고 밤낮으로 불을 밝혔는데, 이때 불공을 드리러 온 사람들이 보시하는 기름이나

기름 값으로 등을 꺼뜨리지 않고 이어가면서 보시한 이들을 위해 기도를 올려주었다. 이 인등의 전통은 여전히 이어져서, 불상을 모신 불단 좌우 또는 앞에 작은 등잔이나 불상 모양의 인등을 볼 수 있다.

옥등잔을 구매해서 돌아오는 길에 사라진 고리들을 어떻게 다 하나 고민하는데, 마침 금속공예 전시가 열리는 갤러리를 지나치게 됐다. 그냥 금속공예도 아니고 조선시대 왕실의 의례용 인장印章인 어보御寶의 재현작을 선보이는 전시였다. 저게 뭐지 하고 들어갔다가 마침 나와계신 작가님과 이야기하게 되었고 전통금속공예로 대공과 세공을 모두 하신다기에 '이분이다!' 하는 감이 왔다. 그렇게 만난 분이 전통공예가 운산 이창수 선생님.

이후 등잔을 맡기고, 오랜 기간 유물들을 참고해 여러 스케치나 모형을 만들어 가며 상의한 끝에 옥등잔의 사라진 금속고리들을 모두 복원할 수 있었다. 불전에 올리는 등이라 하니 더욱 신경 써서 만들어 주셨기에 정말 유일무이한 옥등잔이 탄생할 수 있었.

원래대로라면 한지나 면실을 꼬아 세발심지를 만들고 기름을 부어서 등을 켜야 하지만, 일단은 유물이다 보니 살짝 겁이 나서 기름을 직접 담지는 않고 작은 초를 넣어서 불을 켜보기로 했다.

밤이 되어서 안에 초를 넣고 짧은 쇠사슬을 이용해 천장에서부터 늘어뜨렸다. 방 불을 끄고 바라보는 순간 감탄할 수밖에 없었다. 옛 책에 나온 것처럼 발그레한 빛이 흰 대리석 등잔 전체를 비추는

새롭게 고리를 단 옥등잔. ⓒ 김정준

것이었다. 왜 달과 해라고 말하는지 이해가 가는, 따스하면서도 시원한 빛이었다. 이 아름다움에 대해 명의 시인 당지순은 〈고려의 돌등잔을 읊다 詠高麗石燈〉라는 시에서 이렇게 노래했다.

    竅石燭幽遐　虛明詎異紗
    琢從箕子國　坰向竺王家
    耿耿知懸爐　亭亭訝作花

定餘神自照　經殘漏欲賖
願持明慧境　揚彩遍河沙

구멍 난 돌 등불은 그윽하게 아스라해
허공을 밝힘은 초롱등과 무엇 다르련만,
기자의 나라에서부터 다듬어져서
천축국 임금님 댁을 향해서 불을 사르네.
환하게 빛남은 매달린 불 끝에 알겠고,
밝디밝을 땐 꽃이 피었나 의심케 하네.
선정에 들고 나선 정신은 스스로 밝아지고
남은 불경에 번뇌는 더디려 하누나.
바라건대 밝은 지혜를 가지고서
너른 세계에 두루 빛을 날리기를.

　이 글을 쓰는 지금도 옥등잔은 내 머리 위에 매달려서 조용히 빛을 담고 있다. 밤늦게 원고 작업을 하거나 뭔가 사부작거리다 위를 올려다보면 보이는 옥등잔의 불빛은, 옛 시인이 노래한 것처럼 그윽하게 아스라하고, 그러면서도 어두운 공간을 밝게 비추어 마음에 조용한 위안이 되어준다.

#불멍 #옥등잔은_처음봤쥬 #자나깨나_불조심 #조용한_위안

향도구와 향목 수집 / 이미 향이 방에 가득합니다

글을 쓰다 보니 정작 '내가 가장 사랑하는 물건들에 대해선 몇 자 쓰질 못했네?' 하는, 스스로도 '엥?!' 할만한 일이 일어났다. 바로 향이다.

어렸을 때부터 절에 다니면서 향냄새에 익숙하기도 했고, 불이 붙어서 따뜻한 그 기운과 함께 공간에 가득해지는 향이 너무 좋았다. 자연에서 나는 향기가 국수 가락 같은 막대에 담겨있다는 게 너무 신기했다. 그 덕에 어릴 때 뭘 태우면 어떤 냄새가 나는지 궁금해서 불에 타는 것들에 이것저것 다 불을 붙이고 다니다 큰일 날뻔한 적도 있다.

이렇게 향을 피우거나, 디퓨저처럼 향을 즐기기 위한 도구들을 통틀어서 향도구라고 한다. 향로나 향꽂이와 같이 직접적으로 향을 피우는 데 쓰는 기물부터 향합이나 향통香筒(나무나 금속 등으로 만든, 향을 보관하기 위한 길쭉한 원통형 대롱)같이 향을 보관하기 위한 기물, 향을 다루는 도구를 보관하는 상자나 작은 병 등 그 형태나 종류가 매우 다양하다. 또 이 향이라는 것이 동북아시아뿐만 아니라 유럽이나 아메리카 대륙에도 있었던 문화이기에 각 나라와 문화권의 향도구를 비교해 보는 재미도 있다. 그렇다 보니 향도구만을 수집하는 수장가들도 있다.

다만 이런 향도구의 세세한 분류나 형태, 혹은 향에 대한 상세한 설명과 관련해선 국내 자료가 좀 빈약한 편인데, 이는 아무래도 근현대에 들어서면서 향을 쓰는 문화가 많이 사라졌기 때문이다. 결국 중국이나 일본 쪽 자료에 많이 의지하게 되는데 나의 경우 향의 분류나 설명에 대해서는 주로 일본을, 향도구의 종류나 배치, 사용 등에 대해서는 중국 쪽 고전 자료를 자주 뒤적이는 편이다.

흔히 향을 즐기는 분들 중엔 차를 마시다가 향을 같이 하게 되거나, 요가나 명상 등의 경험을 통해 향을 접하게 된 분들이 많다. 더욱이 최근 들어 향이 '아로마테라피'라든가 '인센스^{incense}'라는 이름으로 대중적인 유행을 타다 보니 이런 골동 향도구나 빈티지 향도구의 인기가 같이 올라가서 좋은 것들을 보기가 점점 어려워지고 있다. 다만 가끔 의아한 것이, '향로'나 '향꽂이'라는 우리말 표현이 있는데도 영어로 인센스 버너$^{incense\ bunner}$(향로)나 인센스 홀더$^{incense\ holder}$(향꽂이) 같은 용어를 써야 이해하는 분들이 생각보다 많다. 마치 요가가 인도에서 기원했지만 서구를 거쳐 다시 한국에 들어오면서 운동의 한 장르처럼 여겨지는 것처럼, 향도 그런 조류를 타는 것인가 싶다.

향을 즐기니 당연히 향도구를 하나둘 모으게 된다. 어느새 책장 한 칸이 향로와 향꽂이로 가득 찼다. 모두 내가 아끼는 아이들이고 자주 만지작거리는 것들이지만, 그래도 유독 아끼는 것이 있다면 원대元代 백자 향로와 일본서 만든 향저병香箸甁이다.

바다에서 건져 올렸다는 백자 향로(왼쪽)와 19세기경 일본에서 만들어진 향저병(사진 오른쪽).

백자 향로는 일본을 통해서 구한 것인데 원 소장자에 따르면 필리핀 쪽 해저에서 건진 것이라고 했다. 실제 처음 입수했을 때 바닥에 따개비 같은 것들이 붙어있어서 떼어내는 데 조금 고생했다. 골동집 사장님이 오랫동안 팔리지 않아 저 안쪽에 둔 것이 어쩌다 내 눈에 뜨여 냉큼 데려온 것이다.

집에 와서 자료를 좀 찾아보니 신안 해저유물 가운데도 거의 흡사한 기물이 있어서 꽤 놀랐다. 이렇게 작은 향로는 보통 칠현금을 탈 때 옆에서 향을 피우는 용도로 쓴다 해서 금로琴爐라고 부른다.

향저병, 혹은 향병이나 저병으로 불리는 작은 병은 향도구로 쓰이는 젓가락 등을 꽂아두는 병이다. 그냥 작은 꽃병이나 필통을 향저병으로 쓸 수도 있지만 이렇게 처음부터 향저병으로 제작되는 기물들도 있다. 묵직한 무게로 쉽게 넘어가지 않으면서 향로와 같이 두었을 때 어우러지는 크기. 지금은 없어진 인사동의 한 가게에서 발견한 순간 바로 데려온 아이인데 제작 시기는 미상이다. 그저 관련 자료들을 확인한바 일본에서 제작됐고, 한 100년 내외겠거니 할 뿐이다.

향도구를 모으는 사람들은 흔히 '노병삼사爐甁三事'라고 해서 '향로', '향합', '향저병' 이 세 가지를 향을 다루는 기본 구성으로 생각한다. 이 셋이 한 세트로 제작되기도 하고, 서로 짝이 다른 것을 어울리게 모으기도 하는데 그렇다 보니 "예쁜 향로 찾기 어렵고, 그 다음으로 마음에 드는 향합 보기 어려운데, 가장 구하기 어려운 것은 향저병"이라는 말이 나오곤 한다. 그만큼 크기와 조형성을 갖춘 향저병은 구하기 어렵다. 그런데 이 향로와 향저병은 서로 다른 국적과 시대임에도 어우러진다. 이렇게 구성하고 맞추는 일이 또 향도구를 모으는 재미 중 하나다(그러니까 이제 어울리는 향합을 사야 한다).

노병삼사의 형식을 갖춘 향도구의 배치.

내가 찾는 골동은 보통 다기거나 향도구거나 복식 혹은 종교 유물인 경우가 많은데, 향도구를 사면 그 모든 장르가 커버되니 어찌 보면 가성비 좋은 수집 같기도 하다.

예를 들어 손잡이가 달린 향로를 병향로柄香爐라고 하는데 일단 차 마실 때 이걸로 향을 피울 수 있다. 또 옛 기록을 보면 향로를 들고 나가는 행향行香이라는 일이 있는데 이때 사용하던 것이 바로 병향로다. 그리고 불교 유적지에서 왕왕 발견되는 유물도 이 병향로다.

향도구를 모으는데 향이라고 안 모을까. 물건은 제 역할을 다하도록 쓰는 게 당연하고, 향도구는 향을 담고 옮기고 사르기 위해 있는 것이다. 그러니 자연스레 향목香木, 즉 향기로운 나무들을 하나둘 모으게 된다.

19세기에 일본에서 만들어진 소형 병향로. 손잡이의 격자 문양과 뚜껑의 법륜(法輪) 모양 투각에 공이 들어갔다.

    향기로운 나무, 라고 하니까 조금 부족한데 좀 더 부연 설명을 하면 향의 원료가 되는 나무들을 말한다. 이젠 하다 하다 나무 부스러기까지 모으냐는 말을 듣곤 하는데… 모을 수밖에 없다! 고민하면 놓치고, 놓치면 프리미엄이라는 건 모든 물건에 해당되는 말이다.

    향의 원료가 되는 나무들은 다양하지만 주로 침향沈香, agarwood과 백단白檀, sandalwood을 중심으로 모으게 된다. 둘 다 동서양을 막론하고 중요한 향료이자 약재로 쓰이던 향목이다. 안타깝게도 침향과 백단 모두 한국에선 자생하지 않고 베트남과 인도가 원산지인 나무다. 침향의 경우 달콤하면서도 산미가 있어 여운이 깊은 향이 나고,

개인 참고용으로 모은 향목과 향료 샘플들.

 백단은 달콤하면서도 우유처럼 미끈한 느낌이 있다. 물론 내 주관적인 생각이다.
 이 중에 특히 침향은 예로부터 천상의 향기라고 불릴 정도로 귀한 재료로 사용되었고, 옛글에서도 침향의 뛰어남을 특별하게 말했다. 예를 들어 명나라 때 쓰인 《고반여사》라는 책에서는,

침향은 천연에서 나는 것으로 그윽하고 우아하며 맑고 담박함이 무어라 형용할 수 없다. 여러 향료를 합쳐 만든 향은 이미 인공으로 된 것이다.

(…)

비록 제조법이 극히 교묘하고 값이 많이 먹힌다 하여도 결코 침향과 우열을 따질 수 없다. 또한 이러한 인공의 향이 어찌 올바른 관원과 뜻 높은 선비에 어울릴 수 있겠는가?

라고 할 정도로 침향의 뛰어남을 강조한다. 우리나라에서도 《삼국사기》, 《조선왕조실록》 등에 '침향은 귀한 것'이라는 기술이 종종 보인다. 그렇다 보니 당연히 고가인 경우가 많고, 간혹가다 경매 등에도 나오곤 한다. 이 침향 가운데서도 가장 고급을 가라伽羅 혹은 기남棋楠이라고 따로 부른다.

한번은 이 가라 향목이 일본 경매에 싸게 나왔기에 에라 모르겠다, 하고 복권 긁는 느낌으로 참여했다가 낙찰 받은 적이 있다. 실물을 보거나 향을 맡아보지 않고 향목을 사는 것은 꽤 리스크가 큰 일이라 정말 모 아니면 도나 마찬가지인 도전이었다. 한국으로 배송 온 향목을 확인해 보니 가라 같기는 한데 영 알 수가 없었다. 부산의 향산재 선생님께 편지와 함께 조금 보내서 여부를 여쭌 적이 있었는데 다행히 가라가 맞는 것 같단 말씀을 들은 적도 있다.

침향을 산지와 향에 따라 여섯 나라와 다섯 가지 맛으로 나눈 '육국오미(六國五味)' 향목. 육국오미는 일본에서 만들어진 기준이나 향을 공부하는 사람들에겐 중요한 기준으로 통용되고 있다.

    이렇게 향목 또한 모으다 보니 한번은 이런 일도 있었다. 부산의 어느 골동집 고서 사이에서 향이 수십 가닥 나왔는데 혹 필요하면 가져가라는 것이었다. 책 낱장들이 접힌 사이에 한 가닥씩 들어있던 걸 책을 넘기다 발견했는데 사장님 보시기엔 침향 같다고 했다. 냉큼 몇 가닥 받아 와서 두근대는 마음으로 살랐는데 안타깝게도 침향도 백단도 아닌 그냥 평범한 향이었다. 심지어 고서들 사이에서 변질되었는지 좋은 향이 나지도 않았다.

    이 외에도 어디서 옛날 향이 나왔다더라, 어느 집에 옛 향도구가 있더라 하면 득달같이 달려가서 직접 보는 게 이제는 특이한 일도 아니다. 일상 중에도 매일 향을 서너 가닥씩 태우니 어찌 보면 중독이라고도 하겠다.

이렇게 향도구와 향을 워낙 좋아하다 보니 스스로 지은 호도 '향운재香雲齋'다. 향이 구름처럼 피어오르는, 혹은 향이 가득하게 덮인 집이라는 뜻이다. 실제로 일본에서는 차를 마시는 다회처럼 향을 함께 즐기는 향석香席이 있다. 이 향석이 끝날 때 마치는 말이 있다.

"향이 가득하였습니다(香、満ちました)."

#향 #인센스 #향놀이 #향연기를_바라본다 #향과_공간

현대의 일상과 함께하는 골동

그거 뭐 대충 굴러다니는 거지

이제 이 책의 마지막 이야기를 써볼까 한다. 여태까지는 내가 모았던 물건들이나 겪었던 이야기들, 혹은 시시콜콜한 감상들과 느낀 점들이라 그래도 뚝딱뚝딱 글이 나왔지만, 뭐든 마무리를 지으려니 참 어렵다. 옛날 어느 시인은 "시 한 줄을 쓰기 위해 수염을 배배 꼬다 몇 가닥이나 끊었는고" 하고 노래했다는데 그 마음이 참 이해가 간다. 친구에게도 마지막 글이 안 쓰인다고 하소연을 했더니 자기가 최근에 그림 그린 이야기를 해줬다.

"야, 용의 해라고 용 그림 굿즈 만든다고 용을 그렸거든? 근데 마지막 눈동자를 찍으려는데 진짜 며칠을 그림을 봐도 못 찍겠더라. 마지막 마무리란 게 진짜 어려운가 봐."

정말 말 그대로 화룡점정이다. 그래서 마지막 이야기에서는 고민 끝에 내가 일상에서 사랑하는 골동들, 그 일상 속의 풍경을 말해 볼까 한다.

골동을 쓰기 아까워서 빈티지를 사고, 빈티지를 쓰기엔 조금은 부족해서 골동을 꺼내 쓰다 보니 집 여기저기에 골동이 굴러다닌다. 골동이 굴러다닌다…. 사실 굴러다닌다고 하면 조금 과장이고 눈 돌리는 곳마다 하나씩 있다, 정도로 말하는 게 더 정확하다.

몇 년 전 조선 초기에 만들어진 작은 완에 말차를 타 먹고 씻어서 식기건조대에 말리려고 두었다가 다완 보관하는 장에 넣어두는 걸 깜빡했던 적이 있다. 그러고는 며칠 뒤에 기억이 나서 완을 찾으려고 하는데 보이질 않았다. 아니, 그릇에 발이 달려서 어디로 사라질 리는 없고, 어디 갔지? 하며 그릇 사이를 뒤적이다가 마침 부엌에서 요리를 하고 있던 동생에게 요렇게 조렇게 생긴 작은 그릇 못 봤냐고 물었다. 동생이 잠깐 생각하더니, "응? 이거 말함?" 하곤 손에 들고 국간을 맞추던 그릇을 슥 들어 보이는데 내가 찾던 바로 그 완이었다.

"야… 그래도 그게 한 500년 된 그릇인데 좀 살살 다루지…."
"이게?"
"그래, 그거. 이번에 내가 부산서 가져온 거."
"이게 500년 됐다고? 뻥치지 마라."

그러면서 돌려주기에 얼른 받아서 두 손에 들고 중얼거렸다.

"미안하다. 니가… 이런 대접을 받을 애가 아닌데…."
"야! 그럴 거면 잘 보관해야지!"

또 한번은 집에 친구가 와서 차를 대접한 적이 있다. 항상 마시던 대로 도구를 꺼낸다고 그냥 책상 위에 있던 골동잔을 꺼내서 준비하는데 친구가 잔이 예쁘다며 만지작거렸다.

"야, 이거 이쁘다. 이것도 오래된 거야?"
"그치? 어, 그거 명나라 때 거네."
"명나라? 언제쯤이야?"
"한… 17세기려나? 500년 전이네."
"뻥치지 말고… 인마. 그런 게 여기 왜 있냐."

그러면서도 잔을 슬쩍 한쪽으로 밀어놓곤 골동 말고 그냥 잔으로 달라기에 빈티지 잔을 꺼냈다. '이것도 오래된 거 아니냐?' 하고 눈을 세모나게 뜨고 물어보기에,

"오래된 건 아니고, 한 50년…?(해맑)"
"…치워라."

"아니, 그치만 골동에서 100년은 시간도 아닌걸….”
"너한테 말해 뭐 하나….”

 일상에서 골동을 사용하다 보면 이런 이상한 시간 감각을 갖게 된다. 100년이라는 시간은 시간도 아니게 되면서, 또 반대로 그 100년의 시간 속에서도 멀쩡히 남아 내 앞에 있다는 사실에 경외감도 느끼게 된다. 그러면서도 골동을 일상 속에서 평범하게, 하지만 소중하게 여기며 사용하는 것은 역시나 일상에서 사용하면서 보는 즐거움이 너무 크기 때문이다.
 옛 문인들은 이렇게 일상에서 사용하는 자신의 수집품, 감상물을 청공淸供, 혹은 청완淸玩이라고 불렀다. 청공이란 '맑은 공양물'이라는 뜻이다. 원래 불공을 드릴 때 불전의 상 위에 올리는 여러 공양물과 그것을 담는 그릇들을 이르던 말이 뒤로 가면서 그릇, 화병, 향로, 괴석 등 서재의 상 위에 두고 감상하며 사용하는 기물들을 이르는 말이 되었다. 청완은 '맑은 장난감'이라는 뜻인데 공양이라는 말이 조금 엄숙한 면이 있고, 실제 불교 용어와 혼동되기 쉬운 데다, 감상자가 즐겨 어루만지며 사용하니 그렇게 부르게 된 것이다.
 청공이나 청완이나, 나는 두 단어 모두 마음에 든다. 불교에선 살아있고 인식이 있는 모든 존재에게 부처가 될 수 있는 씨앗이 있다고 한다. 그래서 궁극적으론 모든 중생이 곧 부처라고 말한다. 그렇다면 청공에 해당하는 기물들을 가까이 두고 귀하게 사용하는 것은 곧 내가 나를 귀하게 대접해 공양 올리는 것으로도 볼 수 있지 않을까? 또 이런 정갈한 것들을 갖고 즐기면서 얼굴에 웃음이 떠오른다면 그건 정말 나에게 해롭지 않은 좋은 장난감이 된다. 청공 혹은 청완이라는 단어는 일상 속에서 함께하는 골동을 표현하는 데 딱 어울리는 단어다.

책을 쓰면서 방을 한 바퀴 둘러본다. 책상, 책장, 침대 옆, 창틀, 방바닥 할 것 없이 일단 골동이 하나씩은 놓여있다. 허허… 덮어놓고 모으다 보면 창고 꼴을 못 면한다더니 진짜 그 꼴이 났다. 이렇게 되면 또 하나둘 어디론가 인연 따라 보내고, 찾아온 친구에게 안겨주곤 하는데, 그래도 막 넘기기는 싫고 그래도 가치를 아는 사람에게 주고 싶은 마음에 또 계속 하나둘 쌓인다.

지인들은 이런 모습을 보곤 집 안이 박물관 아니냐며 신기해하지만, 정말 전문적으로 골동을 수집하는 분들에 비하면 소소한 소꿉놀이 정도라 내 입장에선 "아니, 뭐 좋은 거라고 자부할 만한 게 없는데?" 하곤 머리를 긁적이게 된다.

골동을 수집하다 보면 "소장품 중 가장 아끼는, 혹은 가장 자랑할 만한 걸 꼽으면?" 같은 질문을 자주 받는다. 사실 대답하기 꽤 어려운 질문이다. 모든 물건 하나하나에 이야기가 있고, 들이게 된 이유가 있으며, 들이던 때의 감정들이 모두 기억나기 때문이다. 그래도 하나 꼽아보라면… 진짜 못 고르겠다. 만약 현실적인 차원에서 "환금성이 제일 좋은 기물이 뭔가요?"라고 물으면 "이거요!" 하고 말할

입적하신 불화장 석정스님의 그림. 단순한 표주박 그림 하나에 옛 시가 쓰여있다.
"종일을 생각 않고 앉아있으니, 온 하늘에 꽃비가 휘날리네.
생애에 무엇을 가지려는가? 벽 위에 걸린 표주박 하나로다."
단순하고 단출한 삶을 살라는 그림이지만 이 그림을 소유함으로 기뻐하는 나는 아직 중생인가 보다.

수 있는데, 제일 아끼는 것? 어렵다…. 이래서 집이 창고 꼴을 못 면하나 보다. 무소유를 지향하는 풀소유의 삶이란 이런 걸까….

매일이 비슷한 일상이지만 숨은 그림 찾듯 하나씩 뜯어보면 꽤나 재미있는 장면들이 눈에 들어온다. 아침에 눈을 떠서 커피를 마시는 잔은 킨츠기로 수리한 강희 시대의 청화백자 잔, 어디선가 받은 꽃을 꽂아둔 접시는 오래된 일본 이마리伊万里자기다. 일본과 중국에서 만든 빈티지 접시들은 반찬 접시로 찬장에 들어가 있다.

벽에는 한 100년은 됐을 중국 그림이 걸려있고, 책상 위에 놓인 향로는 남송 때 길주요吉州窯에서 만든 것, 향로 받침은 조선 말기의 백자 제기, 책장에는 고려청자 사발 두어 점과 나전칠기 차통이 마치 책가도 같은 모습을 자아낸다. 이런 것들을 보고 있노라면 국적도 시대도 다른 골동들이 이렇게 한자리에 모여서 조화를 이루어낸다니, 하는 마음에 온갖 상상의 나래가 펼쳐진다.

옛글들을 읽다 보면 "향을 품평하고 마실 차를 고르는데 하루가 넉넉하다"라는 시구가 나온다. 이러한 즐거움을 산속 작은 집山家에서 느끼는 즐거움이라고 표현하는데, 나는 도시 한가운데에서 이런 산가의 즐거움을 살짝 맛본다. 그러니 하라는 일은 안 하고, 하루가 심심할 새가 없다. 굴러다니는 골동들 사이에서 오늘도 나는 이리저리 뒹굴어 본다.

#골동골동한나날 #굴러다니는골동 #골동이있는삶 #인간의욕심은끝이없고

책을 덮으면서

       언젠가 어떤 주제가 되었든 내가 가진 이야기를 책으로 쓰지 않을까 생각했습니다. 하지만 골동을 주제로 하는 책이 첫 책이 될 줄은 꿈에도 몰랐습니다. 아마 전공과 관련된 교양서나 정보 서적이 되지 않을까 생각해 왔기 때문입니다. 그냥 SNS에서 맘 맞는 사람들과 함께하면서 찍은 사진과 짤막하게 써온 글들이 이렇게 책으로 묶이는 것을 보니 나도 취미에 꽤 진심인 사람이구나 하고 자각하게 됩니다.

       처음 골동품이라는 장르에 관심을 갖게 된 게 언젤까 생각해 보면, 솔직히 언제부턴지는 감이 안 잡힙니다. 하지만 어릴 때부터 무언가 마음에 드는 것들을 하나둘 주워서 소중히 모아두던 것이 어느새 제가 좋아하는 전통문화와 연결되면서 골동품이라는 장르를

파게 됐습니다. 사실 요즘엔 골동이라고 하면 뭔가 좀 낡은 느낌이 든다며 고미술, 혹은 앤티크라는 이름으로도 불립니다만 전 골동이라는 어감이 좋습니다. 입안에서 둥글게 굴러가는 느낌이랄까요. 좀 더 친숙하고 제 옆을 오랫동안 지켜온 그런 느낌이 듭니다.

글을 쓰면서 여러 번 쓰고 지우길 반복했습니다. 글이 너무 어려운 건 아닌지, 반대로 SNS에 글을 쓰듯 너무 가볍게 인터넷 밈으로 가득한 글을 쓰는 건 아닌지 하는 걱정들 때문입니다. 또 달리는 아무래도 저의 주관적인 취향과 생각이 가득하다 보니 '사람들이 읽기에 편할까?' 하는 걱정도 있습니다. 하지만 무엇보다도 골동을 모으고 사랑하는 사람들이 여전히 존재하고 있다는 것과, 그들이 사랑하는 기물들이 전해오면서 혹은 수집되면서 함께 실려 오는 이야기들을 문자로 남기고 싶은 마음이 컸습니다.

지금 제가 골동을 모으면서 보고 듣게 되는 자료들 역시 앞선 시대에 골동을 사랑하고 모으던 선배 수집가들의 기록에서 나온 것이기 때문입니다. 또 이러한 기록들을 보면 시대별로 골동을 보는 관점이나 선호, 해석이 각기 달랐음을 알 수 있습니다. 그렇기에 이러한 시대적 층차를 모으고 현대의 관점에서 제 생각을 담은 글을 남긴다면 또 다른 수집가들에게 조금 도움이 되지 않을까 하는 생각이 들었습니다.

내용이 복잡하거나, 함께했던 분들 중에서 이야기가 글로 남길

원치 않은 경우처럼 책에 담지 못한 이야기들도 많습니다. 이 이야기들을 아마 어디선가 어떤 형태로든 또 전할 기회가 있겠지요.

   제가 사랑하는 기물들과 전통, 문화에 대해서 이렇게 글로 나눌 수 있게 되어 기쁩니다. 또 함께해 준 모든 분들, 특히 대모계와 골동 사장님들께 고마운 마음을 전합니다.

2024년 초여름에
향운재 박영빈

참고문헌

사실 더 많은 책과 그보다 더 많은 좋은 글을 읽었고, 많은 선생님들의 말씀을 참고로 했습니다. 그러나 머리가 아둔해 출전을 정확히 기억하지 못하거나, 어떤 분께 언제 들었는지, 혹은 정확한 내용이 기억나지 않는 것이 많아 당장에 기억나고, 책을 쓰면서 직접적으로 들추어 본 문헌들만 추려 남깁니다. 책 내용 중 좀 더 깊이 있는 내용이 궁금하거나 전문적인 해석이 필요하다면 읽어볼 만한 자료들입니다.

| 고전류(역서 포함) |

- 조소,《격고요론(格古要論)》, 강경희·김의정 역, 소명출판, 2022
- 도륭,《고반여사(考槃餘事)》, 권덕주 역, 을유문화사, 1982
- 김부식,《삼국사기(三國史記)》
- 서긍,《선화봉사고려도경(宣和奉使高麗圖經)》, 차주환 외 역, 한국고전번역원, 1994
- 허신,《설문해자(說文解字)》
- 박지원,《열하일기(熱河日記)》
- 서유구,《임원경제지(林園經濟志): 이운지(怡雲志)》, 임원경제연구소 역, 2019
- 문진형,《장물지(長物志)》
- 박제가,《정유각집(貞蕤閣集)》, 정민 외 역, 돌베개, 2010
- 《조선왕조실록(朝鮮王朝實錄)》

- 고렴, 《준생팔전(遵生八箋)》
- 《제불보살복장단의식(諸佛菩薩腹藏壇儀式)》
- 정위, 《천향전(天香傳)》
- 정약용, 《제황상유인첩(題黃裳幽人帖)》

| 단행본 |

- 원행, 《다반사》, 하루헌, 2017
- 정민, 《새로 쓰는 조선의 차 문화》, 김영사, 2011
- sin네모, 《조선의 꽃 갓 이야기》, 2023
- 탁현규, 《조선미술관》, 블랙피쉬, 2023
- 국립중앙박물관 미술부, 《중국도자: 국립중앙박물관 소장》, 예경, 2008
- 마시구이, 《중국의 청화자기》, 김재열 역, 학연문화사, 2014
- 박홍관, 《차도구의 예술》, 티웰, 2019
- 도일, 《칠현금경》, 티웰, 2011
- 최필규, 《평범한 수집가의 특별한 초대: 우리 도자기와 목가구 이야기》, 나남, 2022
- 백비헌 주인, 《향기로 장엄한 세계》, 티웰, 2011
- 국립해양문화재연구소, 《해저만발: 바다에서 만난 발우》, 태안해양유물전시관, 2021

| 해외 서적 |

- 山田英夫, 《香木のきほん図鑑》, 世界文化社, 2019
- 本間洋子, 《香道の文化史》, 吉川弘文館, 2020
- Konchog Lhadrepa. Charlotte Davis, *The Art of Awakening*, Snow Lion Publications, 2017
- Robert Beer, *The Hand book Of Tibetan Buddhist Symbols*, Shambhala, 2003

| 학술 논문 |

- 이경화, 〈姜世晃의 〈淸供圖〉와 文房淸玩〉, 《미술사학연》, 제271-272호, 2011
- 최병규, 〈古文獻을 통해 본 우리나라 紫石硯의 역사에 관한 고찰〉, 《대동문화연구》, Vol.112, 2020
- 오준석, 이새롬 외 5인, 〈국립민속박물관 소장 19~20세기 갓끈 재질 조사: 호박, 대모, 플라스틱, 유리를 중심으로〉, 《문화재》, 제51권, 제4호, 2018
- 정민, 〈다산 정약용의 이상주거론〉, 《동아시아 문화연구》, 제47집, 2010
- 안예선, 〈'癖의 즐거움'—宋代 문인의 취미 양상 고찰〉, 《중국어문논총》, no.113, 2023
- 이선용, 〈불상의 장엄, 불복장의 의미와 특징〉, 《불교와 사회》, 제9집, 2017
- 장숙환, 곽경희, 〈수식과 장신구〉, 《한국디자인DNA 결과보고서》, 2010
- 장성윤, 〈접착제로서의 옻; 역사성과 현대적 활용〉, 《문화재》, 제49권, 제4호, 2016
- 장진성, 〈조선 후기 미술과 『임원경제지(林園經濟志)』—조선 후기 고동서화(古董書畵) 수집 및 감상 현상과 관련하여〉, 《진단학보》 108권, 2009
- 박순옥, 〈한국 비파의 소실에 대한 고찰—당비파를 중심으로〉, 《한국음악사학보》, no.57, 2016
- 박순희, 〈현대 한국다도에 끼친 일본 차문화의 영향〉, 부경대학교대학원 일어일문학과 박사학위 논문, 2012
- 三井正昭, 〈香道のすすめ〉, 《におい・かおり環境学会誌》, Vol.44, No.2, 2013

사진 일부 김정준

미술을 하다가 사진을 찍으며 빛이 좋아져서 물리학을 전공해 광학을 연구하는 삶을 살고 있다. 기물이나 사람이 가진 제일 자연스러운 모습을 드러낸 사진을 기록하는 것이 목표다. 지금 본업은 어디까지나 박사과정 과학자이려고 하지만, 필요한 사람에게 사진으로써 도움을 주기도 한다.

골동골동한 나날
젊은 수집가의 골동품 수집기

초판 1쇄 인쇄 2024년 9월 13일
초판 1쇄 발행 2024년 9월 30일

지은이 | 박영빈
발행인 | 강봉자, 김은경

펴낸곳 | (주)문학수첩
주소 | 경기도 파주시 회동길 503-1(문발동633-4) 출판문화단지
전화 | 031-955-9088(대표번호), 9532(편집부)
팩스 | 031-955-9066
등록 | 1991년 11월 27일 제16-482호

홈페이지 | www.moonhak.co.kr
블로그 | blog.naver.com/moonhak91
이메일 | moonhak@moonhak.co.kr

ISBN 979-11-93790-36-6 03810

* 파본은 구매처에서 바꾸어 드립니다.